U0799681

现代设备管理

王汝杰　石博强　著

北　京
冶　金　工　业　出　版　社
2020

内 容 提 要

本书从全面生产维护管理的现代设备管理理念出发，结合作者多年企业管理与教学经验，分13章系统介绍了设备的前期管理、运行管理、润滑管理、维修管理、状态监测与故障诊断、故障管理、备件管理以及能源管理、资产管理、档案管理、设备的管理信息系统、设备剩余寿命的计算方法、建模与预测等内容，每章后所列思考题精要地概括了现代设备管理的核心内容，书后附有企业设备管理相关文件、表格等。

本书可作为从事与设备相关工作的工程技术人员、管理人员的参考书，也可作为企业设备管理的高级培训教材，以及高等院校相关专业本科生与研究生的教学用书。

图书在版编目(CIP)数据

现代设备管理/王汝杰，石博强著．—北京：冶金工业出版社，2007.4（2020.7重印）

ISBN 978-7-5024-4182-1

Ⅰ.现… Ⅱ.①王… ②石… Ⅲ.企业管理：设备管理 Ⅳ.F273.4

中国版本图书馆CIP数据核字(2007)第039708号

出 版 人 陈玉千
地　　址 北京市东城区嵩祝院北巷39号 邮编 100009 电话 (010)64027926
网　　址 www.cnmip.com.cn 电子信箱 yjcbs@cnmip.com.cn
责任编辑 刘小峰 美术编辑 李 新 版式设计 张 青
责任校对 王贺兰 李文彦 责任印制 李玉山
ISBN 978-7-5024-4182-1
冶金工业出版社出版发行；各地新华书店经销；北京虎彩文化传播有限公司印刷
2007年4月第1版，2020年7月第4次印刷
787mm×1092mm 1/16；18印张；435千字；275页
56.00 元

冶金工业出版社 投稿电话 (010)64027932 投稿信箱 tougao@cnmip.com.cn
冶金工业出版社营销中心 电话 (010)64044283 传真 (010)64027893
冶金工业出版社天猫旗舰店 yjgycbs.tmall.com
（本书如有印装质量问题，本社营销中心负责退换）

前 言

生产工具在社会的发展中具有明显的时代特征。从某种层面上讲，生产工具是划分时代的标志，如人类社会发展过程中经历的石器时代、工业时代、计算机时代、信息时代等。纵观全球，装备水平决定了一个国家、一个企业在世界舞台上的竞争力。当今人类社会活动的复杂化，导致了生产过程的多样化。这就使得各种现代化设备被广泛应用到工业生产的各个方面，设备（装备）的管理显得越来越重要，也对我们传统的设备管理模式提出了新的挑战。目前国际上设备管理的新趋势、新思想不断涌现，设备管理甚至已逐渐发展成为企业文化的重要组成部分。

本人长期在生产一线从事设备管理工作，自然十分关注现代设备管理的新理论、新技术及发展动向，特别愿意研究和探讨日常设备管理实践活动遇到的新问题，同时也对解决这些问题抱有极大的兴趣与热情。在过去的管理实践中，虽然遇到过许多困难和挫折，但带给我更多的是解决这些问题之后的愉悦！目前在我们日常设备管理工作中，针对企业的实际摸索出了一套行之有效的管理方法。

虽然现代设备管理越来越受到企业的重视，但纵观现有的各种设备管理书籍，介绍理论层面的多，而介绍实践内容的还比较少，对指导现场设备管理来讲操作性还不是很强。本书就是根据实际生产管理的经验，并结合本人的一些思考，在理论和实践上的总结而成稿的。全书共分13章和附录，内容包括设备的前期管理、运行管理、润滑管理、维修管理、状态监测与故障诊断、故障管理、备件管理以及能源管理、资产管理、档案管理、设备管理信息系统、计算设备剩余寿命的几种方法、GMDH建模技术及其设备寿命预测方法、支持向量机建模技术及其设备寿命预测方法等，附录“设备管理常用文件与表格实例”浓缩了设备管理实务。其中，大部分是实践性内容，并简略介绍了现代设备管理的一些新理论和新方法。本书可作为现代企业设备管理人员的工具书，也可作为高等院校设备工程与管理的专业教材，也适宜作为企业高层管理干部的培训教材。

石博强、徐家富 、高景俊、王朝东、孔胜军、纪晓囡、肖成勇、周建行等参加了本书部分章节的写作。

在本书的写作、有关研究以及管理实践过程中，要特别感谢鞍山钢铁集团矿业公司齐大山矿党政领导张兆元、金增恒的支持和帮助。书中的许多内容都是鞍山钢铁集团矿业公司设备管理同仁和齐大山矿许许多多工程技术人员和工人师傅集体智慧的结晶。在此一并致以衷心感谢！

由于作者水平所限，书中出现的偏颇或不足，恳请读者批评指正。希望在大家的帮助和共同努力下，使我国设备管理理论取得更大进展，通过不断总结实践经验，使本书内容更趋完善。本书的出版权作抛砖引玉之举，愿与同行进行切磋和交流，为我国的设备管理水平的进步略尽绵薄之力。

王汝杰

2007 年 1 月 1 日于鞍山

目　录

0 绪　　论

人类使用的工具从简单到复杂，其维护和检修模式随工具的进步而发展，设备管理从事后维修逐步过渡到状态维修和预知维修。

0.1　设备管理的发展过程

人们对设备管理的发展过程都有很多了解，笔者在此仅做简单的介绍。现代工业出现之前，由于工具比较简单，设备管理的重要性并不迫切，只有一些工匠来掌握工具修造的技巧，未发展成流派或理论。现代工业的出现，大工业迫切需要设备管理模式满足企业的发展，从而出现了不同的管理阶段。

0.1.1　事后维修（BM，Breakdown Maintenance）阶段——1950年前

这个阶段由两个“时代”组成，即兼修时代和专修时代。在兼修时代，由于设备比较简单，设备的操作人员也就是维修人员。随着设备技术复杂系数的不断提高，开始有了专业分工，进入了专修时代。这时操作工专管操作，维修工专管维修，这个阶段的共同特点是设备坏了才修，不坏不修。

0.1.2　预防维修（PM，Preventive Maintenance）阶段——1950～1960年

国际上有两大预防维修体制共存，一个是以前苏联为首的计划预修体制，另一个是以美国为首的预防维修体制。这两大体制本质相同，都是以摩擦学为理论基础，但由于在形式和做法上有所不同，效果上有所差异。

0.1.2.1　计划预修制

计划预修制是预防维修的一种，旨在通过计划对设备进行周期的修理。其中包括按照设备和使用周期不同安排的大修、中修和小修。一般设备一出厂其维修周期基本上就确定下来。其优点是可以非计划（故障）停机，将潜在故障消灭在萌芽状态；其缺点是维修的经济性和设备保养的差异性考虑不够。由于计划固定，考虑设备使用、维护、保养、负荷不够，容易产生维修过剩或欠修。中国在20世纪80年代前的工业受前苏联影响较多，也基本采用这种维修体制。

0.1.2.2　预防维修制

预防维修制是通过周期性的检查、分析来制定维修计划的管理方法，也属于预防维修体制，多被西方国家采用。对影响设备正常运行的故障，采取“预防为主”、“防患于未然”的措施，以减少停工损失和维修费用，降低生产成本，以提高企业经济效益为目的。

主要做法是定期检查设备，对设备进行预防性修理，在故障处于萌芽状态时加以控制或采取预防措施，以避免突发事故。预防维修制的优点是可以减少非计划的故障停机，检查后的计划维修可以减少部分维修的盲目性；其缺点是受检查手段和检查人员经验的影响较大，可能使检查失误，导致维修计划不准确，造成维修过剩或欠修。

0.1.3 生产维修（PM，Productive Maintenance）阶段——1960～1970年

生产维修体制是以预防维修为中心，兼顾生产和设备设计制造而采取的多样、综合的设备管理方法。以美国为代表的西方国家多采用此维修体制。生产维修由四部分内容组成，即：

事后维修（BM，Breakdown Maintenance）；

预防维修（PM，Preventive Maintenance）；

改善维修（CM，Corrective Maintenance）；

维修预防（MP，Maintenance Preventive）。

这一维修体制突出了维修策略的灵活性，吸收了后勤工程学的内容，提出了维修预防，提高设备可靠性设计水平及无维修设计思想。

0.1.4 各种设备管理模式并行阶段——1970年至今

综合工程学：20世纪70年代，英国丹尼斯·巴克思提出综合工程学的概念，并定义："综合工程学为资产寿命周期费用最经济，把相关的工程技术、管理、财务及业务加以综合的学科"。

全面生产维护（TPM）：日本在美国生产维护的基础上吸收了美国的后勤学和英国综合工程学的思想，提出"全面生产维护"的概念，在全世界，特别是今天的中国得到推广。

设备综合管理：中国在20世纪80年代，在前苏联的计划预修体制基础上，吸收生产维修综合工程学、后勤工程和日本全员生产维修的内容，提出了对设备进行综合管理的思想，但由于缺乏详细、可操作的规范性，又由于企业不同，对设备综合管理的理解不同，从而使管理实践各有特点，未形成有效的统一模式。

0.2 设备管理的基本任务和内容

设备管理的基本任务和内容应包括三个方面：一是设备的技术管理，目的是使设备的技术状况最佳化。二是设备的经济管理，目的是使设备运行经济效益最大化。这二者往往是矛盾的，找到它们的交点是优秀设备管理者追求的目标。三是能源管理，能源管理应是设备管理密切相关的内容，稳定、优质、高效的能源是实现设备技术和经济管理的重要保证，但在大多设备管理刊物中往往忽略了这一点。

0.2.1 设备技术管理

设备技术管理的任务是确保设备的技术状况不下降或得到改善，确保设备在定修周期内无故障运行。

0.2.1.1　设备选型与设计联络

设备管理的目标就是追求设备寿命周期内的费用最经济，综合效率最高。选型适当与否在实现管理目标中的比重约占60%，可见选型的重要性。设备一旦投用，要解决“胎里带”的问题既费人力又费物力。

设备选型的原则为：

（1）技术上先进、可靠。对大型企业来说，先进性和可靠性二者缺一不可。

（2）经济上合理。经济指两方面内容，一是采购的设备性价比是否最优，二是设备运行后运行成本（备件费用、检修费用、能耗费用）是否经济。

（3）生产上是否完全满足本企业的特点。

（4）是否完全满足当地的气候特征（湿度、温度、腐蚀等）。

（5）是否绿色环保（噪声、振动、辐射、污染等）。

任何一种设备在质量上是“绝对”过关的，但在质量上的过关只能认为是相对过关而已，而且相对程度不同。企业在设备选型后要根据自己的经验或从其他使用单位掌握的运行情况与制造商进行充分的设计联系，把已投用的设备暴露出的不足和缺陷在本次设计、制造中克服掉。

0.2.1.2　安装、调整、调试

安装调试对确保一次试车成功和今后设备的长期稳定运行起着至关重要的作用。

设备基础要严格按国家《动力机器基础设计规范》的要求和随机技术要求进行设计和施工，检查基础的尺寸位置偏差和基础下沉情况及表面质量是否满足要求，对关键位置的基础要取样分析试验。

安装、调整严格按照工艺、工序、技术标准实施是确保设备高质量运行的保证之一。

以最简单的固定座孔的轴承装配为例，采用温差法装配轴承时，加热温度不得超过100℃，对尼龙保持架的轴承不采用热装，冷冻温度不低于 -80℃。

在装配之前，应做仔细检查，不得使用有缺陷的轴承。轴承缺陷经过处理后，如确信在设备运行周期内能安全运转，可使用于一般设备或部件易于拆卸检修的部位。

滚动轴承拆装时，施加的力需作用在带有公盈的轴承套上，只允许用铜棒或用专用工具敲打轴承。

滚动轴承安装前必须检查与轴承内、外圈的配合面，其尺寸、公差和粗糙度应符合图纸规定，配合面不允许有硬点。

干油润滑时，注入量为油腔容积的1/3～2/3。

0.2.1.3　设备的运行管理

人的一生要想健康长寿，良好的遗传基因、适当的保养、合理的治疗缺一不可。也就是说，个体的健康是父母的遗传和个人“三分治、七分养”的结果，设备亦然。对设备来说，父母的遗传是指设备的选型，“三分治”是指设备管理人员所从事的技术管理和备件支持及检修工作；“七分养”是指现场岗位人员的操作、维护、保养、点检，且设备管理人员要协助制定、监督、评价、考核“养生之道、养生之法”是否科学，执行是否规

范、到位。

设备运行管理的核心就是要使管理的各个环节实现“从人治走向法制，从经验走向规范”。“规范化”是各企业设备管理的重点，设备管理要实现“从人治走向法制，从经验走向规范”，首先要从运行抓起。

要搞好设备运行，首先要建立岗位四大标准，即：

《岗位作业标准》，见附录1。

《岗位点检标准》，见附录2。

《岗位维修标准》，见附录3。

《岗位给油脂标准》，见附录4。

制订上述四大标准要严肃，制订过程要有一些技术熟练的岗位人员参加，并在运行中不断充实、完善、改进。

《岗位作业标准》规定了岗位人员的职责与权限，人员素质要求，作业前检查作业程序、内容、方法等要求；本岗位的技术、操作、维护、安全管理要点，故障处理和事故报告，相关岗位关系，信息传递方式及检查考核等。在编制《岗位作业标准》时，要将工艺技术规程、安全技术规程、设备检修维护和岗位责任制中涉及操作者本人的规定编入标准中，特别是将程序文件中涉及的质量职责、质量记录编入标准。

《岗位点检标准》规定了岗位人员的点检线路图、点检项目、方法、标准、周期及漏检、错检、不检的考核。

《岗位维修标准》规定了岗位人员的维修、保养的项目范围、标准、周期、工具的内容。

《岗位给油脂标准》规定了岗位人员对什么部件、部位、何时加注多少、什么品牌的油、脂及加注方式。

0.2.1.4　设备的定修管理

定修制是一种生产组织过程中设备计划检修的基本形式，是以设备的实际状况为基础的一种检修管理制度，其目的是为了经济、安全、高效地进行检修。

定修计划的科学与否反映了一个企业设备管理水平的高低。首先，项目计划的来源是三级点检的结果。点检人员根据设备点检的结果，分析其运行状态，参照设备状态管理模型，在充分考虑检修周期、时间、经济性等方面后制定出项目、备件和材料计划。其次，定修计划是企业资源和社会资源优化的结果。组织者应根据设备状况和单位生产经营情况，在充分考虑内外资源（人力、技术、能源、季节等）的前提下，制定出科学的检修时间、周期表和网络图。第三，定修制是一种系统管理，在现代化大型（联合）企业中，由于工艺链长，检修队伍多，技术要求高，对备件材料到位率要求高，并随着设备检修的专业化、社会化的不断完善，这就要求组织者要系统地优化定修模型，达到安全、优质、高效、经济的目的。

0.2.2　设备经济管理

企业追求效益最大化的一个重要方面就是要使设备寿命周期内的经济效益最大化。图0-1是设备技术性能和运行费用曲线，它是由两个“浴盆”曲线组成。一条是设备的技术性能运行曲线，另一条是设备的运行费用曲线。

图中，$\Delta t = t_2 - t_1$ 为设备有效服务期；S 为设备有效服务期内产生的效益。

S 值的大小与下列因素有关：

（1）与设备的有效服务期 Δt 有关，Δt 与 S 呈线性关系。Δt 的大小与下列因素有关：

1）规划、选型、安装、调试；

2）操作、维护、保养、点检、定修、改造。

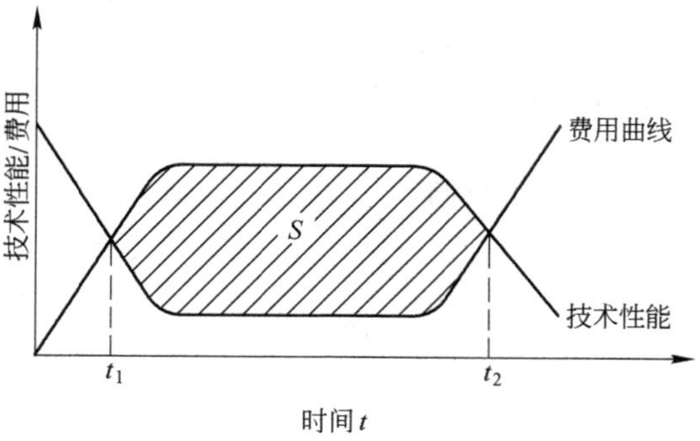

图 0-1　设备的技术性能和费用曲线

（2）与技术性能曲线有关。技术性能与下列因素有关：

1）规划、选型、安装、调试；

2）操作、维护、保养、点检、定修、改造。

（3）与设备运行费用曲线有关。运行费用曲线与下列因素有关：

1）规划、选型、安装、调试；

2）操作、维护、保养、点检、定修、改造；

3）备件、材料的选用，库存方式、合理的修旧、检修力量的选择，节能技术，更新、报废时间的选择等。

通过上面分析可以看出，系统规划、选型、安装、调试对设备的终身技术性能、服务年限、运行费用起着支配性作用（据统计占 60% 以上）。草率规划、盲目选型、只注重一次性投资的大小，急于投产，减少安装和调试中应有的环节，都会对设备寿命周期内技术状态、运行费用造成极大的负面影响。

0.3　全面生产维护管理（TPM）的核心

0.3.1　风靡全球的 TPM 管理的核心

TPM（Total Productive Maintenance）是以设备综合效率和完全有效生产率为目标，以全系统的预防维修系统为载体，以员工的行为规范化为推进过程，以全体人员参与为基础的设备维护、保养、点检和维修体制。它具有可操作性，解决了设备管理需要“三分治、七分养”的问题，为设备管理“从人治走向法制，从经验走向规范”铺平了道路。

TPM 或 TNPM（全面规范化生产维护）的核心是四个“全”：

（1）以全效率和完全有效生产率为目标。对于设备系统而言，TPM 追求的是最大的设备综合效率，对于整个企业而言，TPM 追求的是完全有效生产率，设备综合效率反映了设备本身的潜力挖掘程度，即对设备的时间利用、速度和质量的追求。完全有效生产率反映了整个生产系统的潜力挖掘程度。

（2）以全系统的预防维修体制为载体。全系统的概念是由时间、空间、资源和功能构成的四维空间。时间代表设备的一生，从规划到报废全过程；空间代表从车间、设备到零件的整个空间体系，由外到内、由表及里、包含整个生产现场；资源代表全部的资源要素，由资金、信息等构成；功能代表全部的管理功能，是 PDCA 循环的拓展，从认识到反馈的科学管理过程，其四维图见图 0-2。

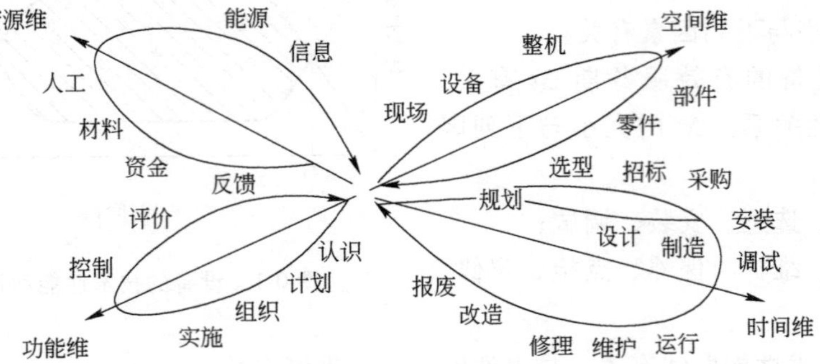

图 0-2　TPM 实施中的四维系统结构

TPM 要求在一个四维空间上讨论预防性维修的运行，是一个全系统、全员的概念。

（3）以员工的行为全规范化为过程。规范是对行为的优化，是经验的总结，它是根据员工素质、生产、工艺、设备实际状况等因素而制定的，它是高于员工的平均水平，而通过适当培训，员工可以掌握和执行的规范。规范是适应员工水平和企业设备状况的操作、维护、保养、维修行为标准。规范一旦制定就应要求员工强制、机械地执行，逐渐地员工由被动执行变成主动执行到习惯执行，最后变成素养。任何一个规范、制度都不是十全十美，所以在实施过程一定要坚持以下原则：有制度按制度办；制度不完善，先按制度办，然后修改制度；没有制度先办，根据经验制定制度，然后逐步完善制度。

在企业的规范中，《岗位工作标准》和《设备点检定修标准》尤为重要（见附录 1 和附录 2）。

（4）以全体人员参与为基础。设备管理“三分治、七分养”的含义是一个“全员”。全员表现在三个方面：

1）横向的全员，即所有部门的参与。生产现场的设备维护体系不仅是设备部门的工作，生产、工程、人力、财务等部门都应介入其中。

2）纵向的全员，即从最高领导到最基层的员工都要重视，规范现场设备的操作、维护保养。

3）小组自主改善活动，是全员的一个具有生命力的细胞。自主式提案管理、单点式教材技术培训，是提高职工素质的有效手段。

0.3.2　推进 TPM 中值得注意的几个问题

以下为推进 TPM 中值得注意的几个问题：

（1）最高管理者的决心大小是决定 TPM 活动能否成功的关键。

（2）从计算总有效设备生产率（TEEP）着手，梳理出影响 TEEP 的七大因素，并找出七大因素中每种因素中的前两位关键矛盾，着力解决这前两位矛盾，从而提高 TEEP。

例如某矿影响电铲 TEEP 的七大损失如下：

1）计划停机：定修、保养、限电、待令、计划停开等。

2）外部因素停机：交接班、自检、待水、待电、待汽、期间就餐、修路、移坡道、靠线等。

3）设备故障：机械、电气、液压、空压、意外损害等。

4）作业调整：移铲位、升（降）段、电动轮对铲位、指令调整等。

5）速度损失：做斜坡道、掘水沟、操作技能低等。

6）空转、短暂停机：待车、待装、待翻、待铲窝等。

7）质量损失：供电质量不稳定、爆破质量不好（根底、大块）、场地不平和回旋空间狭窄等。

对影响七大损失中的影响因素继续分析，从而找出究竟是生产指挥、培训、技术、检修、维护保养中的哪一种缺陷，制定改进、评价措施，从而达到提高 TEEP 的目的。

（3）量化措施、责任到人。对制定的改进措施，考核办法一定要达到量化程度，并落实到人头，限时完成对推进 TPM 非常重要。

（4）要有适当的投入。

（5）健全的检查、评估体系和激励机制必不可少。

思 考 题

1. 简述设备管理发展的历史。
2. 设备选型的原则和注意事项是什么？
3. 设备管理的基本内容是什么？
4. 目前 TPM 国内外的发展情况如何？
5. TPM 的思想核心是什么？

1 设备前期管理

设备是现代化企业的主要生产工具，是现代企业的物质技术基础，也是企业现代化水平的重要标志。随着社会的不断发展和进步，对设备的技术质量、性能等提出了更高的要求。但是目前在我国企业设备前期管理这一重要环节，往往因为各种原因，做得不到位，造成新购设备不能满足企业生产需要，从而给企业造成严重影响。

设备前期管理是设备一生管理中的重要环节，它决定着企业投资的成败，与企业经济效益密切相关，同时对提高设备技术水平和设备后期使用运行效果也具有重要意义。实践证明，对于使用设备的生产企业来说，设备前期管理也是企业管理中的薄弱环节，普遍缺乏这方面的管理知识。本章从生产企业在此管理环节中可能出现的问题出发加以论述。

1.1 设备前期管理概述

大量事实说明，我国在设备前期管理中的失误不断发生，投资从几十万元到几百万元，乃至几十亿元的配套设备项目，因为不能产生效益，给国家和企业造成巨大的浪费。因此，设备前期管理正规化是迫切需要“立法”解决的问题。设备前期管理包括设备的规划、选型、采购、安装、调整、试运行、验收、使用初期管理，以及设备订货至验收全过程的合同管理等内容。

企业在前期管理中可能出现的问题：

（1）前期管理缺乏系统规范性，管理制度缺失；

（2）设备管理部门参与和介入设备的设计与选型不够；

（3）设备选型时没有注意与设备的技术管理和经济管理相结合；

（4）制造、安装验收标准不完善，在正式投产后再维修，成本大大增加；

（5）验收程序不规范，接收后的设备必须进行较大的整改；

（6）生产部门和采购部门沟通脱节，使用效果不佳的产品仍在继续订购；

（7）设备型号不一致，备品备件杂乱，降低了工作效率和经济效益；

（8）面对引进设备缺乏综合管理。

面对上述问题，提醒我们企业设备管理部门，必须加强设备的前期管理。设备的质量特性受到设计、研制、生产制造、安装调试及售后服务等过程中各项质量活动的影响。设备质量的形成过程可分为可行性研究阶段、设计开发阶段、采购和制造阶段、安装和调试阶段及售后服务阶段，而我们现在的设备管理主要集中在设备进入本企业后的后期使用管理，使用单位和设备管理部门对设备质量形成过程的前期管理反而参与极少，在为什么购进和购进怎样的设备方面没有多少发言权。某些在生产中必须停机或花费大量精力解决的设备故障问题，如果在设备选型、订购及安装环节中就考虑预防措施或解决办法，成本将大大低于运行后的改造成本。

重视设备前期管理体现了设备综合管理的一个主要特点———设备全过程管理，同时还有以下几个重要意义：

（1）设备前期管理阶段决定了几乎全部寿命周期费用的90%，这直接影响到企业产品的成本和利润。

（2）设备前期管理阶段决定了企业装备的技术水平和系统功能，这直接影响到企业的生产效率和产品质量，是后期管理的先天条件。

（3）设备前期管理阶段决定了设备的适用性、可靠性和维修性，这也直接影响到企业设备效能的发挥和效益的提高。

因此，做好设备前期管理工作是企业的当务之急，企业领导者必须重视设备的前期管理。

1.2 设备前期管理的制度设计

设备前期管理又称为设备规划工程，是指从制定设备规划方案起到设备投产为止这一阶段全部活动的管理工作，包括设备的规划决策、外购设备的选型采购、设备的安装调试和设备使用的初期管理四个环节。其主要研究内容包括：设备规划方案的调研、制定、论证和决策；设备货源调查及市场情报的搜集、整理与分析；设备投资计划及费用预算的编制与实施程序的确定；外购设备的选型、订货及合同管理；设备的开箱检查、安装、调试运转、验收与投产使用，设备初期使用的分析，评价和信息反馈等。做好设备的前期管理工作，为设备投产后的使用、维修、更新改造等管理工作奠定基础。

落实企业设备前期管理工作的前提是制定详尽、规范的管理制度。靠制度来强化和规范该方面的工作，使前期管理有章可循、有人去管，进而避免企业在这方面管理的缺失，为企业设备的后期管理奠定坚实的基础。制定制度要体现以下原则：定义内容、明确职责、履行程序。

1.2.1 设备前期管理的内容

依照设备综合管理的理论，企业应实行设备全过程管理，即实行从设备的规划工作起直至报废的整个过程的管理，这个过程一般可分为前期管理和使用期管理两个阶段。在前期管理阶段主要工作内容有以下几方面：

（1）设备规划的调研、论证和制定。这项工作主要依据企业的生产发展，新产品开发，产品质量升级，以及新技术、新工艺、新材料的应用等方面的需求目标而进行。

（2）进行设备产品的市场调查、国内外有关信息资料的收集分析与整理。

（3）设备投资计划的编制及实施方案的制定。该项工作不仅涉及单项工程投资计划控制，而且是企业经营者合理安排（或筹措）资金，制定年度生产经营方针目标的重要依据。

（4）拟定设备招标文件，组织实施设备的招标、评标工作。按国家的有关规定，单位设备（尤指成套设备）投资额达50万元以上的采购（施工）项目，必须采用公开招标或邀请招标的做法，来确定产品制造厂或施工单位。凡属正常更新或技术改造项目中的配套设备选购，只要投资额超出上述限定范围，无论是标准产品或是非标产品，均应采取招标的做法，以增强设备投资工作的合理性、科学性与公正性。评标是用户兑现其选型工作的重要内容之一。

（5）非标或系统配套设备的设计审查与监造。其中对设计审查和制造过程中的质量监督等工作，除分别由各分管部门承担与完成外，必须吸收设备最终使用与管理单位的人员参加。

（6）设备运输、安装、调试及其有关数据的分析与确认，以及签署验收与交付使用文件。设备的前期管理包括：新建、扩建改造项目中有关的设备投资，对设备的追加投资和更新改造。所设置的设备从规划购置到安装，在正式转入固定资产前，设备动力部门参与这一阶段的管理工作。其工作内容包括：设备规划方案的调研、制定、论证和决策；设备市场货源调查和信息的收集、整理、分析；设备投资计划的编制、费用预算、实施程序；设备采购、订货、合同管理；自制设备的设计、制造；设备安装、调试运转；设备使用初期管理。

1.2.2　设备前期管理的职责分工

设备前期管理是一项系统工程，企业各个职能部门应有合理的分工和协调的配合，否则前期管理会受到影响和制约。设备前期管理涉及企业的规划和决策部门、工艺部门、设备管理部门、动力部门、安全环保部门、基建管理部门、生产管理部门、财会部门以及质量检验部门。具体的职责分工如下：

（1）规划和决策部门：企业的规划和决策部门一般都要涉及企业的董事会和经理、总工程师和总设计师。应根据市场的变化和发展趋势，结合企业的实际状况，在企业总体发展战略和经营规划的基础上委托规划部门编制企业的中长期设备规划方案。并进行论证，提出技术经济可行性分析报告，作为领导层决策的依据。在中长期规划得到批准之后，规划部门再根据中长期规划和年度企业发展需要制定年度设备投资计划。企业应指定专门的领导负责各部门的总体指挥和协调工作，规划部门加以配合，同时组织人员对设备和工程质量进行监督评价。

（2）工艺部门：从新产品、新工艺和提高产品质量的角度向企业规划和高级决策部门提出设备更新计划和可行性分析报告。编制自制设备的设计任务书，负责签订委托设计技术协议。提出外购设备的选型建议和可行性分析。负责新设备的安装布置图设计、工艺装备设计、制定试车和运行的工艺操作规程，并参加设备试车验收等。

（3）设备管理部门：负责设备规划和选型的审查与论证。提出设备可靠性、维修性要求和可行性分析。协助企业领导做好设备前期管理的组织、协调工作。参加自制设备设计方案的审查及制造后的技术鉴定和验收。参加外购设备的试车验收。收集信息，组织对设备质量和工程质量进行评价与反馈。

负责设备的外购订货和合同管理，包括订货、到货验收与保管、安装调试等。对于一般常规设备，可以由设备和生产部门派专人共同组成选型、采购小组，按照设备年度规划和工艺部门、能源部门、环保部门、安全部门的要求进行；对于精密、大型、关键、稀有、价值昂贵的设备，应以设备管理部门为主，由生产、工艺、基建管理、设计及信息部门的有关人员组成选型决策小组，以保证设备引进的先进性、经济性。

（4）动力部门：根据生产发展规划、节能要求、设备实际动力要求，提出动力站房技术改造要求，做出动力配置设计方案并组织实施。参加设备试车验收工作。

（5）安全与环保部门：提出新设备的安全环保要求，对于可能对安全、环保造成影响的设备，提出安全、环保技术措施的计划并组织实施。参加设备的试车和验收，并对设备的安全与环保实际状况做出评价。

（6）基建管理部门：负责设备基础及安装工程预算。负责组织设备的基础设计、施工，配合做好设备安装与试车工作。

（7）生产管理部门：负责新设备工艺装备的制造，新设备试车准备，如人员培训、材料、辅助工具等。负责自制设备的加工制造。

（8）财务部门：筹集设备投资资金。参加设备技术经济分析，控制设备资金的合理使用，审核工程和设备预算，核算实际需要费用。

（9）质量检测部门：负责自制和外购设备质量、安装质量和试生产产品质量的检查。参加设备验收。

以上介绍了企业各职能部门对设备前期管理的责任分工。这项工作一般应由企业领导统筹安排，指定一个主要责任部门，如设备管理部门作为牵头单位，明确职责分工，加强相互配合与协调。

1.2.3 设备前期管理的工作程序

设备前期管理按工作时间可分为规划、实施和总结评价三个阶段。各阶段的内容和程序如图 1-1 所示。

（1）规划阶段的重要任务是进行规划构思、初步选择、编制规划、评价和决策。工作重点是进行规划项目的可行性研究，确定设备的规划方案。

（2）实施阶段主要是进行设备的设计制造，或是进行选型、招标、订货和购置工作，如人员的培训、设备的检查验收和试运行等管理。工作重点是缩短设备的投资周期，发挥设备的投资效益。

（3）总结评价阶段主要是进行设备在规划、设计制造或选型采购、安装调试、使用初期等阶段的数据和信息的搜集、整理、分析和反馈，为以后设备规划提供依据。

1.3 设备的选型

设备选型是设备经营决策的一个重要环节，设备运行到经济年限就应该报废，要购进新的设备来取代它，以维持企业生产的进行。因此，旧设备运行的结束也就意味着新设备运行的开始，或者提前开始。如果是原型更新，那仅是选择设备生产厂家的问题，但最好进行技术更新，这样可以跟上现代技术发展水平，促进生产发展更新换代的要求。

过去，企业对设备选型重视程度不够，工作多头负责，无人把关和统筹，缺乏方案论证，造成不能满足工艺要求、质量低、技术落后、故障多、生产率低等弊病，导致盲目购置低级设备，技术水平落后，资金浪费，企业效益下降。现在，随着科技的进步，企业加大了对设备前期管理的重视程度，前期管理包括规划、设计、选型、购置、制造、安装调试等内容，而设计和选型是其中重要组成部分。据有关资料统计，设备的寿命周期费用值 LCC 的 95% 在设计阶段就决定了。因此，对于自制设备要认真考虑这一问题。对于厂外

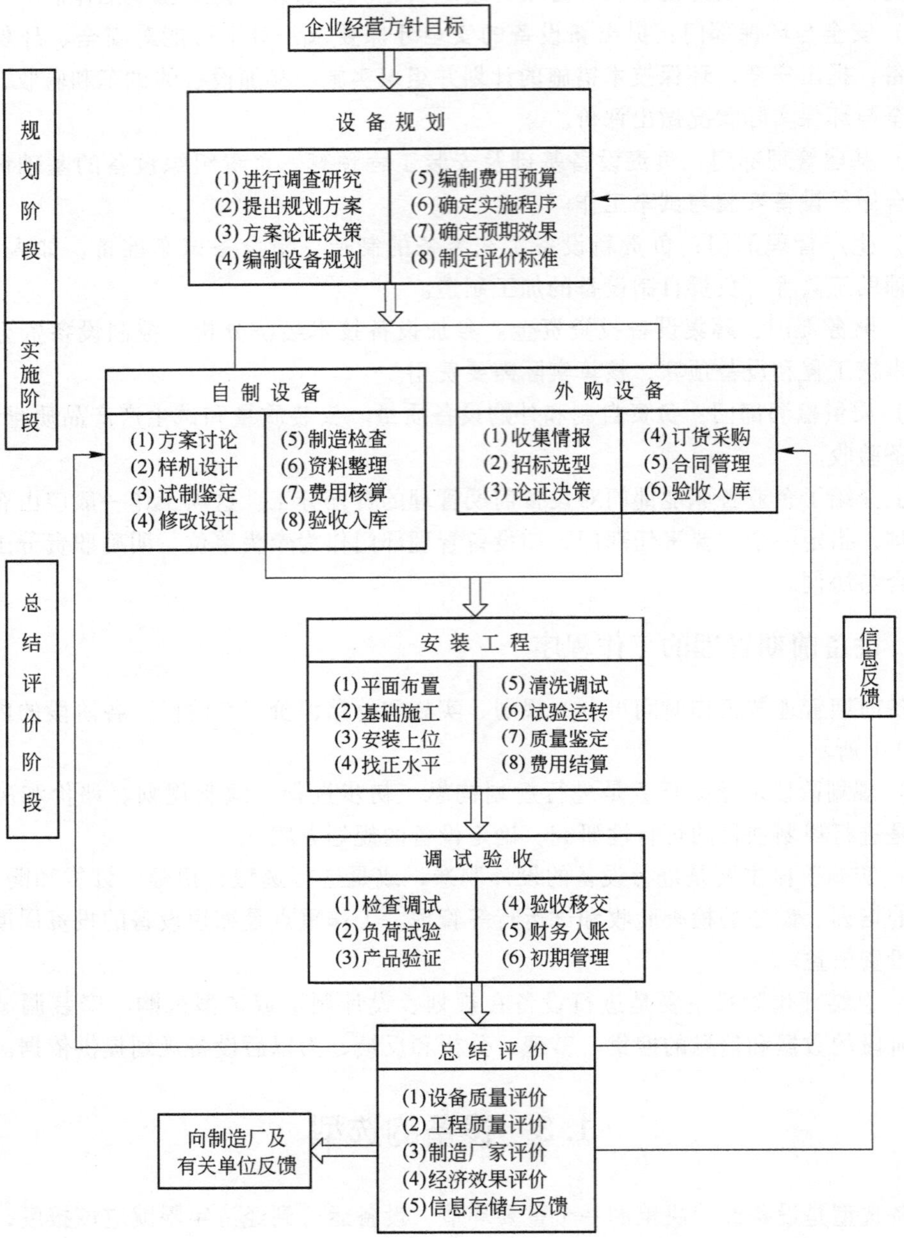

图 1-1 设备前期管理的工作程序

购置的设备，也应从技术、经济角度全面考虑选型问题，尽可能达到技术先进、经济合理的目标。

1.3.1 设备选型的基本原则

外购设备的选型，是指通过技术和经济上的分析、评价和比较，从可以满足需要的多种型号、规格的设备中选购最佳者的决策。设备无论是从外厂购进，还是企业自行制造的，选型都是非常重要的。有些设备本身并无任何故障问题，但长期不能发挥作用，往往是设备选型不当造成的。因此，合理的选择设备，可以使有限的投资发挥最大的经济效益。

设备选型的基本原则：

（1）生产上适用。所选择的设备适合企业现产品和待开发产品工艺的实际需求，满足企业的生产和扩大再生产的要求。

（2）技术上先进。以生产适用为前提，以获得最大经济效益为目的。要求设备的技术性能指标保持先进水平，有利于提高产品质量和提高设备技术寿命。

（3）经济上合理。指设备本身的经济效果最佳，即价格合理、使用能耗低、维护费用少、投资回收期短。

在实际设备选型工作中，通常要求将生产上适用、技术上先进和经济上合理三者统一权衡。

1.3.2　设备选型时应考虑的主要因素

1.3.2.1　设备生产率与产品质量

设备生产率与产品质量主要是指单位时间的产品产量与设备质量的工程能力。例如，对成组设备来说，指流水线的节拍以及一般工人技术条件下产品的一级品、优等品率。而设备的生产率，一般是以单位时间（分、时、班、年）内所生产的产品数量来表示的。例如，空气压缩机以每小时输出压缩空气的体积来表示；制冷设备以每小时的制冷量来表示；锅炉以每小时产生的蒸汽吨数来表示；发动机以功率来表示；水泵以扬程和流量来表示等。

高效率设备的主要特点是：大型化、高速化、自动化、电子化。

大型化：采用大型设备是现代化工业提高生产效率的一个重要途径。设备大型化的优点是可以组织大批量生产，节省投资，也有利于采用新技术。但是设备大型化的优越性不是绝对的。因为不是所有行业都适于采用大型化的生产设备，另外也不是所有企业都可以无条件地采用。如大型设备对原材料、产品及工业废料的吞吐量大，受到材料供应、产品销售、能源、环保等多方面因素影响与制约。现有企业某些设备的大型化，还可能造成与原工艺技术条件不配套、不协调。因此，不能绝对地认为设备愈大愈好。每个企业应当根据自己的生产规模、生产特点、产品性质以及其他技术经济条件等实际情况，适当地选择一定技术参数以适应市场需要、适合本企业生产技术需要的设备规模。目前在化工行业生产装置中的炉、塔、罐、釜等，都在向大型化发展。

高速化：设备的高速化使得设备的生产加工速度、化学反应速度、运算传递速度大大加快，从而提高了设备生产率。但随着设备运转速度的加快，设备对能源的消耗量也随之增加，对设备的设计制造质量、材质、附件和工具的要求也相应提高。由于速度快，设备零部件的磨损也快，消耗量随之增大。由于速度快，人工操作很难适应，势必要求自动控制等。这就给企业提出了新的要求。只要一个环节考虑不周，就难以带来相应的经济效益。

自动化、电子化：自动化、电子化设备是工业发展的方向，它可以极大地提高设备的生产率，取得良好的经济效果。设备自动化、电子化的特点是远距离操纵与集中控制相结合。

例如，目前现代化的化工生产装置是由中心控制室通过由集成电路组成的仪器仪表或电子计算机控制。自动化、电子仪表是生产现代化的重要标志之一。但是这类设备价格昂贵、投资费用大、消耗大、维修工作复杂、对管理水平要求高，要求企业在选择自动化、电子化设备时，必须具备一定条件，否则影响经济效益。

1.3.2.2　工艺性

工艺性是指设备满足生产工艺要求的能力。机器设备最基本的一条是要符合产品工艺的技术要求。例如，加热设备要满足产品工艺的最高与最低温度要求、确保温度均匀性和控制精度；油泵要满足在操作条件下，保证扬程和流量。另外，要求设备操作方便，控制灵活，对产量大的设备应自动化程度高。对有毒有害作业的设备则要求自动化控制或远距离监控等。

1.3.2.3　可靠性

可靠性属于产品质量管理范畴，是指精度、准确度的保持性、零件耐用性、安全可靠性等。在设备管理中的可靠性是指设备在使用中能达到的准确、安全与可靠。

可靠性只能在工作条件和工作时间相同情况下才能进行比较，所以其定义是：系统、设备、零部件在规定时间内，在规定的条件下完成规定功能的能力。定量测量可靠性的标准是可靠度。可靠度是指系统、设备、零部件在规定条件下，在规定的时间（t）内能毫无故障地完成规定功能的概率。它是时间的函数，用 $R(t)$ 表示。用概率表示抽象的可靠性以后，设备可靠性的测量、管理、控制，能保证有计算的尺度。

由于化工生产过程连续，工艺复杂，操作条件苛刻，对设备可靠性的要求尤为重要。在选择设备可靠性时，可以从设备设计选择的安全系数、储备设计（对称冗余设计，是指对完成规定功能而设计额外附加的系统或手段，即使其中一部分出现了故障，但整台设备仍能正常工作）、耐环境（日晒、温度、湿度、沙尘、腐蚀、振动等）设计、元器件稳定性、故障保护措施、人机因素（不易造成操作差错，发生操作失误时防止发生故障）等方面进行分析。

1.3.2.4　维修性

维修性是指通过修理和维护保养手段，来预防和排除系统、设备、零部件等故障的难易程度。其定义是系统、设备、零部件等在进行修配时，能以最小的资源消耗（人力、设备、工具、仪器、材料、技术资料、备件等）在正常条件下顺利完成维修的可能性。同可靠性一样，对维修性也引入一个定量测定的标准——维修度。维修度是指能修理的系统、设备、零部件等按规定的条件进行维修时，在规定时间内完成维修的概率。

影响维修性的因素有易接近性（容易看到故障部位，并易用手或工具进行修理）、易检查性、坚固性、易装拆性、零部件标准化和互换性、零件的材料和工艺方法、维修人员的安全、特殊工具和仪器、设备供应、生产厂的服务质量等。我们希望设备的可靠度高些，但可靠度达到一定程度后，再继续提高就愈来愈困难了，相对微小的提高可靠度会造成设备成本费用按指数增长。所以可靠性可能达到的程度是有限制的。因此，提高维修性，减少设备恢复正常工作状态的时间和费用就相当重要了。于是，产生了广义可靠度的概念，它包括设备不发生故障的可靠度和排除故障难易的维修度。

1.3.2.5 经济性

选择设备经济性的要求有：最初投资少、生产效率高、耐久性长、能耗及原材料损耗少、维修及管理费用少、节省劳动力等。

最初投资包括购置费、运输费、安装费、辅助设施费、起重运输费等。耐久性指零部件使用过程中物质磨损允许的自然寿命。很多零部件组成的设备，则以整台设备的主要技术指标（如工作精度、速度、效率、出力等）达到允许的极限数据的时间来衡量耐久性。自然，寿命愈长每年分摊的购置费用愈少、平均每个工时费用中设备投资所占比重愈少，生产成本愈低。但设备技术水平不断提高，设备可能在自然寿命周期内因技术落后而被淘汰。所以应区分不同类型的设备要求不同的耐久性。如精密、重型设备最初投资大，但寿命长，其全过程的经济效果就好；而简易专用设备随工艺发展而改变，就不必要有太长的自然寿命。能耗是单位产品能源的消耗量，是一个很重要的指标。不仅要看消耗量的大小，还要看使用什么样的能源。油、电、煤、煤气等是常用的能源，但经济效果不同。中国能源资源虽然很丰富，但按人口平均能源资源占有量却只有世界平均数的1/2、美国的1/10、前苏联的1/7；而每万元产值的能源消耗比美国、前苏联高两倍多。所以节能是一个尖锐突出的问题。上面这些因素之间相互影响，有些相互矛盾，不可能各项指标都是最经济的，可以根据企业具体情况以某几个因素为主，参考其他因素来进行分析计算。在对几个方案分析对比时，综合衡量这些要求就是对设备进行经济评价。

1.3.2.6 安全性

在选择设备时，要选择在生产中安全可靠的设备。设备的故障会带来重大的经济损失和人身事故。对有腐蚀性的设备，要注意防护设施的可靠性，要注意设备的材质是否满足设计要求。还应注意设备结构是否先进，组装是否合理、牢固，是否安装有预报和防止设备事故的各种安全装置，如压力表、安全阀、自动报警器、自动切断动力装置、自动停车装置。

1.3.2.7 环保性

环保性是指设备的噪声和排放的有害物质对环境的污染要符合有关规定的要求。应选择不排放或少排放工业废水、废气、废渣的设备，或者是选择那些配备有相应治理“三废”附属装置的设备。还要附带有消声、隔声装置。

1.3.2.8 成套性

成套性是指设备本身及各种设备之间的成套配套情况，这是形成设备生产能力的重要标志。设备的成套，包括单机配套和项目配套。工业企业选择适当的设备，以避免动力设备与生产设备之间“大马拉小车”或“小马拉大车”的现象。应避免各种设备之间存在的“头重脚轻”等不配套现象。

此外，还必须注意企业的各种设备与生产任务之间的协调配套关系。也就是说，生产任务的安排要与设备的生产能力相协调。如果二者不相适应，会出现完不成生产任务或不能充分发挥设备的生产能力造成浪费的情况。因此，不能绝对地认为先进的生产设备就一定会取得好的经济效益。

1.3.2.9　投资费用

在选择设备时，对上述各项因素进行认真评价之后，还要考虑设备的最初投资，并要顾及投资的合理平衡。不仅要考虑设备投资来源和投资费用大小，而且要顾及设备投资的回收期限和由于采用新设备带来的节约。

工业企业选择设备时，要从本企业的实际出发，对各种因素统筹兼顾，全面地权衡利弊，不应顾此失彼。企业的设备管理部门，要负责设备选择的全过程，并对设备进行技术经济等各方面的综合研究和全面评价。通过几种设备优劣的对比，为企业的生产选择最佳的技术装备。

1.3.3　设备选型的步骤

通常设备选型分三步进行：

（1）设备市场信息的收集和预选。广泛收集国内外市场上的设备信息，如产品目录、产品样本、产品广告、销售人员上门提供的情况、有关专业人员提供的情报、从产品展销会收集的情报以及网上信息等。并把这些情报进行分门别类汇编索引，从中选出一些可供选择的机型和厂家。这就是为设备选型提供信息的预选过程。

（2）初步选定设备型号和供货单位。对经过预选的机型和厂家，进行联系和调查访问，较详细地了解产品的各种技术参数（如精度、性能、功率等）、附件情况、货源多少、价格和供货时间以及产品在用户和市场上的反映情况、制造厂的售后服务质量和信誉等，做好调查记录。在此基础上进行分析、比较，从中再选出认为最有希望的两三个机型和厂家。

（3）选型评价决策。向初步选定的制造厂提出具体订货要求。内容包括：订货设备的机型、主要规格、自动化程度和随机附件的初步意见、要求的交货期以及包装和运输情况，并附产品零件图（或若干典型零件图）及预期的年需要量。

制造厂按上述订货要求，进行工艺分析，提出报价书。内容包括：详细技术规格、设备结构特点说明、供货范围、质量验收标准、价格及交货期、随机备件、技术文件、技术服务等。

在接到几个制造厂的报价书后，必要时再到制造厂和用户进行深入了解，与制造厂磋商按产品零件进行性能试验。将需要了解的情况调查清楚，详细记录作为最后选型决策的依据。

在调查研究之后，由工艺、设备、使用等部门对几个厂家的产品对比分析，进行技术经济评价，选出最理想的机型和厂家，作为第一方案。同时也要准备第二、第三方案，以便适应可能出现的订货情况的变化。最后经主管部门领导批准，便完成了设备选型决策的全过程。

以上是典型的选型步骤。在选购国外设备和国产大型、高精度或价格高的设备时，一般均应按上述步骤选型。对国产中、小型设备可视具体情况而简化。

1.4 设备的安装、调试及验收

1.4.1 设备的安装

按照设备工艺平面布置图及有关安装技术要求，将已经到货并开箱检查的外购设备或大修、改造、自制设备，安装在规定的基础上，进行找平、稳固，达到安装规范的要求，并通过调试、运转、验收使之满足生产工艺的要求，以上工作的过程称为设备安装。

1.4.1.1 安装前的检查与准备工作

A 设备的开箱检查

设备的开箱检查工作由设备采购、管理部门组织安装部门、工具安装及使用部门参加，进口设备的开箱要有海关检验机关的代表参加。主要检查内容如下：

（1）检查设备的外观及包装情况。

（2）按照设备装箱清点零件、部件、工具、附件、说明书及其他资料是否齐全，检查有无缺损。

（3）检查设备有无锈蚀，如有锈蚀应及时处理防锈。对可拆卸部分进行清洗或更换润滑剂。

（4）未清洗过的滑动面严禁移动，以防研损。清除防锈油最好使用非金属刮具，以防损伤设备。

（5）核对设备基础图和电气线路和设备的实际情况，基础安装与电源接线位置，电气参数与说明书是否相符合。

（6）不需要安装的备件、附件、工具等，应注意移交，妥善装箱保管。

（7）检查后做出详细记录。对严重锈蚀、破损等情况，做好拍照或图示说明，以备查询，并作为向有关单位进行交涉、索赔的依据。同时把原始资料入档。

B 设备的安装准备工作

安装准备工作直接影响安装工程的质量和施工速度。主要内容包括：

（1）技术准备工作。研究有关的图纸资料，了解设备的性能和原始数据，较大的安装工程应编制施工作业计划，制定技术要求、施工和验收的程序。了解设备运输问题，按照设备的重量、体积、形状等特征研究运输方式和吊装就位工作。设备的环境条件和特殊要求，如防震、恒温、恒湿、防尘、隔声等，应严格按照说明书规定的条件进行。对于关系生产运行的条件，如动力源供应，操作、原料、成品和废料输送等，做好安装前的设计施工。

（2）物资准备。各种机具与材料要事先做好准备。机具包括：起重与运输设备，各种工具、量具、仪器、焊机及其他配套设备等。材料包括：各种金属、非金属材料、油料等。

（3）组织与人员准备。尤其大型工程要做好组织准备，各项准备工作要分工负责，制定专人组织协调和现场施工指挥，提出安装试车的切实可行的建议。安装试车人员应尽早组织和培训。

C　设备的布局

一台设备的安装应保证四周都有通道，以满足安装、操作、维修、运输、材料、半成品或成品的堆放，清除切屑等需要。方位要考虑采光照明，与其他设备的联系，起重、安全等需要。

金属加工设备按生产工艺的要求合理地布置生产线，设备按工艺要求排列称为设备的工艺布局。常见的布局方式有：

（1）按流水作业布置法。适用于生产品稳定，成批大量生产。

（2）按机床类型布置法。适用于单体、小批生产，产品变化较大，如工具车间、机修车间等。

（3）混合布置法。即一部分设备按流水作业布置，另一部分设备按机床类型布置。

车间进行工艺布局，要进行周密设计。一般是按比例将每一型号设备平面（俯视图）形状剪成型片并表示出最大行程轮廓尺寸和工人操作位置，在同一比例的车间平面图上进行布置，考虑生产中各个方面，如建筑结构、通道、非生产设备、起重运输设备、供能装置、采暖通风、调温调湿、照明等，比较各种方案的优缺点，选定最佳方案，最后将型片插定在图纸上，即为车间平面布置图。比较复杂和特殊车间还需绘制立体图。此外，还应考虑排列整齐、美观，符合技术安全要求，操作和维修方便，生产中起重运输方便，粗精设备不相互影响，符合经济性原则、合理利用车间面积等。

设备的定位应参照机械工业部关于《机械设备安装工程施工及验收通用规范》确定设备与设备之间以及设备与通道、柱子、墙壁之间的距离，以及采用纵向、横向还是背靠背等排列形式。设备标高应方便操作和生产需要。

D　设备安装基础

设备基础对设备安装质量、设备精度的稳定性和保持性以及加工产品的质量等，均有很大的影响。往往由于基础质量达不到规定标准而使设备产生变形，丧失精度而不能加工出合格的产品。因此，必须重视设备基础的设计和制作质量，使之符合有关规范，如基础设计的一般规范、金属切削基础要求、锻锤冲压基础要求等。尤其是对大型、精密、重型机床和引进设备的基础，更应十分注重质量，要严格按规范和要求办。

常见的设备基础有混凝土地坪、块型基础和构架式基础。一般要求不高的中、小型设备可安装在具有一定厚度的混凝土地坪上；高频率设备安装在构架式基础上；中、大型设备广泛采用块型基础。

块型基础的设计主要是确定基础平面图、深度、材料和结构。设备使用书有时绘出基础图纸或基础平面图；如果没有，可按照设备底座轮廓尺寸沿周边大出不小于 100mm 来定。基础深度的确定可参考有关资料。基础材料一般为 100 号混凝土。大、重型机床，特长设备及有冲击符合的大型机床为钢筋混凝土。普通机床基础的地基一般不受天然土壤类别的限制。重型与高大设备需要校核基础地基，地基的地质机构、水文情况、土壤类别、成分、性质等数据，来自工厂设计时的地质勘测资料，一般机床的基础地基则无需校核。精密机床的基础周围必须设有适当的隔震层，而且要远离震源。

设备基础施工应严格按照基础图纸施工，安装好预埋件，并做好基础验收工作。

1.4.1.2 设备的安装要求

A 设备的安装定位

安装定位的基本原则为：满足生产工艺的需要及维护、检修、技术安全、工序连接等方面的要求。设备在车间的安装位置、排列、标高以及立体、平面间相互距离等应符合设备平面布置图及安装施工图的规定。设备的定位要考虑以下几个方面：

（1）适应工艺过程和部件联合加工的需求，包括环境温度、粉尘、噪声、光线、振动等。

（2）保证最短的生产流程，方便工件存放、运输和切屑清理，以及车间平面的最大利用率，并方便生产要求。

（3）设备的主体与附属装置的外形尺寸及运动部件的极限位置。

（4）满足设备安装、维修、操作安全的要求。

（5）厂房的跨度、门的宽度和高度、起重设备的高度等。

（6）平面布置应排列整齐、美观，符合国家有关规定的要求。

B 设备的安装找平

找平的目的是保持安装的稳固性、减少振动、避免变形，以保证工作精度和防止不合理的磨损。因此，必须达到设备要求的水平度、平行度、垂直度等，安装过程中按照设备说明书或《机械工业部设备安装验收规范》规定进行。

（1）找平基准面的位置。一般以滑动部件的导向面（如机床导轨）或部件装配面、工卡具支承面和工作台面等为找平基准面。

（2）安装垫铁的选用应按说明书和设备的有关技术文件的规定。垫铁的作用在于使设备安装在基础上，有较稳定的支承和较均匀的荷重分布，并借助垫铁调整设备的安装水平与装配精度。因此，垫铁的形式、尺寸、数量及安装部位的选择十分重要。

（3）地脚螺栓、螺母和垫圈的规格应符合说明书与设计的要求。按 JB15—59 选定。振动较大的设备应加锁紧螺母。长导轨机床应采用球面垫圈。

C 设备的安装注意事项

（1）设备安装部门必须按照有关方面审查批准的设备平面布置图进行安装施工。确定安装位置，检查安装条件，制定安装方法，准备安装器械。

（2）按照有关规定建造安装基础，测量基础中心、水平和标高，安装设备基础底板，在调整合格和保证底板清洁的状况下，进行二次混凝土浇灌。

（3）利用纵横轴线对设备进行初步定位，在相邻机组全部定位后，再做准确定位。

（4）设备装牢之后，应将所有污物、水迹、铁屑、防锈油清除干净。所有进行装配的零部件，必须清洗干净，并涂上规定的油脂。但设备上的铅封、密封和技术文件中规定不得拆卸的机组除外。

（5）零部件清洗装配后，应将所有的润滑部位按规定加注润滑油脂，然后手动各运动部件，要求轻松灵活，没有阻碍、运动反向等现象。对于大型设备，可使用适当的工具，缓慢谨慎地进行。

（6）进行电气部分安装，应按安全、可靠、准确的标准进行。

1.4.2　设备的调试和试运转

1.4.2.1　调试的准备工作

设备安装完成后，必须进行调试，应做好以下工作：

(1) 多次擦洗设备，油箱及各润滑设备加够润滑油，滑动面应多次涂油，各润滑点应保持足够的润滑油。

(2) 试车前装好防护装置，清理设备上不必要的物件，确保安全。

(3) 应先试运行电气部分，先不要挂上皮带或脱开联轴器，确定转向正确后，再挂上皮带或连接主机，并适当张紧。

(4) 试车时应空转 1 小时，注意温度变化。按照部件—组件—单机—机组的方式逐级试运行，前一级不合格，不得进行下一级运行。

(5) 开始启动按钮后，应先点动数次，检查各部位动作无误后，正式运转，并由低速逐渐增至高速。

(6) 试运转中如有不正常情况，应立即停车检修。

(7) 试车中要求润滑液压系统和冷却或加热系统各管理畅通无阻，阀件和机构的动作正确、灵活、可靠，确认部件无裂纹和碰损等缺陷。

(8) 试车结束后，断开动力源，消除压力和载荷，清理运动线路上的障碍物，整理运转记录。

(9) 对照设备的出厂检验证书的项目，逐项认真检查。如有不合格现象，应及时向有关部门反映，通知制造厂家，追究相关责任。试车检验证书和记录归入设备档案。

1.4.2.2　设备的调试

一般设备的调试工作包括清洗、检查、调整、试车，由使用单位组织进行。精密、大型、关键设备以及特殊情况下的调试，由设备动力部门会同工艺技术部门组织。自制设备由制造单位调试，设计、工艺、设备、使用部门参加。

设备的调试一般可分为空转试验、负荷试验、精度试验三种。

A　空转试验

空转试验的目的是为了检验设备安装精度的保持性，设备的稳固可靠性，传动、操纵、控制等系统在运转中状态的稳定性。通常试验时间在 4 小时以上。如在调试过程中出现温度问题、噪声、动作不均匀等故障，应立即停车检查排除，不能解决的问题应与制造厂联系解决。

空转试验分步进行，按照由部件到组件，由组件到整机，由单机到全部自动线。启动时先“点动”数次，观察无误后再正式启动运转，由低速到高速逐渐增加。以机床为例，空转试验检查内容如下：

(1) 各种速度的变速运行情况，由低速到高速逐渐增加，每一级速度运转时间不小于 2min。

(2) 各部位轴承温度。正常润滑条件下，轴承温度不得超过设计规范或说明书规定。主轴滑动轴承温度不大于 60℃（温升不大于 40℃）；主轴滚动轴承温度不大于 70℃（温升不大于30℃)。

(3) 各变速箱运行时的噪声不大于85dB,精密设备不大于70dB,不能有冲击声。

(4) 检查进给系统的平稳性、可靠性,检查机械、液压、电气系统的工作情况。

(5) 各自动装置、连锁装置、分度机构及联动装置动作的协调性、正确性。各种保险、换向、限位和自动停车等安全防护措施的灵活性、可靠性。

(6) 整机连续空转时间应符合表1-1所示,其运转过程中不应发生故障或停机事件,自动循环的休止时间不大于1min。

表1-1 机床连续空转时间

机床控制型式	机械控制	电液控制	数字控制	
			一般数控机床	加工中心
时间/h	4	8	±6	32

B 负荷试验

负荷试验的目的是检查设备在一定负荷下的工作能力,以及各组成系统的工作是否正常、安全、稳定、可靠。试验负荷可按设备公称功率的25%、50%、75%、100%的顺序分阶段进行,也可结合产品进行加工试验,部分设备需做超设备公称功率试验。试验主要按规范检查轴承的温升,液压系统的泄漏、传动、操纵、控制和安全装置工作是否正常,运转声音是否正常。

C 精度试验

在负荷试验后,按说明书或有关技术文件的规定进行精度加工试验。应达到出厂精度或合同规定的要求。如机床进行几何精度、主传动精度及加工精度检查或对专门规定的检查项目进行检查。

在设备运行试验中,要对整个设备的试运情况加以评定,做出正确的技术结论,应做好各项记录,主要包括以下几个方面:

(1) 设备几何精度、加工精度、检验记录及其他机能试验的记录。

(2) 设备试运转情况,包括试验中对故障的处理工作。

(3) 对无法调整及排除的问题,按性质分类:原设计问题、制造质量问题、安装质量问题、调整中的技术问题等。

设备试验后做好各项检查工作的记录,根据试验情况填写出"设备精度检验记录"一式三份,分别交给移交部门、使用部门和设备动力部门保管。

1.4.3 设备的验收

设备的验收在试验合格后进行,设备基础的施工验收由土建部门质量检查员进行验收,并填写"设备基础施工验收单"。设备安装工程的验收在设备调试合格后进行,由设备管理部门、工艺技术部门协同组织安装检查,使用部门有关人员参加,共同鉴定。设备管理部门和使用部门双方签字确认后方为完成。达到一定规模的设备工程(如200万元以上)由监理部门组织。设备验收分试车验收和竣工验收两种:

(1) 试车验收。在设备负荷试验和精度试验期间,由参与验收的有关人员对"设备负荷试验记录"和"设备精度检验记录"进行确认,对照设备安装技术文件符合要求后,转交使用单位作为试运转的凭证。

(2) 竣工验收。竣工验收一般在设备试运转后三个月至一年后进行。其中设备大项目工程通常按照国际惯例为一年。竣工验收是针对试运转的设备效率、性能情况做出评价，由参与验收的有关人员对“设备竣工验收记录”进行确认。如发现设计、制造、安装等缺陷问题进行索赔。

1.5 进口设备的管理

引进国外先进的技术装备，不仅对提高企业的整体装备水平，而且对提高企业在市场上的竞争能力，都具有积极的作用。但如何使引进的设备能够发挥最大的经济效益，加强综合管理至关重要。

1.5.1 国外引进设备的注意事项

1.5.1.1 配套性

整体引进的配套性，指的是设备系统与其环境（企业的其他子系统以及企业外的大系统）的协调性。

部分设备引进的配套性，除了指引进设备对企业内外环境的协调性之外，还有它在设备子系统内部的协调性。即它的基本功能应保证实现企业产品的工艺要求，它所担负的工序或工步，能完成这部分工艺过程的任务。

除了设备之间的配套关系外，还要考虑引进设备与原料、能源、人员的配备。

1.5.1.2 维修条件

引进设备的维修是件大事。由于我国维修体制与国外的维修体制不尽相同，这就形成了引进设备维修问题的特殊性。因此，为了保证引进设备有良好的维修条件，就要考虑好如下几个问题：

(1) 详细了解引进设备的生产厂家有关该设备的设计、使用、维修条件，如功能、寿命周期、安装试车条件、润滑使用注意事项、维修关键、修理方法、可靠性、关键部位的设备诊断、配套设施要求、环境条件等。

(2) 易损件、备用件的图纸、技术资料及供应情况。不少引进设备的国家、生产厂家或公司以配件供应和设备修理为手段，达到控制我国企业生产经营活动的目的。因此，不能单纯以引进设备时一次性的购置费作为评估的唯一依据。

(3) 与引进设备有关的人员培训问题。

1.5.1.3 运输和安装条件

引进设备的运输和安装必须严格依照提供设备一方的条件进行。在此情况下发生的设备损坏、零部件和配件丢失、耽误工期以及其他不能正常履行设备引进合同的现象，均应按合同追究责任。企业要对引进的设备实行严格验收。如发现有整机功能缺陷，零部件损坏，误装、少装以及耽误工期等情节，可以采取索赔措施。

1.5.2 进口设备管理的内容

1.5.2.1 计划管理

计划管理是搞好进口设备的规划，达到预期目的和要求的前提。企业都应拟定一个比较稳定的中、长期技术改造和设备更新规划，确定进口的设备项目，以便及早收集情报，摸清国外情况（技术先进程度、价格等），并做好国内配套的各项工作。在制定规划时，要根据资金来源（利用外资或国内贷款）与偿还能力、国内设备的配套能力、企业技术水平和管理水平以及科学技术发展的趋向，量力而行，循序渐进。

制定一个切实可行的规划，必须对每一台需要进口的设备进行可行性研究，做好技术、经济分析、论证。选择技术先进、生产适用、经济合理的设备，特别要注意引进那些“适用技术”。即要从本国的实际情况出发，根据国情和国力（对进口设备的消化能力，备品配件的供应能力，原料、动力、维修能力，技术管理能力等），进行多方面的评价和比较，有选择地引进技术和设备。反对盲目引进所谓“高新技术”。

制定规划和编制计划时，应由企业主管技术的总工程师副厂长（副总经理）组织，由计划、设备、基建、财务、技术、供应等各有关部门参加讨论和研究。总工程师要能善于听取设备主管部门的意见和建议，要让设备主管部门提方案或提出初审意见。

1.5.2.2 考察谈判

考察和谈判是计划确定后进行的。设备主管部门应直接参与对外谈判和出国考察。这样做有利于对引进技术中必需配套设备的分析，判断哪些是必须进口的，哪些是可以在国内配套的，哪些可以利用已有设备进行改进、改造就可以满足要求的，避免进口国内能解决的设备；也有利于对进口设备的价格和成套性、维修性、节能性等的审查。

在考察和谈判中，能学习和了解国外设备方面的先进技术和管理方法，有利于设备管理部门今后做好设备的安装、维护、修理和国内配套设备的选型，有利于设备部门及时做好配套、安装的准备工作，促使工程项目早日投产。

同外商谈判应注意的技术策略问题：

（1）对外商的报价要从技术、性能、价格、设备成交、合作制造、合作条件、利用外资贷款的可能性等方面综合分析，进行选择。要贯彻技术经济相结合的原则把适用的先进技术放在第一位，而不是谁便宜就买谁的，这方面已有不少教训。

（2）由有关部门组成联合谈判领导小组，共同商量谈判计划、方案和策略，共同遵守，一致对外。尽量让外商先提方案，有利于迅速权衡和制定对策。

（3）第一线谈判小组应精干，出国考察人员应作为主要成员参加，主要谈判人员不要中途更换。

（4）谈判要灵活掌握，适时成交，不要因急于求成而造成被动。

（5）要了解和熟悉国际上通行做法和趋势，善于进行有理、有利、有节的斗争，对于外商的不合理要求和条款，要善于抵制或拒绝。

（6）为做好设备进口工作，还应熟悉有关外汇、外贸、税务、海关和商检等方面的业务知识。

1.5.2.3　前期管理的其他内容

无论是技术引进工程，还是单机进口，除了直接参与谈判、考察工作外，设备主管部门要抓住前期管理几个环节：

（1）做好口岸接收和运输工作。设备到达口岸（机场、港口、车站）后，订货企业应有专人驻港了解情况，掌握进口设备的船期、箱号、名称、数量。并配合货物管理部门分清批次，核对到货地点、名称是否与合同相符，查清到货件数，检查箱体有无残损；对残损问题要协助到货部门严格分清原残、工残，并及时取得船方或港务部门的有效认证。对于重要设备，应派专人负责押运。要检查有保温、防潮、防震等特殊要求的设备，在运输中是否按要求办理。

（2）做好设备入库保管。设备运抵工厂后，应立即入库。保管员应按照包装箱的保管标记，分类保管，保证开箱及安装时按需要随时出库。做好防火、防盗、防水、防虫等工作。对那些临时不能入库的设备，要加盖苫布，并要采取适当安全措施。做到账物相符，入库、出库手续交代清楚。

（3）检验和索赔。检验是进口设备管理工作的重要环节。进口设备到货以后，应组织专门机构和人员负责这一工作。要及时开箱检验，并迅速安装试车，这样才能发现设备的规格、质量和数量是否与合同相符，以便及时提出索赔。如合同规定卖方参加开箱检验，则应通知卖方到场。如果由商品检验局办理检验，则检验时应通知商品检验局，到现场复检、出具证明。进出口公司在货到达口岸之日起 90 天内凭商检证提出索赔。如货物抵达现场以后由于某种原因不能按时开箱检验，则应向进出口公司提出申请，经同意后才能延期检验。

开箱检验应检查包装是否完整，开箱后查点箱内文件、单据、技术资料是否齐全，核对实物是否与装箱单和合同相符。若本单位不具备对某些设备检验的条件，应提前与有关单位联系。

除按规定在设备到达目的港后若干天进行初步检验外，还应尽快安装投入使用。在质量保证期内（一般为 12 个月）如发现其质量和性能上有缺陷，达不到合同规定要求时，可凭检验证书向卖方提出索赔。

（4）设备的安装。设备开箱检验后，应立即组织人员消化设备的技术说明书和图纸，了解设备的性能、结构、接线方式、绘制安装基础图和管线图纸、制定安装计划、准备材料、工具，做好浇灌基础、设备上位、清洗、接线工作。

设备安装试车，应有生产车间人员参加。在设备试车前就应定人、定机、定操作规程和维护保养制度。对那些应有卖方参加试车的设备应通知卖方参加。试车（试测）应按技术说明书的规定进行，试车中发现的问题应及时分析，并按规定处理。

（5）试生产中的技术培训工作。设备安装后的试生产阶段，首先碰到的问题，是操作者对设备的性能、结构、原理等不熟悉和不会操作。因此，要组织已出国或在国内培训过的维修人员、工程技术人员和操作工人做老师，进行操作知识、安全和保养知识的培训。

思 考 题

1. 研究设备前期管理工作的原因及其意义是什么？
2. 前期管理的工作流程和重点是什么？
3. 设备选型应注意的事项有哪些？
4. 简述设备安装调试的一般过程及其注意事项。
5. 进口设备管理的主要内容有哪些？

2 设备运行管理

设备运行管理是指由操作工人在设备运行中所进行的设备管理。设备一旦交付生产使用后，即进入了设备的运行期。这时操作者开始形影不离地与设备打交道，就像是设备本身上的一个“部件”，开始显示出他在设备运行中的主体地位。操作者最了解设备的“脾气”，他对所操作的设备最了解、最熟悉、最能不断发现和揭露设备上所存在的问题，给管理人员提供第一手资料，使设备在可控状态下运行。因此，运行管理的主要内容就是企业管理者运用管理手段管理操作者如何去用好和维护好设备。主要包括：建立合理的运行制度；建立严格的运行操作规定；建立定期检查运行情况制度；建立科学的日常养护制度等。

2.1 设备运行管理制度

国家机械工业委员会发布的《机械工业企业设备管理规定》中对设备使用有明确规定：

(1) 工人在独立使用设备前，须对其进行设备的结构、性能、技术规范、维护知识和安全操作规程等技术理论教育及实际操作技能培训。经过考试合格发给设备操作证后，方可凭证独立操作。

(2) 操作工人应掌握“三好”、“四会”，严格执行使用设备的“四项要求”、“五项纪律”。

(3) 设备的使用要实行定人定机，凭证操作，严格实行岗位责任制。对于多人操作的设备、生产线，必须实行机长制，由机长负责。对多班制生产的设备，操作工人必须执行设备交接班制度。单班制设备应有运行记录。

(4) 操作工人要严格遵守设备操作规程，合理使用设备。严禁超负荷、超规范、拼设备。如遇现场生产管理人员或上级强令操作工人超负荷、超规范使用设备时，设备管理部门有权制止，操作工人有权拒绝，并可越级上告。对违章指挥者应追究责任。

(5) 生产设备要严格执行日常维护（日常保养）和定期维护（定期保养）制度。

在设备运行管理环节中更要强调规范的重要性。操作人员行为规范化是现代设备技术经济特点提出的要求。只有各种使用维护规程与人员的岗位责任制相结合，并要求人员严格遵守设备的运行维护制度，才能保证设备系统正常的运行，维持企业各项活动的协调性。

2.1.1 岗位责任制

2.1.1.1 上岗条件

自然条件：根据操作设备的特点，对操作者的年龄、身体状况、文化水平等进行要求。

资格考试：要对操作者进行包括技术教育、安全教育和业务管理教育等方面的培训。使其熟悉设备的结构原理及性能；熟悉设备的操作规程、保养、点检及紧急事故的处理办法；熟悉设备正确的润滑方法；熟悉设备的操作环境及设备本身的安全装置；熟悉机台上各种记录的填写（运行记录、交接班记录、设备润滑卡片、设备日常检查和定期检查卡片等）。操作人员经教育、培训后要经过理论和实际的考试，合格并取得操作证后方能独立操作使用设备。

2.1.1.2 岗位责任制

建立岗位责任制就是为了加强操作人员的责任心，强制岗位人员履行职责。由于设备不同，所以在岗位配备上也有所差异：单人单岗、多人单岗、群体混岗等在现实中都存在。所以在制定岗位责任制时一定要做到职责明确、覆盖全部。岗位职责的主要内容有：

（1）上岗前要穿戴好劳动保护用品。

（2）参加班前会，领会当班工作事项，接受生产指令。

（3）对设备进行日常点检维护工作，并认真做好记录。

（4）按要求定期做好设备的整理、整顿、清洁、清扫、安全等工作。

（5）看管好设备上的资料、工具等物品。

（6）认真执行交接班制度和填写交接班记录。

（7）参加所操作设备的修理和验收工作。

（8）设备出现异常时，要按规定采取相应措施，并及时反馈信息。

（9）对于由于自身造成的设备事故，要如实说明经过，承担责任，吸取教训，接受考核。

2.1.1.3 交接班制度

连续生产的设备或不允许中途停机者，可在运行中交班，交班人须把设备运行中发现的问题，详细记录在“交接班记录簿”上，并主动向接班人介绍设备运行情况，双方当面检查，交接完毕后在记录簿上签字。如不能当面交接班，交班人可做好日常维护工作，使设备处于安全状态，填好交班记录交有关负责人签字代接，接班人如发现设备异常现象，记录不清、情况不明或设备未按规定维护时可拒绝接班。如因交接不清设备在接班后发生问题，由接班人负责。

企业在用的每台设备，均须有“交接班记录簿”，且不准撕毁、涂改。车间或工区应及时收集“交接班记录簿”，从中分析设备现状，采取措施改进维修工作。设备管理部门负责人应注意抽查交接班制度的执行情况。

2.1.2 岗位技术规程

岗位技术规程是操作人员正确掌握设备操作运行技能的技术性规范，是指导工人安全、正确使用和操作维护设备的基本文件之一。其内容是根据设备的结构和运行特点，以及安全运行等要求，对操作人员在其全部操作过程中必须遵守的事项。一般包括：

（1）操作前的安全要求；

（2）操作设备前对现场清理和设备状态检查的内容和要求；
（3）操作设备必须使用的工作器具；
（4）点检、维护的具体要求；
（5）润滑的方式和要求；
（6）停送电程序；
（7）作业时的操作程序和注意事项；
（8）设备运行的主要工艺参数；
（9）安全防护装置的使用和调整要求；
（10）常见故障的原因及排除方法；
（11）交、接班的具体工作和记录内容。

设备操作规程应力求内容简明、实用，各类设备共同遵守的项目可统一成标准。

2.2　设备使用管理

设备在负荷下运行并发挥其规定功能的过程，即为使用过程。设备在使用过程中，由于受到各种因素作用影响，其技术状况发生变化而逐渐降低工作能力。要控制这一时期的技术状态变化，就必须根据设备的工作条件及结构特点，遵守设备本身所要求的使用方法，精心维护设备。这些措施都要由操作者来执行，只有操作者正确使用设备，才能保持设备良好的工作性能，充分发挥设备效率，延长设备的使用寿命，才能减少和避免突发性故障。正确使用设备是控制技术状态变化和延缓工作能力下降的首要事项。因此，强调正确使用设备具有重要意义。

2.2.1　设备使用规程

正确使用设备是保证设备正常运行，避免设备的不正常磨损或损坏，防止人身、设备事故的发生，延长设备的使用寿命和大修周期，降低备件消耗，减少维修费用，确保生产正常进行的关键之一。因此，设备使用单位和生产操作者，必须严格按照设备使用规程，正确使用设备。

设备使用规程是根据设备的特性和结构特点，对有关设备使用做出的规定。一般包括：在设备投产前编制审定设备操作、维护的文件、资料，如操作规程、维护规程、润滑卡片、设备点检和定检卡片等；对操作人员的教育与考核，要求设备操作工人必须经过实际操作、维修技能的教育培训，具备对该设备“会使用、会保养、会检查、会排除故障”的能力；建立必要的业务规定、规则，如对多人操作设备的机台长的选定、对关键设备专人维修的规定、设备事故报告制度、交接班制度的建立等。

操作者在使用设备过程中要掌握“三好”、“四会”，并严格执行“五项纪律”。

“三好”要求：

（1）管好设备。发扬工人阶级的责任感，自觉遵守定人、定机制度和凭证使用设备，管好工具、附件，不损坏、不丢失、放置整齐。

（2）用好设备。设备不带病运转，不超负荷使用，不大机小用，精机粗用。遵守操作规程和维护保养规程，细心爱护设备，防止事故发生。

（3）修好设备。按计划检修时间停机修理，参加设备的二级保养和大修完工后的验收试车工作。

"四会"要求：

（1）会使用。熟悉设备结构、技术性能和操作方法，懂得加工工艺，正确地使用设备。

（2）会保养。会按润滑图表的规定加油、换油，保持油路畅通无阻。会按规定进行一级保养，保持设备内外清洁，做到无油垢、无脏物，"漆见本色铁见光"。

（3）会检查。会检查与加工工艺有关的精度检验项目，并能进行适当调整。会检查安全防护和保险装置。

（4）会排除故障。能通过不正常的声音、温度和运转情况，发现设备的异常状态，并能判定异常状态的部位和原因，及时采取措施排除故障。

使用设备的"五项纪律"：

（1）实行定人定机，凭操作证操作设备；

（2）经常保持设备整洁，按规定加（换）油，保证合理润滑；

（3）遵守安全操作规程和交接班制度；

（4）管好设备附件和工具，不损坏，不丢失；

（5）发现异常立即停车检查，自己不能处理的应及时通知有关人员检查处理。

2.2.2 点检管理

点检是操作工按照编制的检查路线对设备进行定时（一般是1～2h）、定点（规定的检查点）、定项（规定的检查项目）的周期性检查。它是设备稳定运行的重要措施之一。

检查一般采用主观检查法，即用听（听设备运转过程中是否有异常声音）、摸（摸轴承部位及其他部位的温度是否有异常）、查（查设备及管路有无"跑、冒、滴、漏"和其他缺陷隐患）、看（看设备运行参数是否符合规定要求）、闻（闻设备运行部位是否有异常气味）的五字操作法。或者用简单仪器测量和观察在线仪表连续测量的数据变化。

检查一般包括的内容有：

（1）检查轴承及有关部位的温度、润滑及振动情况；

（2）听设备运行的声音，有无异常撞击和摩擦声音；

（3）看温度、压力、流量、液面等控制计量仪表及自动调节装置的工作情况；

（4）检查传动皮带、钢丝绳和链条的紧固情况和平稳度；

（5）检查冷却水、蒸汽、物料系统的工作情况；

（6）检查安全装置、制动装置、事故报警装置、停车装置是否良好；

（7）检查安全防护罩、防护栏杆、设备管路的保温、保冷是否完好；

（8）检查设备安装基础、地脚螺栓及其他连接螺栓有否松动或因连接松动而产生的振动；

（9）检查设备、工艺管路的静、动密封点的泄漏情况。

检查过程中发现不正常的情况，应立即查清原因，及时调整处理。如发现特殊声响、振动、严重泄漏、火花等紧急危险情况时，应做紧急处理后，向车间报告，采取措施进行妥善处理。并将检查情况和处理结果详细记录在操作记录和设备检查记录表上。

2.3　设备维护管理

设备的维护保养是管、用、养、修等各项工作的基础，也是操作工人的主要责任之一，是保持设备经常处于完好状态的重要手段，是一项积极的预防工作。设备的保养也是设备运行的客观要求，设备在长时间的运行过程中，不可避免地要发生耗损，例如松动、干摩擦、腐蚀等。这些设备的隐患，如果不及时处理，会造成设备的过早磨损，甚至形成严重事故。做好设备的维护保养工作，及时处理随时发生的各种问题，改善设备的运行条件，就能防患于未然，避免不应有的损失。实践证明，设备的寿命在很大程度上决定于维护保养的程度。因此，对设备的维护保养工作必须强制进行，强调“预防为主、养为基础”并严格督促检查。

2.3.1　设备的维护保养

通过擦拭、清扫、润滑、调整等一般方法对设备进行维护，以维持和保护设备的性能和技术状况，称为设备维护保养。设备维护保养的要求主要有四项：

（1）清洁。设备内外整洁，各零件处无油污，各部位不漏油、不漏气，设备周围的切屑、杂物、脏物要清扫干净。

（2）整齐。工具、附件、工件（产品）要放置整齐，管道、线路要有条理。

（3）润滑良好。按时加油或换油，不断油，无干摩现象，油压正常，油标明亮，油路畅通，油质符合要求，油枪、油杯、油毡清洁。

（4）安全。遵守安全操作规程，不超负荷使用设备，设备的安全防护装置齐全可靠，及时消除不安全因素。

为提高设备维护水平应使维护工作基本做到三化，即规范化、工艺化、制度化。

规范化就是使维护内容统一，哪些部位该清洗、哪些零件该调整、哪些装置该检查，要根据各企业情况按客观规律加以统一考虑和规定。

工艺化就是根据不同设备制订各项维护工艺规程，按规程进行维护。

制度化就是根据不同设备不同工作条件，规定不同维护周期和维护时间，并严格执行。

设备维护应按维护规程进行。设备维护规程是对设备日常维护方面的要求和规定，坚持执行设备维护规程，可以延长设备使用寿命，保证安全、舒适的工作环境。其主要内容应包括：

（1）设备要达到整齐、清洁、坚固、润滑、防腐、安全等的作业内容，使用的工器具及材料达到标准或注意事项要求；

（2）日常检查维护及定期检查的部位、方法和标准；

（3）检查和评定操作工人维护设备程度的内容和方法等。

2.3.2　设备的三级保养制度

三级保养制度是我国20世纪60年代中期开始，在总结前苏联计划预修制在我国实践的基础上，逐步发展和完善起来的一种保养修理制，它体现了我国设备维修管理的重心由修理向保养的转变，反映了我国设备维修管理的进步和以预防为主的维修管理方针的更加明确。三级保养制内容包括：设备的日常维护保养、一级保养和二级保养。三级保养制是以操作者为主对设备进行以保为主、保修并重的强制性维修制度。三级保养制是依靠群众、充分发挥群众的积极性，实行群管群修，专群结合，搞好设备维护保养的有效办法。

2.3.2.1 日常维护保养

设备的日常维护保养，一般有日保养和周保养，又称日例保和周例保。

日例保由设备操作工人当班进行，认真做到班前四件事、班中五注意和班后四件事。

班前四件事：消化图样资料，检查交接班记录。擦拭设备，按规定润滑加油。检查手柄位置和手动运转部位是否正确、灵活，安全装置是否可靠。低速运转检查传动是否正常，润滑、冷却是否畅通。

班中五注意：注意运转声音，设备的温度、压力、液位，电气、液压、气压系统，仪表信号，安全保险是否正常。

班后四件事：关闭开关，所有手柄放到零位。清除铁屑、脏物，擦净设备导轨面和滑动面上的油污，并加油。清扫工作场地，整理附件、工具。填写交接班记录和运转台时记录，办理交接班手续。

周例保由设备操作工人在每周末进行，保养时间为：一般设备 2 小时，精、大、稀设备 4 小时。

周保内容如下：

(1) 外观。擦净设备导轨、各传动部位及外露部分，清扫工作场地。达到内外洁净无死角、无锈蚀，周围环境整洁。

(2) 操纵传动。检查各部位的技术状况，紧固松动部位，调整配合间隙。检查互锁、保险装置，达到传动声音正常、安全可靠。

(3) 液压润滑。清洗油线、防尘毡、滤油器，油箱添加油或换油。检查液压系统，达到油质清洁，油路畅通，无渗漏，无研伤。

(4) 电气系统。擦拭电动机、蛇皮管表面，检查绝缘、接地，达到完整、清洁、可靠。

2.3.2.2 一级保养

一级保养是以操作工人为主，维修工人协助，按计划对设备局部拆卸和检查，清洗规定的部位，疏通油路、管道，更换或清洗油线、毛毡、滤油器，调整设备各部位的配合间隙，紧固设备的各个部位。一级保养所用时间为 4 ~ 8 小时，一级保养完成后应做记录并注明尚未清除的缺陷，车间机械员组织验收。一级保养的范围应是企业全部在用设备，对重点设备应严格执行。一级保养的主要目的是减少设备磨损，消除隐患、延长设备使用寿命，为完成到下次一级保养期间的生产任务在设备方面提供保障。

2.3.2.3 二级保养

二级保养是以维修工人为主，操作工人参加来完成。二级保养列入设备的检修计划，对设备进行部分解体检查和修理，更换或修复磨损件，清洗、换油、检查修理电气部分，使设备的技术状况全面达到规定标准的要求。

二级保养完成后，维修工人应详细填写检修记录，由车间机械员和操作者验收，验收单交设备部门存档。二级保养的主要目的是使设备达到完好标准，提高和巩固设备完好率，延长大修周期。

2.3.3 设备的维护保养评比

设备维护保养的检查评比是由企业设备管理部门按照整齐、清洁、润滑、安全等要求和管好、用好、维护好设备的要求，制定具体评分标准，定期组织的检查评比活动。检查结果与奖罚挂钩，以推动文明生产和群众性维护保养活动的开展，这是不断提高设备完好率的重要措施。

车间内部的检查评比主要对各生产小组、操作工人的设备维护保养工作进行检查评比。检查评比以鼓励先进为主，可采取周检月评，即每周检查一次，每月进行评比，由车间负责，对成绩优良的班组和个人予以奖励。

厂内各单位的检查评比，以设备管理、计划检修、合理使用、正确润滑、认真维护等为主要内容。对各车间设备管理与维修工作进行检查评比，采取季评比、年总结。对成绩突出者，给予奖励。

检查工作的主要内容：

(1) 操作工人的日常维护保养；

(2) 车间有关设备管理的各项工作：设备台账、报表、各种维修记录、交接班记录。

(3) 三级保养工作开展情况，各级保养计划的完成情况及保养质量。

(4) 设备完好率及完好设备抽查合格率。

思 考 题

1. 岗位责任制的主要内容是什么？
2. 设备使用中应注意哪些事项？
3. 点检的主要内容和在实际中的应用事项有哪些？
4. 设备的三级保养制度的主要内容有哪些？
5. 简述如何做好设备使用管理工作？

3 设备润滑管理

设备既是企业的重要生产工具，也是固定资产的重要组成部分。设备的使用过程是生产产品、创造利润的过程，也是自身损耗、丧失工作能力的过程。事实证明，磨损是设备失效的主要原因之一，而设备润滑是防止和延缓零部件磨损和其他失效形式的主要手段之一。润滑管理是设备管理的重要基础工作，是设备“管、用、养、修”中至关重要的环节。设备润滑不当必将加速设备磨损，造成设备故障和事故频繁，加速设备技术状态劣化。据统计，60%以上的设备故障是由于润滑不良引起的，液压设备80%的故障是由于液压油引起的，主要原因是油液的污染和油品的选用不当造成的。因此，合理使用润滑油、防止润滑油的污染是降低设备故障的有效途径。

3.1 液压及润滑的作用和基本常识

润滑油具有降低摩擦系数、减少磨损、导热冷却、净化摩擦表面、隔离密封、传递动力、阻尼减振、抗氧化、防锈等作用；能够保证设备正常运转、延长设备使用寿命。

3.1.1 摩擦

两个表面直接接触的物体，在做相对运动时，物体运动受阻碍的现象称为摩擦。摩擦时产生的阻力称为摩擦力，因摩擦使物体表面损伤形成磨损。润滑是为了减少磨损所采用的方法。

摩擦产生的原因：

（1）表面不平。一个十分光滑的表面，当放大观察时，该表面不是绝对平滑的。加工精度为8级的表面，其凸起的高度平均达1.6～3.2μm，这样的表面直接接触做相对运动时，凸起部分就会相互碰撞，产生摩擦（见图3-1）。

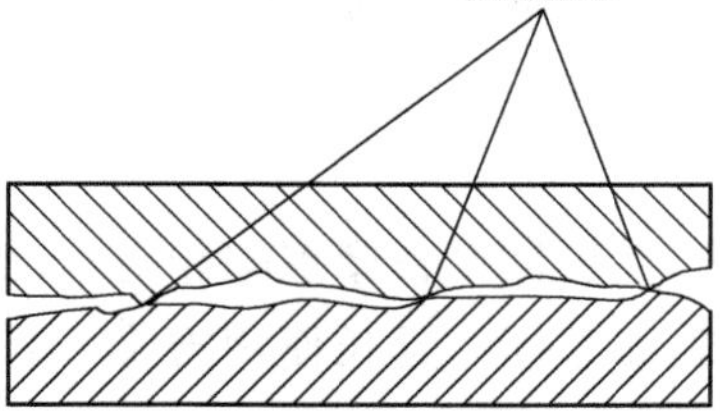

图3-1 表面不平的摩擦

（2）运动阻力。两个表面互相接触的部位，因距离十分接近，分子之间存在着分子引力，阻碍物体之间运动。例如，近代汽车发动机在良好的润滑情况下，摩擦消耗的功率也达20%。

3.1.2 磨损

摩擦副表面相对运动时，工作表面物质不断损失或产生残余变形的现象称为磨损。

机械零件正常工作中的磨损一般分为三个阶段（见图3-2）：

（1）跑合阶段；

（2）稳定磨损阶段；

（3）剧烈磨损阶段。

磨损的机理为：

（1）黏附磨损。这是直接相互接触的运动副表面发生摩擦过程中产生的磨损。

（2）磨料磨损。这是在两物体表面做相对运动时由于存在硬的物质颗粒使较软的金属表面擦伤造成的磨损。

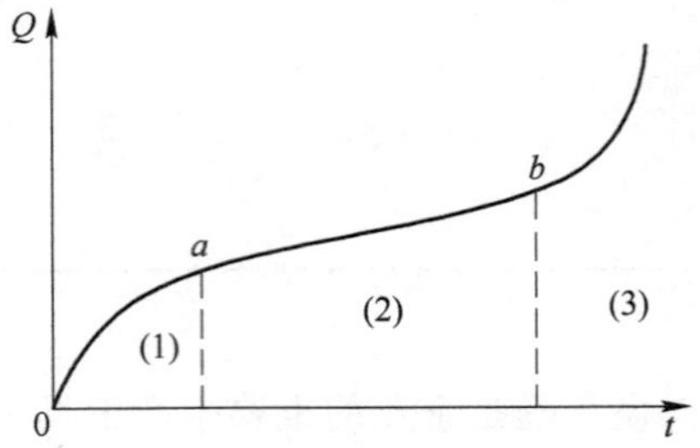

图 3-2　磨损的三个阶段

（3）表面疲劳磨损。两接触表面做滚动或滚动滑动复合摩擦时，在交变接触压应力作用下，材料表面因疲劳而产生微观裂纹并分离出磨粒或碎片造成物质损失的现象叫表面疲劳磨损。

（4）腐蚀磨损。金属表面在摩擦过程中与周围介质发生化学反应（或电化学反应）而产生的磨损叫腐蚀磨损。

3.1.3　润滑

通常把发生在相对运动的各种摩擦副的接触面之间加入润滑剂，从而使摩擦面之间形成润滑膜，将原来直接接触的干摩擦面分开，变干摩擦为润滑剂分子之间的摩擦，达到减少摩擦，降低磨损，延长设备使用寿命的技术叫做润滑。实际上，从广义上讲，润滑是一种减少摩擦和磨损的技术，它不仅包括使用润滑剂，还包括对摩擦副材料的表面改性以及采用具有自润滑的摩擦副材料等技术。

润滑机理为：

（1）液体润滑。油膜能完全把摩擦表面隔开，以液体摩擦代替干摩擦，这种状态称为液体润滑，是最理想的润滑状态。

（2）油性添加剂。油性添加剂是一些极性分子，它们能依靠分子间引力，牢固地吸附在金属表面上，形成一层或几层分子厚度的吸附膜。

（3）极压添加剂。极压添加剂是一些含 S、P、Cl 元素的有机化合物，在高温高压下，能和金属表面起化学反应，生成一层化学膜，起到减小摩擦系数、防止金属烧结的作用。

在机械设备摩擦副相对运动的表面加入润滑剂的目的是降低摩擦阻力和能源消耗，减少表面磨损，延长使用寿命，保证设备正常运转。润滑剂的具体作用表现在以下几个方面：

（1）降低摩擦。在摩擦副表面加入润滑剂后形成的润滑膜将摩擦表面隔开，使金属表面间的摩擦转化为具有较低抗剪切强度的油膜分子之间的内摩擦，从而降低摩擦阻力和能源消耗并使摩擦副运转平稳。

（2）减少磨损。在摩擦副表面形成的润滑膜可降低摩擦并支持载荷，因此可以减少表面磨损及划伤，保持零件的配合精度。

（3）冷却降温。采用液体润滑剂的循环润滑系统可以把摩擦产生的热量带走，降低机械运转摩擦发热造成的温度上升。

（4）防止腐蚀。摩擦表面的润滑剂膜覆盖在摩擦面上有隔绝空气、水蒸气及其他腐蚀性气体的作用可防止摩擦表面被腐蚀或生锈。

（5）传递作用力。某些润滑剂（如液压油）可以做力的传递介质，把冲击振动的机械能转变成液压能。

（6）减震作用。吸附在金属表面上的润滑剂由于本身的应力小，在摩擦副受到冲击时能够吸收冲击震动的机械能，起到减震、缓冲作用。

（7）绝缘作用。矿物油等润滑剂有很高的电阻，因此可作为电绝缘油、变压器油。

（8）清洗作用。随着润滑油的循环流动可把摩擦表面的污染物、磨屑等杂质带走，再经过过滤器滤除。

（9）密封作用。润滑剂对某些外露零部件形成密封，防止冷凝水、灰尘及其他杂质入侵，并使气缸和活塞之间保持密封状态。

3.2 常用液压及润滑的材料

3.2.1 润滑剂的分类

按照润滑剂的物理状态可分为液体润滑剂、半固体润滑剂、固体润滑剂和气体润滑剂四大类。

3.2.1.1 液体润滑剂

液体润滑剂是用量最大，品种最多的一类润滑材料，包括矿物润滑油、合成润滑油、动植物油和水基液体等。

液体润滑剂的特点是具有较宽的黏度范围，对不同负荷速度和温度下工作的运动部件提供了较宽的选择余地。

（1）矿物润滑油。矿物润滑油是目前使用量最大的一种液体润滑剂，约占润滑油总量的90%左右，一般是由矿物基础油中加入添加剂形成的。

（2）合成基础油。合成润滑油是通过化学合成方法制备的润滑油。

（3）动植物油。动植物油是人类最早使用的润滑剂。

（4）水基液体。水基液体是含水的润滑剂，有溶液型和乳化型两类。

3.2.1.2 半固体润滑剂（润滑脂）

半固体润滑剂又称润滑脂，是在常温常压下呈半流动状态，并且具有胶体结构的润滑材料。按使用稠化剂种类，润滑脂分为皂基脂、烃基脂、无机脂和有机脂四类。其中皂基脂中的锂基脂具有多方面的优良性能，因而使用量最大。发达工业国家中锂基脂的产量一般占润滑脂总产量的60%以上。

3.2.1.3 固体润滑剂

固体润滑剂的润滑作用主要有三种类型：第一种是能在摩擦表面形成固体润滑膜，它的润滑机理与边界润滑相似。第二种是软金属固体润滑剂，利用软金属抗剪切强度低的特点起到润滑作用。第三种是石墨等具有层状结构的物质，利用其结构特点起到润滑作用。设备润滑最常用的固体润滑剂是二硫化钼、石墨和聚四氟乙烯。

3.2.1.4　气体润滑剂

气体也是一种流体，同样符合流体润滑的物理规律，因此在一定条件下气体也可以像液体一样成为润滑剂。气体润滑剂的优点是摩擦系数小，在高速下产生摩擦热少，温升低，运转灵活，工作温度范围广。气体润滑剂的缺点是密度低，承载能力低，只能用在30～70kPa的空气动力装置和不高于100kPa的空气静力学装置中。

3.2.2　常用润滑剂的组成

3.2.2.1　基础油

基础油是组成润滑油的主要成分，约占润滑油总量的80%～95%，是添加剂的载体。基础油分矿物油和合成油两大类。

A　*矿物油*

我国通常将矿物油分为石蜡基、中间基和环烷基三类。

石蜡基基础油的应用：发动机油（汽油机油、柴油机油）、液压油、齿轮油、汽轮机油、一般工业用油、润滑脂、二冲程油、空压机油、导热油、金属加工油。

中间基基础油的应用：齿轮油、压缩机油、农用机械油、润滑脂、船用油、防护用油、二冲程油。

环烷基基础油的应用：电器用油（变压器油、电容器油等）、喷雾油、冷冻机油、金属加工油（切削油液）、橡胶加工油、溶剂油、化妆用油、润滑脂、油墨油。

B　*合成油*

合成基础油是由几种化合物通过化学反应制成的，化学纯度较高，有比矿物油更好的物理和化学特性，因此应用范围更加广泛，使用寿命更长，是将来润滑油的发展方向。现在合成油在航空航天机械上的应用较多，在工业机械上的应用也在快速发展之中。合成油一般分为合成烃油、酯类油、聚异丁烯油、聚醚、硅油等。

合成烃油的应用：发动机油（汽油机油、柴油机油）、多级长寿命齿轮油、ATF油、减震器油、汽轮机油、螺杆式空压机油、循环油、造纸机油、轴承油、光纤油、纤维油剂、润滑脂、食品级润滑油脂。

酯类油的应用：内燃机油、二冲程油、空压机油、冷冻机油、航空发动机油、难燃液压油、高温链条油、车用齿轮油、金属加工油（轧制液等）、润滑脂、纤维油加工剂、添加剂的载体。

聚异丁烯油的应用：二冲程油、齿轮油、压缩机油（低压聚乙烯、醋酸乙烯酯）、润滑脂、钢丝绳润滑剂、高温链条油、金属加工油（拉拔油、轧制油、冲压油等）、电缆油、电容器油。

聚醚的应用：气体压缩机油、刹车液、汽车空调油、循环油、造纸机油、轴承油、工业齿轮油、抗燃液压油、高温链条油、润滑脂、金属加工油（切削液、淬火液、冲压油等）、纤维油加工剂、脱膜剂。

硅油的应用：仪表油（精密仪表油、阻尼液、密封油等）、减震液、刹车液、扩散泵油、特种润滑油脂、纤维油加工油剂、塑料、橡胶润滑剂、脱膜剂、消泡剂。

3.2.2.2 添加剂

添加剂是指加入润滑剂中的一些少量物质，可显著改善油脂的某些性能或赋予某些新的性能。

添加剂的作用如下。

（1）静分散剂。多用于内燃机油中，用来清除气缸壁和活塞环上的漆膜和积炭，还能将油中的胶质、烟垢粒子等均匀分散在油中，防止形成大的颗粒。

（2）抗腐剂。延缓润滑油的氧化反应，延长油品的使用寿命。

（3）抗磨剂。提高油品的抗磨性、抗烧结性，减小设备的磨损，防止卡咬或烧结。

（4）油性剂。减小摩擦系数，提高润滑性能。

（5）金属钝化剂。在金属表面形成钝化膜，以减小油品对金属的腐蚀和金属对油品的催化氧化作用。

（6）黏度指数改进剂：增加油品的黏度指数，提高油品的黏温性能。

（7）防锈剂：在金属表面起作用，防止金属遇水时生锈或腐蚀。

（8）降凝剂：低温下通过减缓油中蜡结晶的形成，来降低油品的倾点，改善油品的低温流动性。

（9）抗泡剂：改善油品的起泡倾向，使油面的泡沫迅速破灭。

（10）乳化剂和抗乳化剂。乳化剂用于乳化油中，使油与水形成均匀稳定的乳化液。抗乳化剂用于一般润滑油中，使混入油中的水较快地从油中分离出来。

3.2.2.3 稠化剂

稠化剂是组成润滑脂的重要成分，是区别于润滑油的重要特征。润滑脂是由稠化剂、基础油和添加剂构成的，由稠化剂分散在基础油中而形成的固体或半固体物质，就是润滑脂。

稠化剂一般可影响脂的稠度、滴点、防水性，有时还影响负荷能力。

稠化剂可分为以下四类：皂基稠化剂、烃基稠化剂、有机稠化剂、无机稠化剂。皂基稠化剂有单皂（锂皂、钙皂、钠皂、钡皂、铝皂等）、复合皂（复合锂、复合铝、复合钙、复合磺酸钙、复合钛、复合钠等）。烃基稠化剂有石蜡、地蜡、石油脂等。有机稠化剂有聚脲、酰胺钠、氟碳稠化剂等。无机稠化剂有膨润土、硅胶、炭黑等。

3.3 液压及润滑管理内容

3.3.1 润滑管理的内容和任务

目前，全世界生产的能源，约 1/3 ~ 1/2 消耗在摩擦、磨损上。随着润滑管理水平的提高，润滑技术的进步，其中一部分大摩擦、磨损造成的能源损失是可以节省下来的。因此，润滑管理的最终任务是：减少磨损，提高经济效益。围绕这一任务，必须正确地选用润滑剂，及时适量地润滑设备，确保设备处于良好润滑状态，防止设备发生润滑故障，保证企业生产顺行，增产增收。

润滑管理的内容如下。

(1) 建立“三过滤”制度。

(2) 制订润滑的技术标准，执行“定点、定质、定期、定量、定人”五定工作规范。

(3) 控制润滑材料的购、储、用全过程。

(4) 开展润滑技术培训。技术培训的内容有润滑基础知识和使用方法、供油方法、润滑技术问题的解答，还有工厂的润滑技术管理制度的知识等。

(5) 加强对润滑系统工作状态的检查，经常进行记录。

(6) 制定各种机型润滑材料消耗定额。

(7) 不断地学习、试验、推广国内外润滑新技术、新材料。

(8) 建立重点设备重点部位润滑油定期检测制度。

3.3.2 润滑管理的注意事项

润滑管理的注意事项有：

(1) 润滑管理要执行设备润滑的“五定”规范：

1) 定点。设备有几个润滑油箱、油盒、油杯、油孔及密封或外露的润滑点。

2) 定质。润滑部位要求使用何种牌号的油，根据摩擦副的特点，掌握代用油或掺和调配方法，保持油料的不受污染或变质。

3) 定期。各润滑点多长时间给油一次，根据油箱油质情况及时换油。

4) 定量。每个润滑点加油多少为宜，规定每班（月）消耗定额；各润滑油箱容量是多少，每月的油箱添油量应是多少，废油回收有多少。

5) 定人。各机械设备分工专人负责加换油。一般来说每班加油点由操作者负责，添油及清洗换油工作由车间润滑工为主负责（不设润滑工的车间仍归设备操作者负责），拆卸后才能加油的部位由维修钳工负责，电器部分加油由电工负责。

润滑管理人员应按照“五定”内容，编制每种机型的“润滑图表”发给设备操作者使用。精密、大型、稀有以及生产关键设备的润滑图表应制成铝板，钉在设备显眼处。对于一般的机械设备，可综合编制“设备润滑五定”表，张贴在车间墙上，供大家遵照执行。

(2) 润滑管理要执行“三过滤”制度：1) 进厂油第一遍过滤存放，这级过滤是过滤掉生产、运输过程中产生的水分和机械杂质；2) 领用单位领油时进行第二遍过滤，解决存放过程中产生的水分；3) 用到设备上时进行第三遍过滤，解决运输过程中及前二次过滤没有过滤掉的水分和机械杂质。其中第三遍过滤尤其重要，在加油过滤的同时要注意加油口等处的保洁，防止过滤后的油品被二次污染。

高清洁度的油品带来了设备长寿命，但是油品的污染造成的损失数目惊人。如某企业汽运车间电动轮汽车液压系统，由于液压油的污染，造成装载制动电磁阀卡住，刹车抱死的现象。十几台车陆续“趴窝”。在花费几万元更换液压油，清洗油箱、管路，缩短换油周期后，情况好转。但是也时常发生运行中的车辆刹车抱死现象。针对这种情况，决定加大保养力度，购买一台 RSJⅡ24 型滤油机，在车辆每 500 小时保养时，过滤液压油，清理油箱，从此再未发生刹车抱死故障，彻底解决了问题。

SKF 轴承制造商通过大量试验得出结论：清除润滑油中 2 ~ 5μm 固体颗粒，滚动轴承疲劳寿命可延长到原来 10 ~ 50 倍。清除润滑油中 1μm 固体颗粒，滚动轴承疲劳寿命在理论上是无限的。

（3）全面清洁度的控制。液压系统的失效除了本身油品清洁度不合格外，往往与管理工作不落实，规章制度未能有效实施有关。因此，要做好润滑管理，必须实行“三全”管理才行，即“全过程、全系统、全体人员”参加润滑管理。

3.3.3 润滑油的选用

3.3.3.1 润滑油的选用要素：

润滑油选用的三方面要素为：

（1）设备实际的工作条件（即工况）；

（2）设备制造厂的指定或推荐；

（3）润滑油制造厂的规定或推荐。

在实际工作中，人们选用的润滑油，往往是根据设备制造商的推荐为主。设备《使用说明书》上推荐的油品并不是最佳的，因为从设备研制到使用已经过去十几年，而润滑油产品已经提高了几个级别以上。因此，我们不能完全迷信于设备《使用说明书》的介绍，要根据设备的负荷、速度、温度等实际工况选择润滑油。例如，电厂球磨机钨金瓦在开始运行时经常“烧瓦”，设备《使用说明书》上推荐的油品是机械油 68 号；我们根据设备的负荷、速度、温度重新确定选用低凝重负荷工业齿轮油 CKD/T68 后，设备已经安全运行了 7 年。又如，我国往复式空压机制造商一直推荐用 13 号、19 号空压机油，而现在生产的 DAA、DAB、DAC 空压机油比 13 号、19 号空压机油积炭减少 4/5，大大减少因积炭过多造成的爆炸事故。

目前，国际上流行用润滑脂替代润滑油，但是并不是一切润滑油都可以用润滑脂替代的，而是有一定的要求，国内已经开始采用半流体脂替代稀油润滑，以解决减速机漏油的问题。

3.3.3.2 润滑油性能指标的选定

黏度：黏度是各种润滑油分类分级的指标，对质量鉴别和确定有决定性意义。设备用润滑油黏度选定依设计或计算数据查有关图表来确定。

倾点：倾点是间接表示润滑油贮运和使用时低温流动性的指标。经验证明使用温度必须比倾点高 5 ~ 10℃。

闪点：主要是润滑油贮运及使用时安全的指标，润滑油闪点指标规定的原则是按安全规定留 1/2 安全系数，即比实际使用温度高 1/2。如内燃机油底壳油温最高不超过 120℃，因而规定内燃机油闪点最低为 180℃。

性能指标的选定：性能指标比较多，不同品种差距悬殊，应综合设备的工况、制造厂要求和油品说明及介绍合理决定。

3.3.3.3　润滑油的代用

润滑油各有其使用性能，要求正确合理选用润滑油，避免代用。

润滑油代用的原则如下：

(1) 尽量用同一类油品或性能相近的油品代用。

(2) 黏度要相当，代用油品的黏度不能超过原用油品的 ±15%。应优先考虑黏度稍大的油品进行代用。

(3) 质量以高代低。

(4) 还应注意考虑设备的环境与工作温度。

3.3.3.4　润滑油的混用

不同种类牌号、不同生产厂家、新旧油应尽量避免混用。下列油品绝对禁止混用：

(1) 特种油、专用油料不能与别的油品混用。

(2) 有抗乳化要求的油品不得与无抗乳化要求的油品相混。

(3) 抗氨汽轮机油不得与其他汽轮机油相混。

(4) 含锌抗磨液压油不能与抗银液压油相混。

(5) 齿轮油不能与蜗轮蜗杆油相混。

下列情况可以混用：

(1) 同一家同类质量基本相近产品。

(2) 同一厂家同种不同牌号产品。

(3) 不同类油品，如果混兑两组分均不含添加剂。

(4) 不同类的油品经混兑试验无异常现象的。

(5) 内燃机油加入添加剂的种类较多数量较大，性能不一；不了解性能油品混用问题必须慎重。以免导致不良后果甚至设备润滑事故。

3.3.3.5　润滑油污染的形成

润滑油污染物主要是机械杂质，另外水分也可以归入污染物中来。形成润滑油污染的原因很多，主要有以下几种原因：

(1) 运输和储存过程中进入润滑油中的水分和机械杂质。

(2) 加工制造过程中混入润滑油中的水分和机械杂质。

(3) 在润滑油加油过程中形成的二次污染。

(4) 设备运行过程中进入润滑油中的水分和机械杂质。

(5) 设备检修过程中由于管头未包扎；油箱、油缸解体未防尘等原因所形成的污染。

(6) 油箱的通气滤芯较脏而形成的污染。

润滑油的污染对设备正常运行的潜在影响很大，会造成较大的设备事故。润滑油污染的防治是设备管理的一项重要工作。润滑油污染的防治措施如下：

(1) 防止混入固体异物。在补油和加油时，特别要注重清洁度。加油口、油箱口和加油泵要清洁干净，油箱要按期清洗。检修过程中拆卸的油管、打开的油箱、拆卸的油缸要注意包扎防尘。

（2）防止混入水分。在清洗设备，雨天作业时要避免混入水分。

（3）防止混入脏空气。空气中有水分和灰尘，要防止脏空气进入油中污染润滑油，定期清洁通气孔和通气滤芯。

（4）加油时使用滤油机，以减少润滑油污染。

3.3.3.6 润滑油的简单检查

润滑油在使用中性能将逐渐劣化，表现为酸值上升，黏度变化，颜色变化，防锈性、抗氧化性和消泡性下降，若继续使用已经劣化的油料，必将引起各种故障，相应地增加很多维修费用。

表3-1列出了在现场对在用油品进行一些必要的简易检查方法，对于判断油品劣化程度是十分必要的。

表3-1 现场对在用油品的简易检查方法

项　目	检查方法	鉴定内容
外　观	将油样装入透明玻璃容器，观察颜色，看有无雾状、混浊、灰尘	空气泡、水分、灰尘、油的劣化
臭　味	与新油相比，恶臭或焦臭	油的劣化
酸性度	pH试纸	油的劣化
斑点法	滴一滴油于滤纸，放置1小时，观察浸润情况	油浸润的中心若出现透明的浓圆点，即为灰尘的磨耗粉末，表明油已劣化
热爆裂试验	在热钢板上滴油，是否有爆裂声音	水分
快速黏度检测	简易的黏度计	黏度

油品分析化验是用油管理的一个重要手段，借助它可以监测在用油品，确定合理的换油期。各单位应设置油料分析室。

3.3.3.7 润滑油技术发展的趋势

润滑油技术发展的趋势为：

（1）开发研制高性能的润滑油添加剂，调制出不同要求的润滑油。由于添加剂复配技术不断成熟，使润滑机理发生了质的变化：

1）承载能力不再依靠润滑油黏度，主要靠化学反应膜。

2）润滑油品在啮合表面上的附着不再靠物理吸附，主要靠化学吸附。

3）添加剂的合理附配，可以在最需润滑的部位生成反应膜，有效保护啮合表面。

4）使用一种添加剂同时满足几个不同的要求，为同一设备的不同部位，使用同一种油品创造了条件。如山推生产的推土机使用一种润滑油。

（2）纳米技术应用到润滑油中。现有两个发展趋势，第一是利用一种添加剂加到燃油中使发动机活塞、缸体内的积炭及杂质分解成纳米级的单位而达到清洗发动机活塞、缸体，延长发动机的使用寿命的目的；第二是利用一种添加剂使润滑油分子成为10nm左右的带电粒子，在摩擦副表面的空隙中形成磁性吸附，形成牢靠的有机保护膜，减少摩擦面的直接接触，大大减少摩擦阻力。

（3）固体润滑膜。固体润滑膜是利用固体粉末、薄膜或整体材料来减少和承载表面之间的摩擦、磨损的作用。它可在高温、高负荷、超低温、超高真空、强氧化或还原、强辐射等环境下有效的润滑，突破了润滑油质的极限。目前高温固体润滑主要是高温固体润滑剂和高温自润滑材料。国内已有自润滑轴承公司生产各种自润滑轴承满足各用户需要。

（4）润滑油发展的趋势是要求研制生态、环保、多效、可生物降解的润滑油，同时要求润滑油具有高性能、低黏度、通用化的性能。

有人说，整个世界运行在10μm润滑膜上。所以说任何一项润滑技术的出现，都会带来巨大的效益。

3.3.4　润滑脂的选用

3.3.4.1　油脂选用的要点

油脂的选择以下列八要点作为选择的依据：轴承种类、轴承尺寸（DN值）、速度、操作温度、周围温度、干燥或潮湿、负荷重量、润滑方式。

3.3.4.2　润滑脂的选用

在选用润滑脂时，首先应明确润滑脂所起的作用，即在润滑减摩、防护、密封等方面所要起的作用。作为减摩用润滑脂，主要考虑耐高低温的范围、负荷与转速等。作为防护润滑脂，主要考虑所接触的介质与材质，着重考虑对金属、非金属的防护性质与稳定性。作为密封润滑脂则应考虑接触的密封件材质与介质，根据润滑脂与材质（特别是橡胶）的相容性来选择适宜的润滑脂。

润滑脂的选用要根据机械的工作温度、运转速度、负荷大小、工作环境和供脂方式的不同，综合考虑，一般应考虑以下因素：

（1）温度。温度对润滑脂的影响很大，一般认为润滑点工作温度超过润滑脂温度上限后，由于润滑脂基础油对蒸发损失、氧化变质和胶体萎缩分油现象加速，温度每升高10～15℃，润滑脂氧化速度增加1.5～2倍，润滑脂的寿命降低1/2。润滑点的工作温度还随周围环境介质温度变化而变化。此外，负荷、速度、长期连续运行、润滑脂装填得太多等因素也对润滑点的工作温度有一定的影响。环境温度高和机械运转温度高的，应选用耐高温的润滑脂，一般润滑脂的温度都应低于其滴点（温度）20～30℃。

（2）转速。润滑部件的运转速度越高，润滑脂所受的剪切应力就越大，稠化剂形成的润滑脂纤维骨架受到的破坏作用越大，脂的使用寿命就会缩短。设备运转速度提高1倍，润滑脂的寿命降至原来的1/10。高速运转的机件温升高，温升快，易使润滑脂变稀而流失，使用时应选用稠度较大的润滑脂。

（3）负荷。根据负荷选用润滑脂是保证润滑的关键之一。对于重负荷润滑点应选用基础油黏度高、稠化剂含量高、具有较高极压性和抗磨性的润滑脂。润滑脂锥入度的大小关系到使用时所能承受的负荷。负荷大应选用锥入度小（稠度较大）的润滑脂。如果既承受重负荷又承受冲击负荷，应选用含有极压添加剂的润滑脂，如含有二硫化钼的润滑脂。

（4）环境条件。环境条件是指润滑点的工作环境和周围介质，如空气湿度、尘埃和是否有腐蚀性介质等。在潮湿环境或与水接触的情况下，可选用抗水性好的润滑脂。如钙基、锂基、复合钙、复合磺酸钙润滑脂。条件苛刻时，应选用加有防锈剂的润滑脂，而不宜选用抗水性差的钠基脂。处在有强烈化学介质环境中的润滑点，应选用抗化学介质的合成润滑脂，如氟碳润滑脂等。

（5）其他。除了以上几点外，在选用润滑脂时，还要考虑使用经济性，综合分析使用此润滑脂以后是否延长了润滑周期、加注次数、脂消耗量、轴承的失效率和维修费用等。

（6）润滑脂稠度与应用的关系。

不同牌号润滑脂的适用范围如表 3-2 所示。

表 3-2 润滑脂稠度与适用范围

NLGI 号	适 用 范 围
000 号，00 号	主要用于开式齿轮，齿轮箱的润滑
0 号	主要用于开式齿轮，齿轮箱或集中润滑系统润滑
1 号	主要用于转速较高的针型轴承或滚子轴承润滑
2 号	主要用于中等负荷和中等转速的抗磨轴承润滑，应用最广泛
3 号	主要用于中等负荷中等转速的抗磨轴承润滑，汽车轮轴承润滑
4 号	主要用于水泵和其他低转速的、高负荷的轴承和轴颈润滑
5 号，6 号	主要用于特殊条件下的润滑，如球磨机轴颈润滑

润滑脂失效参考指标如表 3-3 所示。

表 3-3 润滑脂失效参考指标

项 目	润滑脂失效参考指标
滴 点	润滑脂的滴点降至下述范围时润滑脂应予报废： （1）锂基润滑脂滴点（温度）降至 140℃ 以下 （2）复合锂基润滑脂滴点（温度）降至 200℃ 以下 （3）钙基润滑脂滴点（温度）降至 50℃ 以下 （4）复合钙基润滑脂滴点（温度）降至 180℃ 以下 （5）钠基润滑脂滴点（温度）降至 120℃ 以下
稠 度	当润滑脂锥入度变化 ±20% 时，润滑脂应予报废
分 油	使用后润滑脂含油量/使用前润滑脂含油量，小于 70% 时，润滑脂应予报废
灰 分	所测试样的灰分变化率大于 50% 时，润滑脂应予报废
腐 蚀	润滑脂不能通过铜片腐蚀试验，润滑脂应予报废
氧 化	润滑脂产生较大的酸败气味，锂基润滑脂酸值大于 0.3mg/g（KOH）时应更换新脂
机 杂	润滑脂在使用过程中混入大于 125μm 的颗粒杂质时，应更换新脂

3.3.4.3 润滑脂使用注意事项

保持清洁：加注润滑脂时应特别注意，涂脂前零部件必须经溶剂油洗干净并吹干，然后重新加注润滑脂。在更换润滑脂时，要注意不同种类的润滑脂不能混用。新润滑脂和旧润滑脂也不能混合，即使是同类的润滑脂都不可新旧混合使用。因为旧润滑脂含有大量的

表 3-6　ISO 4406 润滑油污染粒数标准（ISO/DIS3908 报告方法）

粒子数 /个·(100mL)$^{-1}$	度 号	粒子数 /个·(100mL)$^{-1}$	度 号	粒子数 /个·(100mL)$^{-1}$	度 号	粒子数 /个·(100mL)$^{-1}$	度 号
$(8\sim16)\times10^6$	24	$(64\sim130)\times10^3$	17	500～1000	10	4～8	3
$(4\sim8)\times10^6$	23	$(32\sim64)\times10^3$	16	250～500	9	2～4	2
$(2\sim4)\times10^6$	22	$(16\sim32)\times10^3$	15	130～250	8	1～2	1
$(1\sim2)\times10^6$	21	$(8\sim16)\times10^3$	14	64～130	7	0.5～1	0
$500\times10^3\sim1\times10^6$	20	$(4\sim8)\times10^3$	13	32～64	6	0.25～0.5	00
$(250\sim500)\times10^3$	19	$(2\sim4)\times10^3$	12	16～32	5		
$(130\sim250)\times10^3$	18	$(1\sim2)\times10^3$	11	8～16	4		

表 3-7　各种液压装置容许液压油污染度标准

液压装置及使用条件	允许污染度	
	粒数 NAS	重量（级）
一般液压装置	MIL-STDG	10mg/100mL
有伺服阀或过滤精度 10 以下的过滤器	9	101
电磁阀或流量控制阀的小流量控制装置及直径间隙 15μm 以下的往复滑动机构的装置	11	102
液压装置的全部或一部带有安全阀（或长时间加压下停留装置）的电磁阀或精密控制等装置	12	108
液压机械及装置试验台	13	108

为防止液压油的污染，在新加油或换新油时要把液压装置和液压系统彻底冲洗干净，在运转中要保持系统过滤装置的过滤效果良好。

通常设有离心式、滤芯式、磁石式等 2～3 道过滤装置，吸附式过滤装置一般只适用于无添加剂的液压油（以免添加剂被吸附掉）。液压系统设置的微细过滤器常常被堵塞，油泥杂质是造成堵塞过滤器的原因。液压系统大都设有自动伺服阀，经过过滤器的油在流经伺服阀时，抗氧抗磨液压油中的 ZDDP 和水反应的生成物及油热变质的生成物，黏附在伺服阀内金属表面上而发生故障。为防止这些问题除要严格控制水分外，还要在液压系统中设置 3～5μm 的微细过滤器，这种微细过滤器对脱水和防磨损都很有效。

各种过滤元件性能见表 3-8。

表 3-8　过滤元件性能

过滤元件	过滤精度/μm	说　明
纸	<10	通油能力低，元件强度较低，难免有纤维脱落，适合于吸油管过滤
铜丝网 铜丝布	<35	价格昂贵，适于高压系统
烧结聚四氟乙烯	<10	强度高，价格昂贵，刚性较低，机械强度高
薄膜滤器	5～25	纳垢能力差，需要极其清洁的试验台
磁性捕集器	<1	只用于过滤铁金属颗粒，过滤时无阻流作用
滤　布	<10	可用于分批过滤或通气孔

3.4.2 液压系统的清洗

液压系统油液中不可避免地要混入水分、油溶性和非油溶性杂质致使液压油污染变质，使用中还会发生氧化变质，因而必须定期或按质（有监测的）换油，换油前必需冲洗液压系统中沉积的污染物和杂质，并放净污油，以防新油迅速变质。

对于清净和冲洗（美国已订有 ASTM D4174—82《石油液压油系统清净、冲洗和净化标准方法》），方法规定，为了控制污染，新油加入前须经离心分离机和 3 ~ 10μm 过滤器过滤。

清洗中不得用含卤溶剂等活性物及碱或酸清洗剂，应使用黏度低于 $32mm^2/s$ 并含有强溶解力组分和防锈剂以及能清除锈蚀化合物与油泥的添加剂的冲洗油。冲洗所用的泵其容量须比液压系统泵大 1 ~2 倍，在保证安全条件下，冲洗油可加热到 65 ~71℃，并在发生湍流的情况下冲洗，一般冲洗时间最少要 12h。冲洗完成后放出冲洗油（送往再生），其系统还要用与运转时相同的液压油进行置换，泵循环并加热到 60 ~71℃ 至少 2h。置换油的循环时间至少连续 24h，或到过滤器上无可见污物为止。放出置换油后，应尽快充入运转用新油，如液压系统时常停运或备用，则应用含有气相防蚀剂的液压油，以防系统中不存油部件发生锈蚀。

3.4.3 润滑油的过滤

润滑油过滤的分级如下：

（1）绝对过滤精度在 30μm 以上为粗过滤。

（2）绝对过滤精度在 10 ~30μm 之间为精过滤。

（3）绝对过滤精度在 3 ~5μm 之间为高精过滤。

（4）绝对过滤精度在 3μm 以下为超精过滤。

润滑油的过滤可分为：

（1）在线过滤：适用于固定设备，设备有集中供油系统。特点为可减少二次污染，实施连续过滤。

（2）集中过滤：适用于单体移动设备。特点为存在二次污染，只能按期过滤。

目前润滑油过滤的方法很多，归纳起来分为 3 大类即滤芯式过滤、磁性过滤、离心式过滤。

滤芯式过滤能够除去粒径为 5μm 以上的杂质，需要频繁停机更换滤芯，滤芯会吸附润滑油中的添加剂，适合一次性加油前的过滤或汽油、柴油的过滤。

磁性过滤又分为电磁极过滤和永久磁极过滤。两种过滤都能够除去粒径为 3μm 的杂质，连续使用能够使润滑油的清洁度达到 NAS7 级。永久磁极过滤中的磁极清理时间间隔短，需停机清理，劳动强度大，一旦没有及时清理润滑油的清洁度迅速下降。电磁极过滤劳动强度小，可操作性强，不需要停机清理，可纳入正常点检工作中。

离心式过滤可通过高速电机旋转润滑油，靠重力的作用分离杂质。这种过滤方式易加速润滑油的老化，对 3 ~5μm 的杂质作用小。

3.5　液压及润滑油品的检查与检测

润滑油脂的检测项目是按产品的标准规定进行的，是判断油脂质量的重要依据。每个检测项目都有相应的检测方法。用油单位有条件的就配备常规的检测设备，对所用的产品进行检测，以确保使用时的质量符合要求。

3.5.1　润滑油的常用检测项目

3.5.1.1　水分

石油产品中水分的来源：

(1) 在运输和储存过程中，进入石油产品中的水。

(2) 石油产品有一定程度的吸水性，能从大气中或与水接触时，吸收和溶解一部分水。汽油、煤油几乎不与水混合，但可溶有不超过0.01%的水。把这为数极少的溶解水完全除去是较困难的。

石油产品中水分存在的状态：

(1) 悬浮状。水分以水滴形态悬浮于油中。多发生于黏度较大的重油。

(2) 浮化状。水分以极细小的水滴状均匀分散于油中。这种分散很细的乳浊液，由于水滴微粒极小，比悬浮状水更难从石油中分出。

(3) 溶解状。水分溶解于油中。其能溶解在油中的量，决定于石油产品化学成分和温度。通常，烷烃、环烷烃及烯烃溶解水的能力较弱，芳香烃能溶解较多的水分。温度越高，水能溶解于油品的数量越多。一般汽油、煤油、柴油和某些轻润滑油溶解水的数量很少，用GB/T260规定方法无法测出，可忽略不计。

水分对生产和使用的影响为：

(1) 轻质油品中的水分会使燃烧过程恶化，并将溶解的盐带入汽缸内，生成积炭，增加汽缸的磨损。

(2) 在低温情况下，燃料中的水会结冰，堵塞燃料导管和滤清器，妨碍发动机燃料系统的燃料供给。

(3) 石油产品中有水时，会加速油品的氧化和胶化。

(4) 润滑油有水时不但会引起发动机零件的腐蚀，而且水和高于100℃的金属零件接触时会形成蒸汽，破坏润滑油膜。

(5) 加速有机酸对金属的腐蚀，造成锈蚀，使添加剂失效，低温流动性变差，堵塞油路，妨碍油的循环及供油。

(6) 还能使油品乳化加剧，使变压器油的耐电压下降。

3.5.1.2　酸值

石油产品的酸值对生产和使用的影响为：

(1) 根据酸值的大小，可判断油品中所含有的酸性物质的量。一般来说，酸值越高，在油品中所含有的酸性物质就多。油品中酸性物质的数量随原料与油品精制程度而变化。

（2）按酸值可概略地判断油品对金属的腐蚀性质。油品中有机酸含量少，在无水分和温度低时，对金属不会有腐蚀作用，但当含量多及存在水分时就能腐蚀金属。有机酸的分子量越小，它的腐蚀能力越大。当存在水分时，即使是微量的低分子酸也有强烈的腐蚀作用。石油馏分中的环烷酸虽属弱酸，在有水分情况下，对于某些有色金属也有腐蚀作用，特别是对铅和锌，腐蚀的结果是生成金属皂类。这样的皂类会引起润滑油加速氧化。同时，皂类渐渐聚集在油中成为沉积物，破坏机器正常工作。汽油在储存中氧化所生成的酸性物质，比环烷酸的腐蚀性强，它们的一部分能溶于水中，当油罐中有水落入时，便会增加其腐蚀金属容器的能力。

（3）柴油的酸值对柴油发动机工作状况有非常大的影响。酸值大的柴油会使发动机内的积炭增加，这种积炭是造成活塞磨损和喷嘴结焦的原因。

（4）由酸值大小可判断使用中润滑油的变质程度。润滑油在使用一段时间后，由于油品受到氧化逐渐变质，表现在酸值增大。当酸值超过一定限度，就应更换新油。

3.5.1.3 闪点

闪点分为开口闪点和闭口闪点两种测定方法。通常挥发性较大的轻质石油产品多用闭口杯法测定。对于多数润滑油及重质油，多用开口杯法测定。

在闪点温度下，只能使油蒸气与空气所组成的混合物燃烧，而不能使液体油品燃烧。这是由于在闪点温度下油蒸发速度慢的缘故。这时蒸气混合物很快烧完，来不及产生一批燃烧所需的新蒸气，于是燃烧也就停止。

石油产品的闪点对生产和使用的影响为：

（1）从油品的闪点可判断其馏分组成的轻重。一般的规律是：馏分轻的闪点低，馏分重的闪点高。

（2）从闪点可鉴定油品发生火灾的危险性，因为闪点是有火灾危险出现的最低温度。按闪点的高低可确定其运输、贮存和使用的各种防火安全措施。

（3）对于某些润滑油来说，同时测定开口和闭口闪点，可作为油品含有低沸点混入物的指标，用于生产检查。通常开口闪点要比闭口闪点高 20～30℃，这是因为开口闪点在测定时，有一部分油蒸气挥发了。但如果两者数值相差悬殊时，则说明该油混有轻质馏分，或是蒸馏时有裂解现象，或是脱蜡过程中用溶剂精制时溶剂分离不完全等。

3.5.1.4 铜片腐蚀

铜片对硫化氢和硫元素的存在非常敏感。铜片在硫元素含量为 15×10^{-6} 的油中，在50℃下经过3小时即覆盖上黑色薄层，在含量为 3×10^{-6} 的硫化氢作用下，就会有紫红色斑点。

铜片腐蚀试验对生产和使用的意义为：

（1）通过试验可判断油品中是否含有腐蚀金属的活性硫化物。为了脱除原油中所含的硫化氢和低级硫醇，通常在管线里打进碱液或用酸碱精制法，使活性硫化物生成胶质叠合物而除去。

（2）可预知油品在使用时对金属腐蚀的可能性。油品在运输、贮存和使用过程中，都和金属接触。它所接触的金属当中，除钢铁之外，还有铜和铅合金、铝合金等。尤其与供油系统中的接触金属关系更大，故铜片腐蚀是油品的重要指标。

3.5.1.5 倾点和凝点

石油产品是多种烃类的复杂混合物，每一种烃类都有它自己的倾点。因此，它不像均匀的单体物质，具有一定的倾点。当温度降低时，油品并不立即凝固，要经过一个稠化阶段，在相当宽的温度范围内逐渐凝固。油品凝点只是油品丧失流动性时的近似的最高温度，是测定石油产品力学特性变化温度的常用方法之一，受条件限制很大。特别是残渣重油，往往同一种产品，由于测定方法和测定条件不一样，所得结果也各不相同。因此，油品凝点从科学观点来看，不是一般意义的物理常数，而是一种条件试验下所得的相对数值。为此，不得不在严格的试验条件下测定油品的凝点。

测定石油产品的倾点及凝点对生产和使用的意义为：

(1) 凝点对于含蜡油品来说，可在某种程度上作为估计石蜡含量的指标。油中的石蜡含量越多，越容易凝固。在油中加 0.1% 的石蜡，凝点约升高 9.5 ~ 13℃，如果从油中除去部分石蜡，则油的凝点可降低。

(2) 列入规格作为贮运、保管时作质量检查之用。由于石油产品的凝点和使用时实际失去流动性的温度有所不同，故凝点只作为石油产品在低温下工作效能的参考指标。

3.5.1.6 机械杂质

石油产品中的机械杂质的来源为：

(1) 在加工过程混入的机械杂质。如用白土精制的油品，大部分的机械杂质是白土的微粒。用其他方法精制的油品中，机械杂质包括铁锈、矿物盐等。

(2) 油品中的机械杂质在大多数情况下是在运输、储存时落入的，如罐、桶清洗不净或容器不严密飞入的尘土、混进铁锈等。

(3) 某些重油，如渣油型齿轮油中的沥青质，也被当作机械杂质。

(4) 润滑油中含有添加剂时，可发现含有 0.025% 以下的机械杂质，但不一定是外来杂质，而是添加剂组成中的物质。

石油产品中的机械杂质对生产和使用的影响为：

(1) 含有杂质的燃料能降低发动机的效率，使摩擦面造成较大程度的磨损。

(2) 润滑油中的机械杂质，特别是能擦伤机械表面的坚硬固体颗粒，会增加发动机零件的磨损和堵塞滤油器。

(3) 黏度小的轻质油品，由于杂质很易沉降分离，通常不含或只含较少的机械杂质。黏度大的重油，若含有杂质并事前不过滤的话，在测定残炭、灰分、黏度等项目时，结果会偏大。

(4) 使用中的润滑油，除含有尘埃、砂土等杂质外，还含有炭渣、金属屑等。这些杂质在润滑油中集聚的多少随设备的使用情况而不同，因此对设备磨损的程度也不同。因此，机械杂质不能单独作为润滑油报废或换油的指标。

3.5.1.7 残炭

形成残炭的主要物质是油品中的沥青质、胶质及多环芳烃的叠合物。烷烃只起分解反应，完全不参加聚合反应所以不会形成残炭。不饱和烃和芳香烃在形成残炭的过程中起着很大的作用，但不是所有芳香烃的残炭量都很高，而是随其结构不同而不同。以多环芳香烃的残炭量最高，环烷烃形成残炭量居中。

石油产品中的残炭对生产和使用的影响为：

（1）残炭是油品中胶状物质和不稳定化合物的间接指标。残炭量越高，油品中不稳定的烃类和胶状物质就越多。例如，裂化原料油若残炭量较高，表明其含胶状物质多，在裂化过程中易生成焦炭，使设备结焦。

（2）用含胶状物质较多的重油制成的润滑油，有较高的残炭量。残炭量可用以间接查明润滑油的精制程度。

3.5.1.8 灰分

组成灰分的主要组分为下列元素的化合物，即硫、硅、钙、镁、铁、钠、铝、锰等，有些原油还发现含有钒、磷、铜、镍等。油品灰分的颜色由组成灰分的化合物决定。通常为白色、淡黄色或赤红色。油品中的灰分是极少的，含量一般为万分之几或十万分之几。油品灰分不能蒸馏出来，而留在残油中。通常重质含胶及酸性组分含量高的油品含灰分较多。

石油产品中灰分的来源为：

（1）经蒸馏后的油品的灰分，是由设备腐蚀而生成金属盐和用酸碱洗涤、白土处理时脱渣不完全所致。

（2）油品在各种不同管线流动和在油罐及其他容器储存时，混入铁锈等金属氧化物和金属盐类形成灰分。

（3）润滑油在使用过程中，因与油接触的金属被腐蚀、油漆的溶解、灰尘的污染而增加灰分。

灰分对生产和使用的影响为：

（1）灰分可作为油品洗涤精制是否正常的指标，如用酸碱精制时，脱渣不完全，则残余的盐类和皂类使灰分增大。

（2）重质燃料油若含灰分太大，降低了使用效率。灰分沉积在管壁、蒸汽过滤器、节油器和空气预热器上，不但使传热效率降低，而且会引起这些设备的提前损坏。

（3）在油品应用上，如柴油灰分超过一定数量，灰分进入积炭将增加积炭的坚硬性，使汽缸套和活塞与活塞圈的磨损增大。

（4）润滑油的灰分，在一定程度上，可评定润滑油在发动机零件上形成积炭的情况。灰分少的润滑油产的积炭是松软的，易从零件上脱落；灰分多的润滑油其积炭的紧密程度较大，较坚硬。但是这种结论只对不含添加剂的润滑油才是可靠的。若润滑油灰分是由于某些添加剂所造成，则难以从灰分的多少判断其形成积炭的情况。

3.5.1.9 黏度

液体受外力作用时，液体分子间产生内摩擦力的性质，称为黏度。黏度通常分为动力黏度（绝对黏度）、运动黏度和条件黏度：

（1）动力黏度：在流体中两个面积各为 $1m^2$，相距 1m 的液面，相对移动速度为 1m/s

时，所产生的阻力如果是1N，则运动黏度为1Pa·s。动力黏度用η表示。

（2）运动黏度：液体的动力黏度与同温度下液体密度的比，用符号ν表示。

（3）条件黏度：指采用各种特定黏度计，所测得的以条件单位表示的黏度。各国通常用的条件黏度有以下几种：

1）恩氏黏度，是一定量的试样在规定温度（50℃、80℃、100℃）下，从恩氏黏度计流出200mL所用的秒数，与同体积水在20℃下流出200mL所用秒数的比值，用符号E表示。

2）赛氏黏度，是一定量的试样在规定温度下，从赛氏黏度计流出60mL所用的秒数。赛氏黏度以秒（s）为单位，主要在美国使用。

3）雷氏黏度，是一定量的试样在规定温度下，从雷氏黏度计中流出50mL所用的秒数。雷氏黏度以秒（s）为单位，主要在英国使用。

用绝对测量法测定液体黏度一般很麻烦，而且不易得到较高的测量精确度。所以通常都是借助毛细管黏度计，把被测液体与已知黏度的标准液进行比较而测得的黏度。这种方法称为相对测量法。测量结果应标明测量时的温度。

黏度对生产和使用的意义为：

（1）可用来划分润滑油品的牌号。

（2）黏度是润滑油最重要的质量指标，正确选择一定黏度的润滑油，可保证发动机稳定可靠的工作状况。随黏度的增大，会降低发动机的功率，增大燃料的消耗，若黏度过大会造成起动困难；若黏度过小，会降低油膜的支撑能力，使摩擦面之间不能保持连续的润滑层，增加磨损。

（3）黏度对于润滑油的输送有重要意义。当油品的黏度增大时，输送压力便要增加。

（4）黏度是工艺计算的主要参考数据之一。例如，计算流体在管线中的压力损失，需查出雷诺数，而雷诺数与绝对黏度有关。

（5）油品的黏度通常随着它的馏程增高而增加。但同一馏程的馏分，因化学组成不同，其黏度也不相同。在油品中的烃类，以烷烃的黏度最小，以带有长侧链及多侧链的环状烃类的黏度最大。从黏度较大的润滑油馏分中去掉带有长侧链及多侧链的环状烃类，便能降低其黏度。在生产上可以从黏度变化判断润滑油的精制深度。通常为，未精制馏分油的黏度大于硫酸精制油的黏度，大于溶剂精制馏分油的黏度。

（6）燃料雾化的好坏是喷气发动机正常工作的最重要条件之一。喷气燃料的黏度对燃料雾化程度影响最大。为了保证喷气发动机在不同温度下所必需的雾化程度，在燃料规格标准中规定了不同温度下的黏度值。

（7）黏度是柴油的重要性质之一，它可决定柴油在内燃机雾化及燃烧的情况。黏度过大，喷油嘴喷出的油滴颗粒大且不均匀，雾化状态不好，与空气混合不充分，燃烧不完全。柴油同时能对柱塞泵起润滑作用，黏度过小，会影响油泵润滑，增加柱塞磨损。

3.5.1.10　黏度指数

黏度指数是一个用来表示润滑油黏温性质的工业参数。也就是将润滑油试样与一种黏温性较好（黏度指数为100）及另一种黏性较差（黏度指数为0）的标准油进行比较，而得出表示润滑油黏度受温度影响而变化程度的相对数值。

3.5.1.11 抗乳化性

生产或使用中影响抗乳化性的原因有：

(1) 在生产过程中由于精制深度不当，或油在使用过程中变质，生成了环烷酸或其他有机酸，以致油中环烷酸金属皂化物含量增加，使油的抗乳化性变差。

(2) 油中混入了由于设备磨损带来的金属物质和外来砂土、尘埃等粉状杂质，以及某些酸类物质，妨碍了油水分离而使抗乳化性变坏。

(3) 长期使用并已变质的润滑油，其中的油泥残渣也能促使油品乳化，使抗乳化时间增加。

抗乳化性对润滑油使用的意义为：

(1) 乳化液在轴承等处析出水分时，可能破坏油膜。

(2) 乳化液有引起腐蚀金属的作用。

(3) 乳化液沉积于油循环系统时，损害油的循环，造成供油不足，引起故障。

(4) 油乳化后，加速油的变质，使酸值增高，生产较多的沉淀物，进一步增加了油的抗乳化时间。

(5) 油乳化后，使润滑油逐渐降低润滑作用，增大各部件间的摩擦，引起轴承过热，以致损坏机件。

3.5.2 润滑脂的常用检测项目

3.5.2.1 外观

润滑脂的外观是通过目测和感观检验的一个检验项目。虽然这是一个极简单的并带有人为经验性的直观检验项目，但却可以初步鉴定出润滑脂的种类牌号，推断产品质量。因此在规格标准中，几乎对每种润滑脂都规定了外观这项质量指标。润滑脂的外观检验方法，一般是直接用肉眼观察，但最好用刮刀把它涂抹在玻璃板上，在层厚约 1 ~ 2mm 下对光检查，仔细地进行观察。此外，还可以用手捻压来检查判断。

外观检验的主要内容包括颜色、光亮、透明度、黏附性、均一性和纤维状况等：

(1) 观察颜色和结构是否正常，是否均匀一致，有无明显析油倾向。

(2) 观察有无皂块，有无粗大颗粒，硬粒杂质以及外来杂质。

(3) 观察纤维状况、黏附性和软硬程度。

皂基润滑脂的颜色因选用的稠化剂和基础油的性质以及生产工艺条件的不同而异，一般呈淡黄色至暗褐色。大部分皂基润滑脂是半透明或不透明状，呈现一定光泽的均匀油膏，而且具有不同强度的纤维感觉。

检查润滑脂的外观可以初步区别各种不同类型的润滑脂。例如，一般钠基脂具有长纤维状；钡基脂具有粗大的纤维；锂基脂呈光滑均匀，色泽稍深的油膏状，并有细小的纤维；普通钙基脂纤维很短，呈半透明软膏状；而用中黏度油制的铝基脂，呈光滑透明的凝胶状；复合钙基脂色泽深黄，纤维较长，直观较硬；钙钠基脂则大多呈现团粒状结构。

基础油的黏度越大，制得的润滑脂成品色泽就越深，而且润滑脂黏稠性和韧性越强，手感黏附性越大。稠化剂含量越高，成品润滑脂越稠厚，稠度牌号也越高。有经验的工作人员对润滑脂的稠厚程度一般可以从外观和手的捻压感觉判断出它的锥入度牌号。

通常，天然脂肪制得的润滑脂颜色较浅，合成脂肪酸制得的润滑脂的颜色较深且暗，并稍有特殊臭味。烃基脂类产品的外观一般为淡黄色至黄褐色半透明或不透明的油膏，一般都不具有光泽，有很强的黏稠性、拉丝性和黏附性。用无机稠化剂制成的润滑脂带有纤维结构。当润滑脂内加有石墨时，呈现黑色，能看到具有乌黑光泽的石墨粒子存在；当润滑脂加有二硫化钼时，呈现灰蓝色，并具有二硫化钼光泽。

此外，从外观也可以初步判断润滑脂质量的优劣。例如有的润滑脂从表面可以看出呈现硬化、氧化变色、有的表面严重析油，有的表面呈现明显龟裂或凝胶状，有的有明显不均匀块状等。这些都可从外观检查推断出该产品在原料组成及生产工艺上或多或少存在一定问题。

3.5.2.2 滴点

润滑脂的滴点是用滴点测定器测定的。在规定的加热条件下，当从仪器的脂杯中滴出第一滴液体或流出25mm时的温度，叫润滑脂的滴点。

滴点在不同情况下可以分别表示润滑脂的几种性质：

(1) 表示熔点。滴落温度能近似地表示润滑脂的熔点，但不能作为准确的熔点。

(2) 表示分油。在测定热稳定性不好的润滑脂的滴点时，往往皂油分离而滴油。此时并不代表其熔点，而仅能代表其明显的分油温度或分解温度。

(3) 表示软化。某些润滑脂并没有发生明显的相转变，也并没有完全熔化，而仅仅是变软，软到一定程度（大约相当于针入度在400以上），则成油柱而自然垂下，拉长条而不成滴。此时滴点仅代表其软化温度。

润滑脂的滴点是反映润滑脂随温度升高的软化程度，即从不流动状态到流动状态的温度，因而可以笼统地预期该润滑脂可能达到的使用温度上限，一般最高使用温度要比滴点低20～30℃，如果超过这个温度，润滑脂因软化会逐渐流出摩擦面或机械部件，从而失去润滑剂应有的功能。应该指出，有许多润滑脂因常温到滴点之间有数个相转变点，因此它的实际使用温度与滴点无直接关系，即不能用使用温度比滴点温度低20～30℃来表示。特别是高滴点润滑脂，如复合皂基脂、膨润土脂等，由于相转变点、稠化剂的稳定性、基础油耐热、抗氧化等因素的影响，滴点和最高使用温度之间更没有直接关系。

3.5.2.3 锥入度（针入度、穿入度）

润滑脂的锥入度是鉴定润滑脂稠度常用的指标。所谓锥入度值是指标准圆锥体自由下落而穿入装于标准脂杯内的润滑脂，经过5s所达到的深度，其单位为0.1mm。

锥入度值反映了润滑脂的软硬程度，是综合了润滑脂的稠厚程度、塑性强度和流动度的一种性状。当圆锥体穿入润滑脂中越深，则锥入度越大，表示该润滑脂越稀软；反之锥入度越小，润滑脂就越硬。

通过锥入度的测定可以了解润滑脂的以下性质：

(1) 稠厚程度。虽然人们常把锥入度称作稠度，其实稠度和锥入度是两个不同的概念。稠度是润滑脂的稠厚程度，即浓稠性，而锥入度只是表示其软硬度。锥入度越大，稠度越小；锥入度越小，则稠度越大。

（2）强度。锥入度在一定程度上可以表示润滑脂的塑性强度，也就是指它受应力作用而可能发生变形的程度。从而可以初步了解润滑脂的抗挤压和抗剪断的能力，便于合理地确定它的使用范围。

（3）流动性。锥入度值可以反映润滑脂受外力作用下产生流动的难易程度。锥入度越大，说明润滑脂越软，越易流动；相反则说明润滑脂越硬，要受较大的外力作用才能流动。常用的润滑脂锥入度约为 220 ~ 340，如果锥入度超过 400，即失去可塑性而变成流体，此时就失去润滑脂能维持固定形状的特点，而需要不断补充新脂。对于集中润滑系统用脂，则需要选用锥入度值较大，即流动性较好的润滑脂。

与润滑脂的相似黏度和强度极限相比，锥入度值还是不能确切地表示出润滑的特性。因为不同性质的各种润滑脂，虽然具有相近的锥入度值，但在黏度和流动性限度方面也许相差很大，因而工作性能也相差很大。润滑锥入度值一般随温度而变化，温度升高，锥入度值变大；反之则变小。在两个温度下测定的锥入度，其差别越小，则表明润滑脂温度—锥入度性状越好，根据锥入度可以估计润滑脂在工作中的输送性能、起动性能以及对动力消耗的影响。

锥入度是润滑脂主要质量指标。在国家标准中，润滑脂是以锥入度范围作为划分牌号的依据。

3.5.2.4 腐蚀

润滑脂的重要特点之一是具有防护金属部件产生锈蚀的功能，而腐蚀试验是考查润滑脂本身是否对金属有腐蚀作用的一种方法。因此几乎所有的润滑脂的技术指标中都规定进行腐蚀试验，并成为润滑脂理化性质的主要指标之一。

测定润滑脂本身对金属有无腐蚀作用，在实际作用上具有重要意义。作为润滑脂，对钢、铜产生腐蚀现象是不允许的。特别对于防护型润滑脂，它的主要用途是防止金属部件不受腐蚀，因此腐蚀试验更是必须通过的项目。对于“抗磨”润滑脂必须考虑到是否对碳素钢具有腐蚀作用。

润滑脂对金属产生腐蚀的原因主要有三种：

一是润滑脂组成内含有腐蚀性物质，如过多量的游离碱和游离有机酸，特别是低分子有机酸和添加剂中的活性硫化物等，以及复分解法制皂工艺中的氯离子和硫酸根离子，会导致成品润滑脂具有腐蚀性。为了避免润滑脂本身所引起的腐蚀，要求在制脂工艺过程中，必须严格控制这一类物质。

二是润滑脂本身氧化稳定性不好。因此，在贮存和使用过程中，组分内的一些不饱和脂肪酸皂类和不稳定的烃类物质被氧化产生出新的有机酸，特别是低分子氧化物等，它们与金属接触就会具有腐蚀性。

三是某些润滑脂在长期贮存中，由于密封不严而吸收水分，也容易导致腐蚀作用。如钠基脂在生产或贮存过程中，特别是在空气湿度很大的地方极易吸收水分，使腐蚀试验通不过。锂基脂或多或少也存在这样的问题。因此，在测定腐蚀试验的时候，更要注意室内干燥，以免由于测定环境的因素而引起误判。

3.5.3　润滑油脂检测技术的应用

机械设备失效的方式主要有磨损、腐蚀和断裂等，其中磨损失效所占的比例达60% ~80%。大量统计数字表明，柴油机故障的85%以上是与润滑有关的。因此监测设备的润滑与磨损状况，预测磨损过程的发展，及时发现故障征兆及查明故障的原因，采用相应的解决措施是一件很有意义的工作。通过采用油品分析技术可以实现这一目的，这是一项对设备在用润滑油进行理化指标测试、污染分析、红外光谱分析与铁谱分析等全面的综合分析的技术。

利用油品分析技术指导设备维修与工况监测是实现设备现代化科学管理的重要手段和可靠保证，因而在能源、冶金、石油、化工、铁路、航空、机械制造等重要工业和交通部门日益受到高度重视，并已开始在实践中推广应用。

3.5.3.1　油品分析的主要内容与作用

在工况监测中的油品分析主要包括两个方面的内容：

（1）润滑油性能的检测，包括润滑油的质量指标（即理化指标）的测试和油品中添加剂变化趋势的分析。

（2）润滑油中磨损颗粒及污染物质的定性与定量分析，包括磨损微粒的总量、尺寸分布、化学成分和微粒的几何形状。

前者主要针对油品本身的质量而言，后者主要针对设备磨损状况。只是通过对上述两方面的分析结果进行综合比较，反复验证，才能有效地提高故障诊断的准确性。

A　油品的理化分析

良好的润滑条件可大大减缓设备的磨损，是设备处于正常运转状态的可靠保证。润滑油的特性主要反映在以下几方面：黏度、闪点、倾点和凝点、水分、酸碱度、机械杂质、防锈性、防腐性、抗泡和抗乳化性能、氧化和水解稳定性、胶黏性等。在工况监测中，油品理化分析多长时间做一次要根据具体情况确定。如295B电铲各减速箱每年取样化验一次。某些液压设备和运输机械每季度检验一次，破碎机润滑油每半年化验一次等等。无论何种设备，如已发现故障征兆或取得的分析数据异常时，必须考虑增加取样次数，缩短油样周期。

B　油品的污染度分析

油品经过使用后，不可避免地总会受到各种程度不同的污染。测试油品污染度有多种方法，有定性、半定量等各种方法，应根据具体情况加以选择。对于污染较重，颜色较深的油品可用斑点试验法，也可用带有特制网格的滤纸按一定规则进行计数的半定量法，还可使用一些油品快速分析仪。这些方法的特点是简单、快速、与其他检测项目的匹配性较好，有实用价值。定量分析油品污染度时可用颗粒计数器，这种仪器可精确测出单位体积油中所含颗粒的准确值，适用于对清洁度要求较高的油品（如液压油）检测。

3.5.3.2　油品检测实例

A　对重点部位的油品监测

某矿自2001年开始对重点设备重点部位开展油品监测，取得一定成果。如295B电铲经铁谱分析和光谱分析后发现润滑油中铁含量异常，齿轮的齿面磨损较大，与供应商一起研制新油的配方，经提高润滑油的极压性、黏附性后，润滑状况改变，再取样检测润滑油，一切指标正常，齿轮等磨损减少。

B 不同的设备和不同的换油周期，有不同的检测时间

油品最好是按质换油，但按质换油的费用大、取油样频繁、劳动强度大。因此，采用按期换油与按质换油相结合的方法。如 154 电动轮汽车柴油机油开始每 50h 取样一次，直到油的指标急剧劣化，通过油样检测发现，同一台车换油期在 250 ~ 300h 之间，最长换油期是 327h，最短换油期是 257h。因此，规定 154 电动轮汽车柴油机油换油期在 250 ~ 300h 之间。对其他设备继续按规定时间取样，以确定其合理的换油周期。

C 重点设备重点检测

重点设备的换油周期不同，因而取样时间和取样次数也不同。表 3-9 为某矿重点设备油品检测时间表。

表 3-9 某矿重点设备油品检测时间表

<table>
<tr><th>设备名称</th><th>检测部位</th><th>油品名称</th><th>检测时间</th></tr>
<tr><td rowspan="2">295B 电铲</td><td>回转减速箱
提升减速箱
推压一级减速箱
推压二级减速箱
走行一级减速箱
走行二级减速箱</td><td>295B-B</td><td rowspan="2">每年 5 月份至 8 月份取油样，每月取两台电铲油样</td></tr>
<tr><td>走行三级减速箱</td><td>295B-K</td></tr>
<tr><td rowspan="5">采矿破碎机</td><td>板式给矿机驱动站行星齿轮箱</td><td>EP320</td><td rowspan="5">每年取油样两次，5 月份和 10 月份取油样</td></tr>
<tr><td>排土机驱动齿轮箱</td><td>EP320</td></tr>
<tr><td>破碎机润滑系统</td><td>EP68</td></tr>
<tr><td>800kW 驱动站驱动齿轮箱</td><td>EP220</td></tr>
<tr><td>板式给矿机液压驱动系统
排土机液压提升系统
液压吊和排土机液压系统
排矿皮带机液压系统</td><td>H46</td></tr>
<tr><td rowspan="2">选矿破碎机</td><td>液压站</td><td>Q8/150</td><td rowspan="6">每季度取一次油样</td></tr>
<tr><td>润滑站</td><td>HV32</td></tr>
<tr><td>球磨机</td><td>液压站</td><td>EP150</td></tr>
<tr><td>主　泵</td><td>隔膜泵动力端、曲轴箱</td><td>GX80W-90</td></tr>
<tr><td rowspan="2">140m 浓缩机</td><td>隔膜泵液力端、浓缩机静压轴承</td><td>EP460</td></tr>
<tr><td>浓缩机蜗轮蜗杆、小齿轮
轴承及传动链条</td><td>EP680</td></tr>
</table>

针对不同的设备工况，随时调整取样时间。如选矿破碎机液压站润滑油过去是每半年取一次油样，随着设备工况的下降，改为每季度取一次油样。

3.5.4　油品分析技术的发展前景

油品分析技术目前在我国有了比较好的应用，并且获得了较好的经济效益，通过油品分析开展设备的工况监测，可以大大延长设备的使用寿命。另外，通过油品分析及工况监测，还可将定期换油改为按质换油，避免了不必要的浪费。利用油品分析技术开展工况监测实用性强，经济效益显著，越来越受到人们的重视。

设备是企业赖以生存的物质基础，加强设备管理，努力做到设备管理现代化、科学化，保证设备有效安全的运行，降低设备故障的发生率，提高设备利用率，企业才能在激烈的市场竞争中立于不败之地。设备预测维修是设备现代化管理的一个重要手段，认真开展设备工况监测工作，并把它建立在科学基础上，对促进企业生产发展，提高企业经济效益和社会效益有着积极的意义。相信在不久的将来，应用油品分析进行工况监测技术必将被更广泛地应用到更多的领域和部门中。

思　考　题

1. 摩擦产生的机理及减摩的方法有哪些？
2. 常用的润滑剂有哪些，它们各自的使用条件是什么？
3. 润滑管理的主要事项有哪些？
4. 怎样选择合适的润滑剂？
5. 如何检测和检查润滑剂？

4 设备维修管理

设备维修管理的研究对象是各种机械或设备的维修，任何机械或设备都有从设计、制造、使用、维修、再使用、再维修，直到退役淘汰的不同运动发展阶段，即设备的全寿命周期。

随着科学技术的不断进步和现代化生产的飞速发展，机器设备作为决定产品生产的产量、质量和成本的重要因素，其作用越来越明显。设备在进入到生产使用阶段后，必然会产生不同程度的磨损、疲劳、变形或损伤，随着时间的延长，它们的技术状态会逐渐变差，使用性能下降。设备维修作为设备管理的重要环节，是延长设备寿命，保证生产正常运行，防止事故发生的重要保证。

4.1 设备维修模式

所谓设备维修模式，就是在适当的时机对适当的维修对象（设备、设施、零部件）实施适宜的维修措施（维护、检查或修理）的模式。从目前世界各国企业采用的情况看，主要有以下三种：

（1）计划（预防）维修模式（PM）。计划维修作为一种预防性维修制度，我国从20世纪50年代以来，在工业企业普遍推广使用，对保证设备处于良好状态取得了较好效果。设备计划维修的方法有以下几种：1）标准维修法，即强制维修法。对于那些必须严格保证安全运转的设备常采用此法。这种方法对设备的维修日期、类别和内容，预先制定具体的计划。不管设备运转中的技术状态如何，都严格按照计划规定执行。2）定期维修法。这种方法是根据设备的使用情况、参考有关检修周期，制定设备维修工作的计划日期和大致维修工作量。确切的工作安排，则是根据每次维修前的准备再作详细规定。3）检查后维修法。此法事先只规定设备的检查计划，根据检查的结果和以前的维修资料，确定维修日期和内容。计划维修方式一方面可以及时地恢复设备的工作能力，预防可能发生的事故；另一方面，可以事先安排好设备的使用和检修时间，准备好维修所需的人、财、物等；同时也可以缩短维修时间，提高维修质量。

（2）设备诊断技术与状态模式（CBM）。与传统检查相对，设备诊断技术由依靠人员的感官判断，发展到大量采用先进的科学仪器、仪表；由人工测试发展为在设备运转中由电子仪器显示；由高级技术工人承担，发展为由于采用既科学又方便的仪器、仪表，一般设备操作者也能承担；由在停机情况下检测，发展到不停机直接检测；检测的目的，由检测劳损（磨损、腐蚀等）、预防故障发展到预测设备的自然寿命。目前，该技术已发展为系统的设备维修管理方法，可以对整套设备的单个零件、主要部件进行监测，也可以对整套设备进行全面的监测。设备状态监测维修是根据设备的日常监测、定期检查、状态监测和诊断提供的信息，经统计分析处理，来判断设备的劣化程度，并在故障发生之前有计划地进行适当的维修。设备状态维修被公认为设备维修方式中效率最高的一种方式。采用设备状态维修可以及时掌握故障隐患并及时消除，从而提高设备完好率和利用率，提高设备维修工作质量和节省各种费用，提高总体效益。

(3) 事后维修模式（BM）。事后维修模式或叫故障维修法，也就是坏了再修，不坏不修的方法。这种方法只适用于数量多、一般的设备。

不同设备维修模式的对比分析如表 4-1 所示。

表 4-1　不同设备维修模式的对比分析

维修模式	优　点	缺　点
事后维修	最大限度地利用零部件的有效寿命	易导致事故发生
预防维修	较好的可靠性、安全性和计划性	易发生过维修现象
状态检测维修	较好的有效性和计划性	初期投资大、成本较高

4.2　设备维修策略、计划的制订

4.2.1　设备维修策略的选择

任何单位都有数量不等、型号不一的设备。有些设备复杂，有些设备简单。大中型企业设备数量大、品种多。随着企业生产技术水平的进步，所拥有的设备种类越来越多、技术性越来越强。不同的设备使用的环境不同、故障率曲线不一样，进行设备维修时应根据设备的重要性采取相应的维修策略。

一般来说，企业规模越大，设备数量越多。大、中型企业所拥有设备数量非常多。不同设备在企业生产运行过程中所起的作用是不一样的，所采用的维修方式也不一样。在制定机器设备维修策略时，首先应对设备重要程度进行分类。分类的方法很多，其中 ABC 分类法就是一种常用的、较好的方法。在一个单位中，A 类设备数量少，所起的作用大，大约占总数的 10 % 左右。这类设备流程工艺复杂，是企业生产过程中的关键设备。一旦这些设备发生故障，会造成重大的经济损失，对企业产生重大影响，因此要求这类设备在运行过程中，具有非常高的可靠性。这类设备应是设备维修工作的重点对象。对这些关键设备，应从维修的经济性出发选择合适维修方式。这类设备最好采用状态维修方式，变计划维修为针对性维修，这样可以使维修工作量和维修费用大幅度降低，实现少投入多产出的效果。如果没有相应的诊断设备，或状态维修方式费用太高，技术经济分析的结果不合适，企业无法承受，则应采取标准维修法，也可以采用定期修理法。

此外，可根据设备故障信息的统计结果，选择合适的维修方式。在对企业的 B 类和 C 类设备进行维修时，应根据设备故障信息，选择合适的维修方式。对这些设备来说，故障信息是决定设备维修方式的基础。通过对故障信息的分析，可以判断设备故障的类型，从而选择维修方式。设备故障信息主要包括设备的故障次数（停机频率）和故障后果（停机时间长短、经济损失等）这两方面的统计资料。收集一年来（或半年、季、月）设备的停机频率（次数）和停机时间的统计资料。绘制设备停机时间和停机频率排列图表，因各单位设备很多，只需列出占总数 80 % 以上的停机时间最长及停机次数最多的设备即可。

对停机时间长、频率高的设备，采用计划维修，彻底消除故障。对停机频率低，但一旦停机需要延续较长的停机时间的设备，应对造成故障停机的过程和原因进行分析，并进行状态监测，进行状态维修。对停机频率高，停机时间短的设备采取的维修策略是提高操作人员的技能水平，一般维修由他们完成即可。对停机时间短，频率低的设备采取的方式是不坏不修。当然需根据本行业的特点，进一步深化细化，才能制定出一套符合企业特点的机器维修策略。

4.2.2 设备维修计划的制订

设备维修计划的制订涉及到维修作业实施前、实施期间和实施后的计划、控制的全部过程。设备维修计划的制订目标是通过计划、控制与监督手段确保维修作业的顺利实施，同时所有措施的事实都应以经济性为前提。为了确定作业进度，就必须制定相应的作业计划。作业计划包括所有将要实施的一次性措施和所有为确保作业进度而必须采取的措施。

4.2.2.1 维修的作业流程

在维修范围内，作业计划具有重要意义，而作业流程的编制又在其中起着核心作用。作业流程是维修系统中维修计划的信息载体，计划制定者则依据作业流程编制维修措施实施的作业程序。

维修作业的具体实施是通过下列方式完成的：

（1）企业自身的维修部门；

（2）企业外部的专业维修企业。

维修作业的流程如表 4-2 所示。

表 4-2 维修作业的流程表

<table>
<tr><td colspan="3">名　称</td><td>批　量</td><td>编　号</td><td>作业类型</td><td colspan="3">委托书编号</td></tr>
<tr><td colspan="3">维修材料</td><td>作业量</td><td>图纸编号</td><td>流程编号</td><td colspan="3">签　发</td></tr>
<tr><td>顺　序</td><td>成本核算部门</td><td>作业地点</td><td>工　序</td><td>设备或机组</td><td>工具器材</td><td>技术等级</td><td>剩余时间（分）</td><td>时间定额（分）</td></tr>
<tr><td></td><td></td><td></td><td></td><td></td><td></td><td></td><td></td><td></td></tr>
<tr><td></td><td></td><td></td><td></td><td></td><td></td><td></td><td></td><td></td></tr>
<tr><td>编　号</td><td>变更性质</td><td>日　期</td><td>签　名</td><td>已检验</td><td>已观察</td><td>已拟定</td><td>日　期</td><td>签　名</td></tr>
<tr><td></td><td></td><td></td><td></td><td></td><td></td><td></td><td></td><td></td></tr>
<tr><td></td><td></td><td></td><td></td><td></td><td></td><td></td><td></td><td></td></tr>
</table>

维修作业流程的编制一般是按照下列步骤进行的：

（1）工序计划，指工序顺序的编制。

（2）实施时间的确定，指定额时间（包括剩余时间及时间单位）的确定。

（3）维修人员的确定，实质上是对专业技能的要求。在维修领域，多数情况下参与作业的是具有多种技能的熟练工人，在表中按工资组别划分。

（4）维修材料的确定，指确定维修作业所需原材料的种类及数量。

（5）维修作业所需设备、器材的选择，指确定维修作业必需的设备、工具、器材、焊接装置等。

(6) 成本计划，指用以评估维修作业所需人员、材料、设备、器材所指出的费用。

4.2.2.2　维修委托书的编制过程

维修委托书的编制是以信息流为基础的，任务书中关于计划、控制、监督及运用所必需的基本数据也是通过这种渠道获得的。在这种条件下，对维修措施要求的数据则必须形成文字的、完备的文件、资料，如图 4-1 所示。

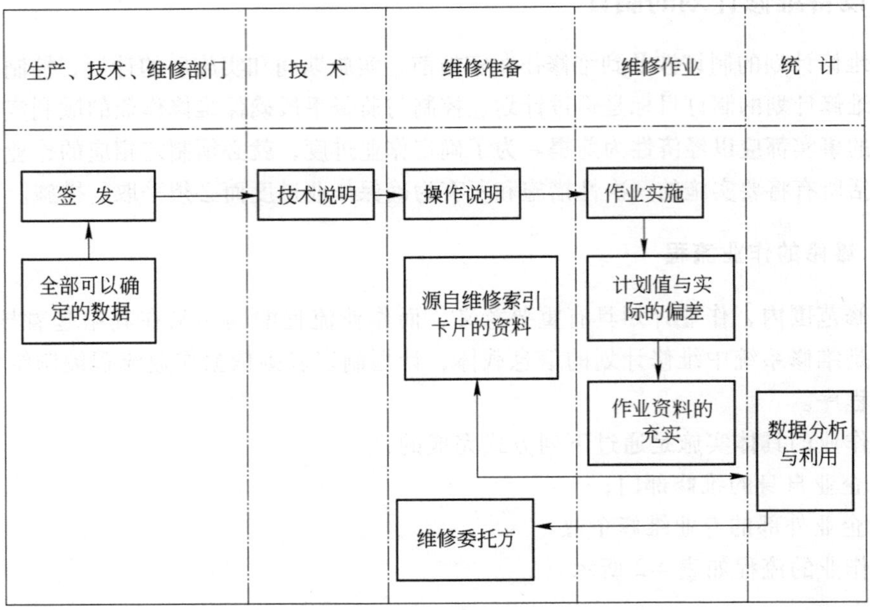

图 4-1　维修委托书的编制过程

4.3　设备维修队伍的关联模式及选择

一般企业维修队伍的关联模式要依据企业自身的特点，同时兼顾社会协作环境的程度进行确定。过去，各企业内部实行自行维修设备，即维修人员与生产、操作人员同在一个单位工作，维修人员与生产、操作人员的关系既是分工协作关系，又是同志关系，维修人员的检修任务由生产人员下达。这种维修模式优点是：维修人员与生产、操作人员相互熟悉，便于相互沟通与了解，有利于对设备维修项目的确认达成一致；缺点是：制约力不够，当出现检修纠纷时责任不清，工作效率不高，检修质量监督力不强，维修人员与生产、操作人员工资收入差距不大，不能调动人员的工作积极性。后期为了提高维修人员的工作积极性，提高检修作业效率，实行检修任务按项目单元承包，即先明确某一检修项目的内容、检修工期时间、费用总额、检修后设备无故障稳定运行的时间，然后将检修任务交与维修人员实行工期承包或费用质量总包。在检修工期时间完成全部检修项目不奖不罚，如果提前，则提前的时间可作为奖励检修人员的多休息时间或按比例提取适当的奖金，也可考虑检修后设备无故障稳定运行的时间，在设备稳定运行一个检修周期后，对维修人员进行一次性奖励，但因为维修人员与生产、操作人员同在一个单位，奖励金额不宜过高。现在多数企业实行企业内部维修人员与生产、操作人员分工专业管理，同时设立点检方进行管理，也可将维修任务交与企业外部单位进行协作维修，由设备所属企业与检修方单位签订关联协议，明确双方的权利与义务，设备检修范围，费用金额，考核方式，解决纠纷的形式等。实行检修专业化管理后，有利于更好地提高设备检修质量，调动检修人员的积极性。

4.4 设备维修模式的建立（实例）

维修模式的建立首先要做好调查摸底工作，统计设备三个大修期以上的消耗及当期市场价格水平，新设备可以参照当期市场价格水平和平均人工工资水平制定，依据实际工作量确定合理的费用和相关联人数，明确双方的权利和义务及约束考核标准，解决纠纷的形式，最后双方签订检修关联交易协议。

下面的附件为某公司下属某厂2005年度公司内部关联交易协议举例。

2005年公司内部关联交易协议书

协议单位:某公司下属某厂(以下称为甲方),某公司下属检修协力单位(以下称为乙方)。

一、检修对象

（一）服务范围：甲方所属各类设备。

（二）乙方与甲方签订经济协议中明确包保和检修范围，甲乙双方的权利义务以及相关联人数。

二、检修任务及费用

乙方负责以下设备检修任务即应得费用。

总计：×××万元

三、检修安全防火协议

遵守甲方安全防火协议。

四、甲乙双方责任与权利

（一）甲方责任

1. 甲方负责定期同乙方提供检修计划、设备的日修、定修计划要求及时准确。

2. 甲方负责向乙方提供检修所需的备品备件和生产用材料。(乙方负责材料明细见本节附件二)

3. 甲方负责检修后的验收工作。

4. 甲方负责组织试车，并指导乙方进行设备的单体调试。

5. 甲方应确保施工区域和设备的安全防护设施的完好。

6. 当多单位在同一区域、同一系统、同一设备施工作业时，甲方负责提前统一协调好作业程序和时间，提出有关要求并做好安全交底，出现事故应追究相关单位的责任。

7. 按甲方规定对乙方作业及人员进行管理。

（二）乙方责任

1. 乙方对所属人员安全负责，严格按公司有关规定进行检修作业，严格遵守甲方有关厂规厂法。

2. 乙方负责本协议规定区域内设备的检修和安全稳定运行。完成协议中规定的工作内容及各项指标，并接受甲方的监督和检查。

3. 乙方负责本协议规定区域内设备的突发性抢修任务，并负责检修后的现场清理、备件倒运及备件组装和乙方有能力承担的备件修复和再生工作。

4. 乙方负责本协议规定区域内现场的整顿工作，负责设备环境的卫生清扫，并接受甲方指导和检查。

（三）甲方权利

1. 甲方有权对乙方的检修、维修工程进行验收，并对验收不合格的项目责令整改，对检修质量、工期、设备的功能、精度、文明施工等方面达不到要求的按章考核。

2. 甲方有权对乙方的检修工作提出意见和要求，对其检修、维修的设备质量进行监督检查，有权制止乙方在检修过程中的违章行为。

3. 甲方有权对乙方旷工、脱岗、违纪人员进行监督，并建议乙方领导进行考核；乙方不能因承揽其他工程而影响甲方设备检修。

4. 甲方有权向乙方建议对乙方违章作业人员给予经济处罚和行政处理的权利。

5. 甲方有权通过乙方有关负责人安排乙方承包范围内的其他临时性工作。

（四）乙方权利

1. 乙方有权向甲方提出工作异议和修正意见，有权对甲方的违章操作、违章指挥及有可能损坏设备的行为进行制止并予以纠正。

2. 乙方有权拒绝甲方安排的危及乙方职工人身安全的工作。

3. 乙方在完成协议范围内工作前提下，可以参与其他的检修工程。

4. 乙方有权要求甲方备件加工、电修等活源，在同质同价的条件下，优先安排加工及修理。

五、检修经济技术指标

（一）设备事故时间按甲方“设备事故管理办法”及2005年设备管理考核指标执行。

（二）计划实现率

计划项目	100%
计划时间	100%
检修质量	100%

六、检修质量要求

（一）对设备检修坚持执行公司和厂所制定的质量标准进行鉴定验收。

（二）检修的设备运行后，保证在规定时间内保功能、保精度正常运行。

（三）检修后要积极配合试车，确认生产正常后方可离开现场。

（四）坚持文明施工，对检修后的现场要及时清理，保证设备的卫生达到要求标准。

七、考核

（一）乙方出色和超额完成任务时，甲方给予乙方适当的嘉奖。

（二）在抢修工程中，劳动工时应为定额工时1.5倍，双休日工时为定额工时2倍，节假日工时为定额工时3倍。

（三）有下列情况之一者，酌情扣减发生在该协力车间当月包保费用的0.1%～10%。

1. 违章作业、习惯作业，达不到技术标准出现质量事故者；

2. 推诿扯皮、无理取闹、拒绝执行作业票，月定修计划、抢修指令、组织不力、到位不及时，服务态度不好，延误设备检修者；

3. 检修作业票或定修工作完成率小于95%者；

4. 一次试车合格率小于90%者；

5. 处理渗漏点成功率小于60%者；

6. 文明施工达不到要求者；

7. 因工作失误，受到公司考核者；

8. 违反甲方有关规章制度者；

9. 有转包行为者。

八、销售收入结算方法

（一）乙方为甲方的服务项目，纳入甲方年度预算，列为专项资金，由甲方按协议规定予以支付。

（二）甲方则向乙方按月支付销售收入，考虑中间验收及动力系统淡旺季及大修工程忙闲不均等因素，支付的月销售收入原则上不低于全年总收入的月平均水平，实行收入累计计算。

（三）乙方各协力车间每月支付销售收入结算单由甲方签证，交乙方协力中心汇总，到甲方设备部认证。

（四）月销售收入结算单认证后由乙方财会组通过甲方计财部办理结算业务。

九、解决纠纷的方式

对年度经济协议执行中发生纠纷时，由双方协商解决，若协商不成，报集团公司协调裁决。

十、其他

（一）其他未尽事宜由双方协商解决。

（二）本协议经双方负责人签字生效，有效期为2005年度。

（三）若协议在履行过程中需要调整，需经双方协商，并将协商结果形成补充协议，报集团公司批准后，双方签字生效。

（四）在此协议原则下，协力各车间与相关的主体厂签订相应的经济协议。

（五）本协议一式四份，甲乙双方各持二份。

附表1 检修消耗材料、工具、仪表明细表

（1）工具类
各种成套工具（进口工具除外），电工工具、钳工常用工具，电工用各种钳子、螺丝刀、测电笔、活扳手、压线钳、手锤、钢锯弓子、卡尺、卡钳、钢板尺、卷尺、千分尺、划规、手砂轮、手电钻、安全变压器、弹簧钳子、电烙铁
（2）仪表类（1000元以下电工仪表）
钳式电流表、万用表、高（低）压摇表、毫伏表、毫安表、电压表、电流表
（3）常用材料
纱布、黑包布、高压防水包布、焊锡、焊锡丝、锯条、白布带、氧气、乙炔、氧气表、乙炔表、氧气带、乙炔带、气割枪、气爆焊条、铜（铝）焊条、铜焊药、铝焊药、破布、生料带、密封胶、AB胶、2mm以下橡胶板、石棉板、电焊条（白钢焊条除外）、铁线（8号、10号、12号）、厚度0.5mm以下铜皮、跳板、黄纸板、滑石条、章丹（龙胆紫）、直径13mm以下钻头、画图纸、调和漆、钢锯条、毛刷

附表 2 维修收入结算单

生产厂名称		检修协力单位名称	
结算时间	年 月 日 至 年 月 日	结算费用总额（小写）	
考核情况			
加减额百分比		加减额（元）	
当月结算（大写）			
检修协力单位		生产厂	
业务负责人： 主管领导： 公章：		业务负责人： 主管领导： 公章：	
公司设备部		公司计财部	
业务负责人： 主管领导： 公章：		业务负责人： 主管领导： 公章：	

4.5 设备维修工程管理

维修工程管理包括计划管理、资金管理、施工管理、预决算管理及工程招投标管理，其中，施工管理是工程管理中最重要的环节。施工管理工作一般分为两个阶段进行，一是工前的准备与管理；二是工程开工后施工过程的管理。

4.5.1 施工前的准备与管理

4.5.1.1 施工前的准备的意义

“七分准备，三分施工”，只有做好充分的施工准备，施工时才能顺利进行。准备工作是在组织、人力、物资、运输、安全等方面，为工程施工创造良好的条件。因此，搞好工程准备工作是工程顺利进行的一项重要工作。

4.5.1.2 准备工作的要点

准备工作由设备所在单位（甲方）派专人负责，做好协调、配合和统筹检查工作。准备工作分施工现场准备和施工资料准备两部分同步进行。

A 施工现场准备

a 思想落实

在组织施工前，各有关单位必须发动员工，使员工对该工程在生产中的重要性、特殊性和经济效益有统一的认识。依靠广大员工的积极性做好该工程的各项准备和管理工作。

b 组织落实

由主管部门组织甲方、施工单位（乙方）、物资供应部门及其他相关单位，结合具体情况，适时成立“工程指挥部”。一般可在开工前 2 ~ 6 个月成立指挥部，由甲方的主要领导担任总指挥，主管部门、乙方、物资供应部门的领导担任副指挥，全面负责整个工程的准备、施工的全过程的组织、领导工作。指挥部下设若干个专业组，如工程组、质量组、设备备件组、运输组、材料供应组、安全组、保卫组和政宣组等。各组组长由甲方担任，副组长由乙方或有关部门人员担任。指挥部成立后，要定期召开会议，检查各组工作进度情况，听取汇报，及时解决各组提出的问题。

c　施工项目落实

一项工程由若干子项（缺陷项目）构成，乙方通过现场勘查向甲方交底，施工人员必须全面熟悉所担任的检修项目，其中包括机件损坏程度、缺陷处理方法以及安装技术标准等。设备的缺陷项目、施工图纸均由甲方在施工前 2 ~4 个月提交乙方。

d　施工方案落实

对于较大的工程需要有多专业和多工种协调作业，还有生产、运输、安全等客观条件的限制，要求在较短工期内完成，因此必须有一个最佳的施工方案，这个方案应包括各专业、工种协调一致的作业，达到质量目标所采取的技术措施，实现目标的最佳路径（路线）以及保证实施的人力、资财的调动等。必须根据施工内容，研究出一个切实可行的施工方案，一直到施工的全过程完成，以达到事半功倍的效果。

e　网络计划编制

网络计划技术是现代化管理中常用的科学的管理方法。它以缩短工期、提高效率、节约劳力、降低消耗为目标，通过网络图来表示计划任务的进度安排及其各个环节之间的相互关系。工程网络计划的编制应考虑到工程管理的特点，逐级或分块编制。作为总体的计划应控制几个施工部门或几个专业的衔接作业，而下属分级或分块计划应根据总体的时间要求逐项编制，达到能够指挥施工队伍或施工班组的要求，坚持总体控制网络不便，单项（分级）控制网络少变，实施性网络可变的原则。

f　施工组织设计

施工组织设计是反映乙方组织该项工程的组织能力和实施水平的一种综合性的设计，由乙方进行编制。主要包括：

（1）工程概况。扼要写明该工程的性质、主要实物量、需要换的备件吨位、设备台（套）数、耐火材料砌筑量、电气设备量、电缆更换量、混凝土拆除及浇注量、工程投资、计划工期、施工工期、工程难点以及实现目标等。

（2）施工方案。施工方法、技术方案、新技术的采用、重大缺陷及隐患处理方案的实施则直接影响工程进度、质量和费用，因此应该认真对待，详尽叙述，应该有必要的计算或论证。对一些重点项目或部位的施工工艺、测量等也要加以说明。这些均为提供甲方或有关部门审定的资料。

（3）劳动组织和施工人力安排情况。应根据施工具体项目及工作量，各专业配合，按需安排参加施工人员的数量，并列表说明。

（4）施工网络技术图表。根据施工项目及检修方案，按工序和需要的时间，排出网络和进度计划表。选用的施工方案要先进合理，工序安排得当，并绘制出主要工序路线，得出主要线路工期，是否符合工期要求。如果不能满足需要，应进一步研究，要从方案、施工工艺、工序等方面进行分析、优化，压缩满足既定工期的需要。排出网络草稿后，可由主管部门组织甲、乙双方，必要时亦可邀请有关专家或有经验人员讨论审定，审定后的网络图表编入施工组织设计文件内。某设备大修网络图如图 4-2 所示。

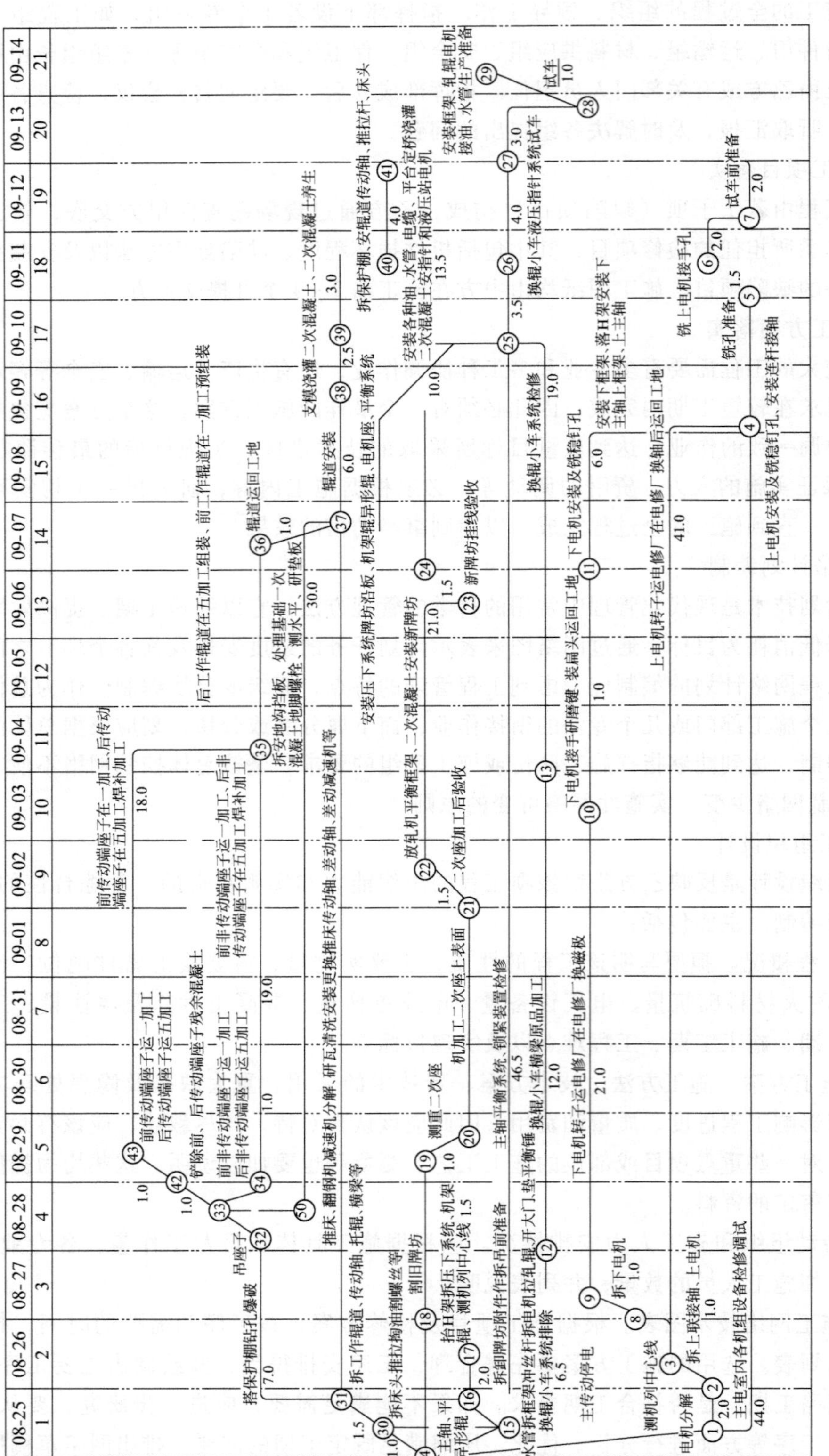

图4-2　2005年轧机大修网络计划

（5）施工机具需用量。列出该工程施工机具的需要用量，以便有关单位做好准备。施工机具供应单位必须提供设备状态良好的施工机具，必要时在使用前应对其进行检查及检修，保证在使用时不发生故障。

（6）质量标准及保证措施。质量标准应以甲方提出要求或按国家有关规范和设计单位提出的标准为准，施工单位在施工组织设计中应制订出完成技术标准的保证和措施。

冶金机械设备大修技术标准，在一般情况下，应以原冶金部颁发的标准为准。提出的标准叫质量检查工艺卡，或施工工艺技术质量要求。质量检查工艺卡如图 4-3 所示。

电气和动力专业质量标准应按国家行业标准或企业标准；工业建筑专业应按国家或省级制定的标准或规范。

设备安全管理流程如图 4-4 所示，设备安全施工预测表如表 4-3 所示。

表 4-3 设备安全施工预测表

施工程序	事故预测危险分析	安全分析	负责人
施工前准备	安全思想不牢，组织不落实，交底不够，盲目施工易产生人身事故，运送备品备件易发生车辆伤害，物体打击伤害	（1）施工前认真进行安全教育，组织施工人员学好大修的有关安全规定 （2）进行安全交底，做到检查落实、措施落实、责任落实，坚持底不交清不施工，安全措施不落实不施工，劳动保护品穿戴不标准不进入施工现场，未进行安全教育不施工 （3）运送备品备件，要防止超宽、高、长，要按规定办票，要遵守交通法规，进入厂区行车要规定限速，要坚持一停二看三确认四通过规则 （4）物件摆放要合理，不超高，要稳，专人指挥，做好互保	施工负责人
施　工	（1）起重伤害	起重司机要坚持十不吊，指吊工要坚持专人指挥，做好哨音明、手势清，要戴标志指挥，吊物捆绑要牢固，吊具绳销要进行安全检查，指吊工要有合格证，坚持执行指吊有关规定	施工负责人
	（2）触电伤害	认真贯彻执行有关用电十四条规定：不得带电作业，坚持停送电工作票制度，不是专业电工不准上岗操作，临时照明电压不得高于 36V，电气作业人员的工具、劳保品绝缘要良好，各种接地、接零保护要可靠	施工负责人
	（3）高空坠落和物体打击伤害	坚持执行有关高空作业十四条规定和大修指挥部制定的有关高空作业的规定	施工负责人
试　车	易发生机械伤害	（1）要有组织的统一试车，设专人指挥，试车前要落实检查、落实确认，坚持互保，要相互配合、相互联系、相互协作 （2）停开车要坚持工作牌制度，各种安全装置要恢复正常方可试车，无关人员离开现场	试车负责人

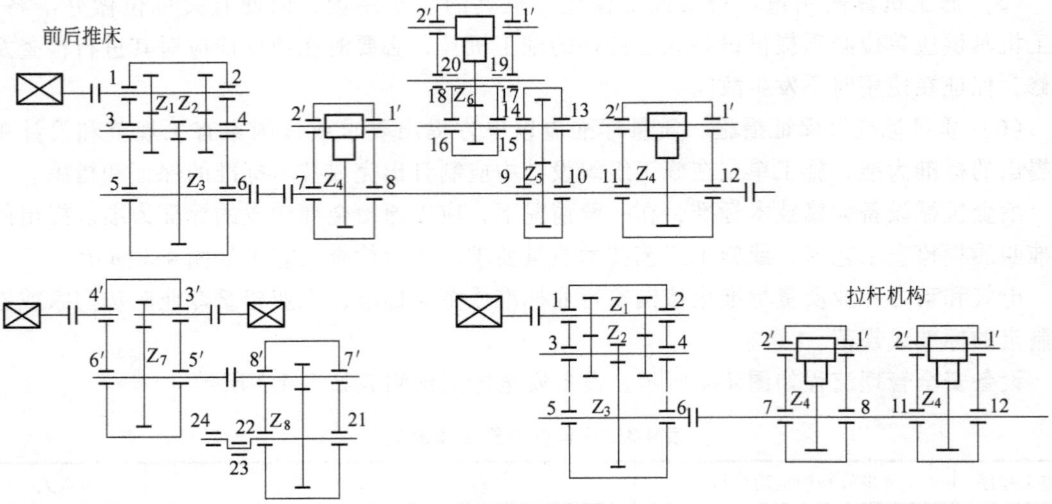

设备平面示意图

1. 齿轮啮合标准

齿轮对编号	齿轮模数	间隙/mm						咬合情况			
		侧间隙			顶间隙			按齿长		按齿高	
		技术标准	拆前检查	安装检查	技术标准	拆前检查	安装检查	技术标准	安装检查	技术标准	安装检查
Z_1	$m_s=9.25$	>0.24			1.6~2.8			≥65%		>35%	
Z_2	$m_s=12$	>0.32			2.4 ~3			>65%		≥65%	
Z_3	$m_n=45$	>0.24			9~11.25			≥65%		≥65%	
Z_4	$m_n=45$	>0.24			9~11.25			≥65%		≥65%	
Z_5	$m_n=45$	>0.24			9~11.25			≥65%		≥65%	
Z_6	$m_n=45$	>0.24			9~11.25			≥65%		≥65%	
Z_7	$m_n=8$	>0.24			1.6~2			>65%		≥65%	
Z_8	$m_s=12$	>0.32			2.4~3			>65%		≥65%	

注：1. 滑动轴承受力轴瓦接触面积不少于50%，不受力轴瓦接触面积不少于整个面积的45%。
　　2. 轴与轴瓦的接触角应为60°~100°（快速轴）。
　　3. 轴瓦在每25×25mm上的接触面积应为（中速轴）3~5点，慢速轴为2~3点。
　　4. 位号：1，2应做5次记录。

2. 滚动轴承标准

轴承编号		1′	2′	3′	4′	5′	6′	7′	8′
轴承型号		N5232		97526		2097140		2097152	
间隙/mm	轴向间隙 s			0.15~0.25		0.2~0.3		0.2~0.3	
	径向间隙 δ			0.08~0.14		0.09~0.14		0.08~0.11	
	拆前检查								
	安装检查								

3. 轴瓦标准

轴瓦编号		1	2	3	4	5	6	7	8	9	10	11	12	13	14	15	16	17	18	19	20	21	22	23	24
轴瓦尺寸/mm		ϕ180		ϕ300		ϕ340		ϕ400						ϕ260		ϕ480		ϕ230		ϕ280					
间隙/mm	侧间隙	0.25~0.29		0.25~0.45		0.47~0.54		0.56~0.64						0.36~0.42		0.5~0.8		0.32~0.33		0.39~0.45					
	顶间隙			0.25~0.29		0.25~0.45		0.47~0.54						0.56~0.64		0.36~0.42		0.5~0.8		0.32~0.33					
	拆前检查																								
	安装检查																								

图4-3　关键设备检修质量工艺卡

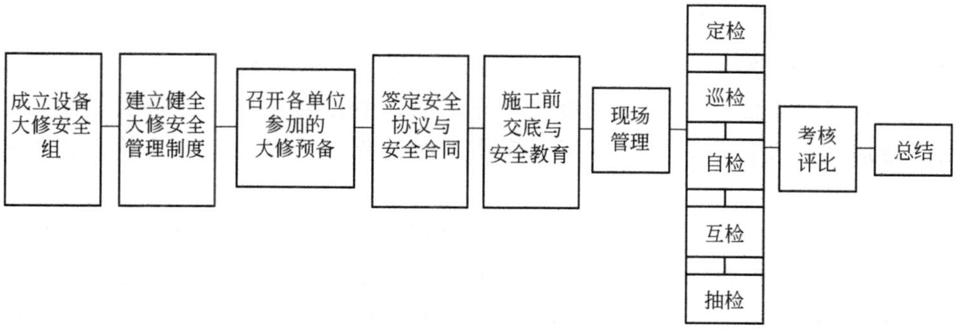

图 4-4 设备安全管理流程

（7）施工平面布置图。要绘制出施工现场的平面布置图，并注明安全通道、施工单位区域划分以及施工机具、备品备件摆放位置等。

施工组织设计是组织指导大修、年修工程实施过程的重要文件，整个工程的实施都要按照这个文件进行，特别是其中的检修方案、措施等尤为重要。施工组织设计形成后应提交甲方及主管部门组织审批，经审批签证后方能生效。同时也是编制施工工程预算时的一份重要依据。

（8）设计落实。凡需要进行改造的项目，应先落实设计任务。甲方在项目得到批准后，委托设计部门进行方案设计，这种设计要做到技术先进、生产适用、经济合理、运行可靠、施工可行。设备主管部门应适时组织设计部门、甲方及有关单位进行设计审查、签署设计批复，并安排施工图设计的进度及施工服务工作。

（9）质量落实。工程开工前甲方应提出“质量检查工艺卡”，或施工工艺技术要求，乙方应认真讨论贯彻。如确因种种原因施工后难以达到或发现标准不符合实际时，可与甲方商讨修订。必要时由主管部门负责组织对提出的标准进行审定。对采用新工艺、新材料及工程关键部位和其他易发生技术问题的项目，乙方提前研究实验，并制定出保证质量的施工技术措施，并认真组织实施。

（10）安全措施落实。安全施工是工程实施过程中的重要问题。施工之前甲方应向施工单位进行安全交底，乙方要先到现场了解实际情况，制定施工安全措施，并应按照企业安全部门的规定制定可行的 1 图 3 表。1 图 3 表要层层分解，落实到班组、人头。甲乙双方应签订安全协议。

（11）动火及爆破落实。凡需动火、爆破等施工作业应事先同保卫部门取得联系，制定可行性方案和措施，双方签定保卫协议。

（12）运输落实。运输工作包括施工期间的生产作业，设备、备件、材料进出现场等工作。施工前乙方可根据工程拆装量和工期要求向甲方提出所需铁路或公路运输的要求，若使用铁路运输，乙方应提出所运货物名称、装卸道线、进出时间等详细计划，甲方根据乙方要求按时配备车种办理封道作业。

（13）文明施工落实。文明施工是施工中不可忽视的问题，工地环境的好坏直接影响安全、质量与进度。一般在工程开工以前，要制定好施工要求与措施，要求甲、乙双方签订文明施工协议。施工单位要做到科学施工、文明施工，如备品备件应按指定地点摆放，施工区域要设立明显标志，危险处要设立临时围栏、警戒线、标志等。检修中拆除的废物要及时运出现场，竣工试车要进行彻底清扫。

(14) 生活福利落实。一般较大的工程，参加施工人员较多，有的多达数千上万人。因此，施工时生活福利应予以重视。开工前，甲方要召集乙方落实好生活福利措施，保证参加施工人员吃好、休息好、病伤及时治疗好，以求工人自始至终保持旺盛的战斗力。

除了落实上述工作之外，在开工前还要平衡好吊车使用，特别是轧钢厂的检修，施工单位较多，各专业在配合施工时主要依靠现场现有吊车。为了不使在施工时相互争用，故在施工以前应根据各施工单位所承担的项目、区域，以及网络计划情况，制定出吊车使用计划。

B　施工资料准备

a　机械备件及设备落实

施工前乙方按甲方提供的设备、备件清单，逐件清点验收，对检查出不合格品，由甲方负责返回制造厂。

凡需在施工前预组装的备件、设备必须在开工前到达施工现场。

施工过程中需要的原品加工件，甲方在开工前提出订货计划，与制造厂商定加工方案，落实时间；对原品加工件，在拆除前甲方要向乙方交底并妥善安排好拆除、运输、加工、安装等工序的衔接及配合，同时在施工前要制定网络图，列入总体网络计划中。

b　材料落实

工程所需材料按审批后的工程预算与工程开工前一个月报材料供应部门审批，并填写"工程材料供应卡"，由供应部门按需供应。

非标准材料，如非标准螺丝、埋设垫板、非标准密封材料以及耐火砖等，均由甲方负责准备，及时供给乙方。

4.5.1.3　编制工程管理设计

工程组织部在组织完成上述两项主要准备工作后，应着手指挥下属各专业组编制工程管理设计。工程管理设计是将工程准备过程中形成的规定、计划、方案，通过适当整理，编制出综合性的管理文件。

工程管理设计不同于施工单位编制的施工组织设计，应当反映出该工程准备的全部内容及要求，作为施工管理的指导性文件。工程管理设计的主要内容有：

(1) 工程概况，阐述工程项目、投资、工程量、订货量以及工程的重点和难关。

(2) 工程目标，阐述工程要达到的目标以及为实现目标开展的攻关、竞赛等安排。

(3) 工程指挥的组织机构和管理职能。

(4) 施工管理：1) 阐述工程重要部位的施工方案，技术对策；2) 总体施工网络计划，分部网络施工计划；3) 现场吊车使用计划；4) 能源使用计划如水、电等使用。

(5) 质量管理，阐述各专业施工过程中使用的技术标准、规范或技术要求，对关键部位施工要有技术工艺卡片和机构示意图以及对质量事故考核的规定

(6) 运输管理，阐述公路或铁路运输的备件、设备进出厂房与封道计划及要求。

(7) 资材管理，阐述设备、备件、施工材料的供应、领取、存放、回收等规定。

（8）安全管理，阐述执行企业安全生产管理制度的要求，监督检查方式，考核内容等。

（9）保卫管理，阐述执行企业对要害部位治安防范的规定，执行企业对施工动火、爆破的管理规定。

（10）厂容管理，阐述执行企业对厂区内文明施工的规定。

综上所述，设备大修理的准备工作量很大，难度很大，涉及面很广，因此在组成大修理工程指挥部以后，各项工作均应分头进行。上述各项工作的落实一般应由各专业组负责，各组应按其分工制定出工作计划，定期或不定期开会研究，逐项加以落实。指挥部也应定期开会，听取各组工作进展情况汇报，即使解决问题，直到各项工作落实后，方可按既定的时间停产检修。

4.5.2 施工过程中的管理

设备大、年修工程是一个复杂的系统工程，施工过程中要树立全局观念、主动配合、大力协作、加强管理，指挥部要精心组织、强化指挥，每班要召开指挥部会议，以协调或解决施工中的问题。为了提高会议效率，指挥部需要建立一定的制度，规定会议时间、各单位发言次序、发言内容等，各职能组要充分发挥作用，及时解决问题。

设备检修大体也可分为三个阶段：

（1）拆除阶段。乙方应按甲方要求，注意哪些件可以破坏，哪些件需要保留，同时应做好拆除记录。设备解体后要做好对设备的机箱、部件、油孔等重要部件的保护工作。

（2）清洗阶段。这一阶段尤为重要，设备接替后可发现机件存在的缺陷状态，各部参数，在甲乙双方共同确认后，决定处理方案，这种处理方案要求准确和配示意图说明。一般地说，在工期允许的情况下，这段时间长一些对检修的质量是有利的。

（3）安装阶段。按总体网络计划、工艺卡、技术标准等进行调整和安装以及试车。这一阶段严格掌握安装质量。

4.5.2.1 项目的增减

工程开工后，已全面展开工作，指挥部应组织进行一次缺陷项目的全面复查工作，以防止漏项或错修项目的发生。在施工过程中如发生设计变更、缺陷项目的追加或削减，可由设计单位或甲方提出设计变更通知单或施工技术决定方案，由乙方执行。当涉及问题较大，并影响总工期时则需由工地指挥部负责人研究批准。

4.5.2.2 质量跟踪

施工中技术质量问题，应严格按照既定方案、工艺、技术标准贯彻实施，如所规定的方案、工艺、技术标准与实际不符时，可由技术总负责人具体修改。

在设备安装过程中应注意质量检查，特别是对重要的设备中心线、标高、相关位置、各部轴承间隙等，甲方质量检查员应跟班检查，确认各部测量数据，对一些隐蔽工程和各专业交叉工序，要有中间验收和交接记录，并在甲方质量检查员签字确认后，方可进行下道工序安装。

4.5.2.3　安全监督

为了确保安全施工，在施工过程中必须加强安全施工教育，严格遵守安全操作规程，要经常保持工地文明清洁，特别是对那些多层高空作业、平行交叉施工及有害气体多和环境复杂等特点的工程更要加强安全工作。

4.5.2.4　进度协调

工程进行一个阶段后，必然会出现施工进度上的不平衡，工程指挥部应根据各阶段的特点抓住主要矛盾，每班召集会议，调整施工进度，特别是在网络的关键路线上协调资源，包括起重设备、施工人力等，必要时要求施工单位主要领导亲临现场调动指挥。一般地说，施工中的主要矛盾和次要矛盾是相互转化的，如何抓住施工机遇，把握战机是每个指挥者应留心注意的问题。

4.5.2.5　旧件处理

施工单位要精心拆卸旧件，并按甲方提供的清单，对需原品加工的备件要及时运去修复，对其拆除的旧件也应集中放置，以便组织坚定，对有修复价值的可由甲方组织回收。凡不能利用的均由甲方按废钢铁回收处理，并冲销工程费用。

4.5.2.6　施工验收

施工结束后，乙方及时向甲方提交质量自检记录、缺陷处理及隐患记录，甲方根据乙方提供的记录进行认定，必要时甲乙双方可进行复检共同确认。施工验收除对检修的设备进行设备验收外，还包括该设备的附属装置，如安全罩、进回油管路、设备本身或周围的走台、走桥、梯子等。设备本身及设备环境必须清扫干净，废弃物运至指定场所。

4.5.2.7　设备试车和试验

设备试车工作比较复杂，涉及面广，工作复杂，工厂指挥部必须统一协调。

(1) 工程组编制试车计划：一般地说，先完工的或需要先投入使用的设备安排在前，重要的设备试车应安排在白天进行。

(2) 采取分块或分系统试车：试车指挥者由甲方担任，乙方配合。试车操作者由甲方使用者承担。

(3) 试车工作及程序应执行试车规程。

(4) 试车后可进行联动试车和带负荷试运行。

(5) 自全线带负荷试运行时间起，说明该生产线已经具备试生产能力，但是否能达到持久稳定的生产能力，必须有72h的考验期，各施工单位应留有足够的人力配合。若在考验期设备发生故障，乙方应及时处理，处理后该设备试运行重新进入考验期。考验期过后，经甲方认可乙方可办理工程竣工验收证明书。

4.5.2.8　考核工作

考核指标有以下几项：

（1）质量。工程检修质量分优、良、可、劣四等。优等工程的分项质量合格率为100%，其中优良率应在90%以上；良等工程的分项工程质量合格率为100%，其中优良率应在80%以上；可等工程的分项工程质量合格率为100%，其中优良率应在60%以上；劣等工程的分项工程质量合格率低于100%，其中优良率低于60%。

（2）安全。安全应由安全主管部门考核。亦分为优、良、可、劣四等，凡在施工期间，整个工地无重大伤亡事故、重大设备事故、火灾事故，千人负伤率低于0.1%者可定为优；无重大伤亡事故，无重大设备事故，无重大火灾事故，千人负伤率在0.1%～0.2%可定为良；无重大伤亡事故，虽曾发生设备事故或其他事故但未造成损失或影响，或千人负伤率超过0.2%者可定为可；曾发生重大伤亡事故或设备事故、火灾事故造成重大损失者应定为劣。

（3）工期。按公司颁发的年度或季度计划工期进行考核，分提前、按期、拖期三类。拖工期为未完成指标。

（4）成本。按主管单位批准的施工预算进行考核，分节余、完成、超支3类，超支者为未完成指标。

根据以上四项指标完成情况对工程进行总的考核评定，分为优、良、可及等外四种。凡质量、安全为优，工期提前、成本节余或完成者可定为优等；质量、安全为优或良，工期按期、成本完成者可定为良等；质量安全为良，其他各项指标为可则定为可等。其他为等外。

工程竣工投产后，工程指挥部工作结束。工程主管部门应召集甲、乙双方和有关部门总结工期的全过程，由乙方提供书面材料，由甲方负责整理汇编，报主管部门。其总结材料应包括：施工工期、施工力量安排，施工计划执行情况，工程质量，已消除的重大缺陷、隐患和遗留问题，新技术使用情况，资金的耗用，设备、备件、主要材料等物资的耗用，施工中的主要经验和教训等。

思　考　题

1. 设备维修模式的方法有哪些，它们各自优缺点有哪些？
2. 如何选择设备维修策略，进行设备维修？
3. 怎样正确地制定维修作业计划？
4. 确定维修关联模式应注意哪些内容？
5. 维修工程管理包括哪些内容？

5 设备状态监测与故障诊断

所谓“状态监测与故障诊断”，就是对运行中的设备实施定期或连续监测、有关参数分析、有效地对设备运行状态进行系统自动监测分析或人工分析，读取相应的自诊断状态报告，以便尽早发现潜伏性故障，提出预防性措施，避免发生严重事故，保证设备的安全、稳定和经济运行，并以此指导设备检修。设备状态监测和故障诊断技术也称为预测维修技术，是新兴的一门包含很多新科技的多学科性综合技术。简单地说就是通过一些技术手段，对设备的振动、噪声、电流、温度、油质等进行监测和技术分析，掌握设备的运行状态，判断设备未来的发展趋势，诊断故障发生的部位、故障的原因，进而具体指导维修工作。传统的耳听、手摸等也可以算是其中的一种比较简单的手段。

5.1 设备故障的规律

设备故障是一个非常广义的概念。简单地说，设备故障就是设备系统或其中的元件/部件丧失了规定的功能或精度。与故障意义相近的还有“失效”的概念，失效通常指的是不可修复的对象；故障指的是可以修复的对象。

早期故障：这种故障的产生可能是设计、加工或材料上的缺陷，在设备投入运行初期暴露出来。或者是有些零部件如齿轮箱中的齿轮及其他摩擦副需经过一段时期“跑合”，使工作情况逐渐改善。这种早期故障经过暴露、处理、完善后，故障率开始下降。

使用期故障：这是产品有效寿命期内发生的故障，这种故障是由于载荷（外因，指运行条件等）和系统特性（内因，指零部件故障、结构损伤等）无法预知的偶然因素引起的。设备大部分时间处于这种工作状态。这时的故障率基本上是恒定的。对这个时期的故障进行监测与诊断具有重要意义。

后期故障（耗散期故障）：它往往发生在设备的后期，由于设备长期使用，甚至超过设备的使用寿命后，设备的零部件由于逐渐磨损、疲劳、老化等原因使系统功能退化，最后可能导致系统发生突发性的、危险性的、全局性的故障。这期间设备故障率是上升趋势，通过监测、诊断，发现失效零部件应及时更换，以避免发生事故。

设备故障的规律可分为以下六种模式，如图 5-1 所示。

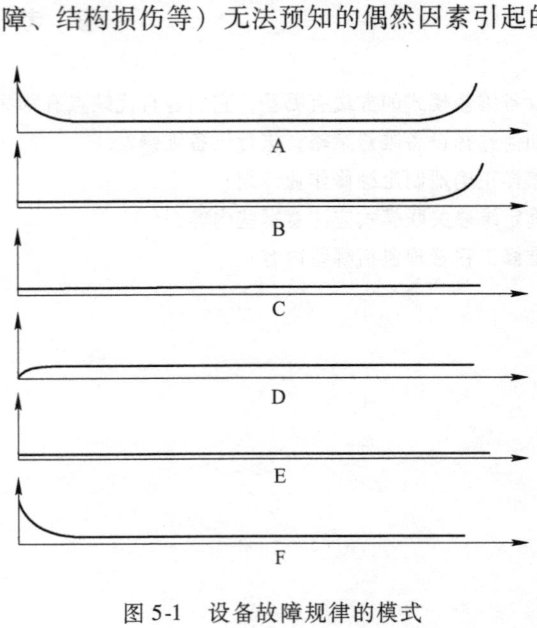

图 5-1 设备故障规律的模式

模式A是典型的浴盆曲线。模式B和模式F是半浴盆曲线，模式B是设备投入使用后故障率固定或呈略增趋势而后进入磨耗期；模式F是具有高的早期故障率，而后降到一个固定水平或是呈略增趋势。模式C是设备显示出故障率随时间缓慢增长而没有具体的耗损期。模式D表示开始时故障率低而后快速增长到一个固定水平。模式E则表示故障率不随时间变化。

不同的设备系统有着不同的故障模式，民用航空业的研究表明，仅4%的产品符合模式A，2%的符合模式B，5%的符合模式C，7%的符合模式D，14%的符合模式E，不少于68%的符合模式F。在不同的故障期，设备管理和检测诊断工作的重点有所不同。对早期故障，可以通过运转试验、变更设计、改善安装来减少、消除。在设备磨耗期，应避免意外突发故障。要加强全员设备管理（TPM），广泛应用各种检测和诊断技术手段，了解掌握设备运行趋势，进行劣化倾向管理。

5.2 成熟的设备状态检测和故障诊断技术简介

5.2.1 设备故障诊断技术的发展

20世纪60年代以来，随着电子技术和计算机技术的快速发展，工业生产亦趋现代化。设备和生产朝着大型化、高速化、自动化、连续化、智能化、环保化等方向发展。一是设备更加精密复杂，许多故障很难靠人的感官来发现，而且有些设备精密复杂，不允许随便解体检查；二是设备突发性事故造成的损失越来越大；三是设备的维修成本占总成本越来越大。所以追求设备的高可靠性和最合理的维修方式是企业设备工程管理的焦点。20世纪70年代以后，设备状态监测和故障诊断技术在发达国家得到了快速推广和发展，特别是美国、英国、日本、德国等国家。

我国从80年代初期开始引进并应用设备诊断技术，20多年来，此项技术在中国的各个行业得到了快速应用和发展，其中振动监测和诊断技术是目前较为普遍采用的方法之一。机器内部发生异常时，一般都会伴随着出现异常振动、噪声和设备性能的变化。通过对机械振动信号的测量和分析，往往可以不停机或不解体设备就可以对设备劣化的部位和故障的性质做出判断。由于振动测试的技术和仪器都比较成熟，在企业中得到了广泛的应用，产生了很好的经济效益和社会效益。自1985年以来，由中国设备管理协会设备诊断技术委员会、中国振动工程学会机械故障诊断分会和中国机械工程学会设备维修分会分别组织的全国性故障诊断学术会议已先后召开十余次，极大地推动了我国故障诊断技术的发展，现在全国已有数十个单位开展设备故障诊断技术的研究工作。全国各行业都很重视在关键设备上安装故障诊断系统，特别是智能化的故障诊断专家系统，其中突出的有电力系统，石化系统，冶金系统以及高科技产业中的核动力电站，航空部门和载人航天工程等。比较成熟的是大型旋转机械故障诊断系统，已经开发了20余种以上的机组故障诊断系统和10余种可用于现场故障诊断的便携式现场数据采集器。一些高等院校已培养了一批以设备故障诊断为选题的硕士和博士研究生。

5.2.2 设备故障诊断的内容

设备故障诊断的内容包括状态监测、分析诊断和故障预测三个方面。其具体实施过程可以归纳为以下四个方面：

(1) 信号采集。设备在运行过程中必然会有力、热、振动及能量等各种量的变化，由此会产生各种不同的信息。根据不同的诊断需要，选择能表征设备工作状态的不同信号，如振动、压力、温度等。这些信号一般使用不同的传感器来拾取的。

(2) 信号处理。这是将采集到的信号进行分类处理、加工，获得表征机器特征的过程，也称特征提取过程，如对振动信号从时域到频域进行频谱分析即是这个过程。

(3) 状态识别。将经过信号处理后获得的设备特征参数与规定的允许参数或判别参数进行比较、对比以确定设备所处的状态，是否存在故障及故障的类型和性质等。为此应正确制定相应的判别准则和诊断策略。

(4) 诊断决策。根据对设备状态的判断，决定采取的对策和措施，同时应根据当前信号预测设备状态可能发展的趋势，即进行趋势分析。上述诊断内容可以用图 5-2 来表示。

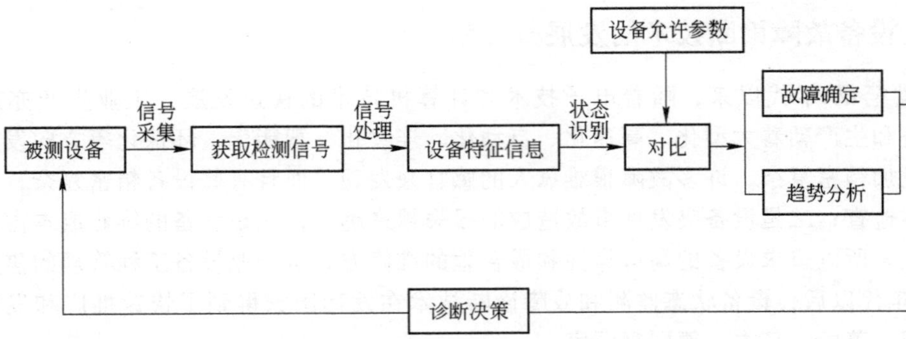

图 5-2　设备诊断过程框图

5.2.3　设备故障诊断的分类

设备故障诊断是指设备在运行中或者在基本不解体的情况下，对故障的性质、原因、部位、程度等进行识别诊断，并提供维护措施。设备故障诊断分为简易诊断和精密诊断两个层次。

(1) 简易诊断。即设备的“健康检查”。具体实施时，往往监测设备的某个特征量，根据量值的范围判断设备是否正常。如果对设备进行定期或连续监测，便可得到一些有规律的数据，并对此进行预测/预报。简易诊断的作用是监护和保护，目的是对设备的状态做出迅速而有效的概括和评价。

(2) 精密诊断。是在简易诊断基础上更深层次的诊断，通常需要更多的信息。目的是判断故障的性质（渐进性/突发性……）、原因（不平衡/不对中……）、部位（电动机/风机……）、程度（一般故障/严重故障……）等，并提供设备检修或治理决策。

设备简易诊断和精密诊断的区别和关系可以用图 5-3 表示。

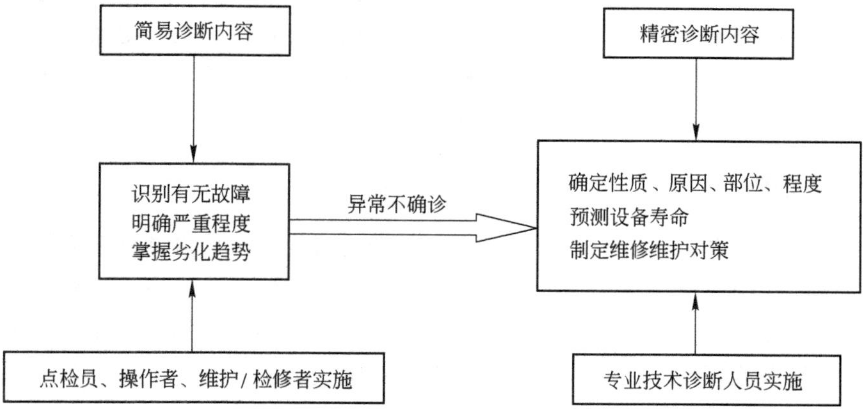

图 5-3 设备的简易诊断和精密诊断

5.3 无损检测技术

无损检测技术是指对材料和零、部件进行的非破坏检测，以便早期发现表面和内部缺陷的一项专门技术。

无损检测的方法很多，各有特点，其检测表明裂纹的能力也各不相同。表 5-1 给出它们之间的比较。

表 5-1 无损探伤法检测表面裂纹的极限能力

检测方法	裂纹尺寸/mm			注释
	宽	长	深	
目视法	0.1	2		受表面状况和光照的影响
渗透法	10^{-2}	1	0.1	与表面状况有关
磁粉法	10^{-2}	1	0.2	与磁化方式有关，限于铁磁材料
涡流法	10^{-2}	1	0.2	与激励频率有关，适于导体
超声波法	10^{-2}	2	1	与反射状况有关
X 射线法	0.3	5	0.3	与表面垂直厚度有关
声发射法	10^{-3}	10^{-3}	10^{-3}	仅在裂纹扩展时才有信号

5.3.1 渗透探伤法

渗透探伤法就是受检零件表面预先清理干净后，在其表面敷以专用的渗透液，当表面有开口缺陷时，经足够的时间后，渗透剂就渗透到缺陷中；然后把零件表面多余的渗透液清洗掉，再涂以显像剂形成显像薄膜，把缺陷中的渗透液吸出，经充分扩散进入显像剂薄膜，显现缺陷图景；最后就可观测判断缺陷的位置、形状和大小，这就是渗透探伤法。

5.3.2 磁粉探伤法

磁粉探伤法是一种应用较早较广的无损检测方法。主要用于探测磁性材料或零、部件表面和近表面的各种缺陷。这种探伤法的基本原理是当铁磁材质的构件在外磁场作用下被磁化时，在构件中产生磁力线的传播。如其表面和近表面存在缺陷，则由于缺陷的阻碍作用迫使磁力线弯曲而大量漏入空气中，在相应的部位形成漏磁场。通过观测施加在构件上的磁粉痕迹，就可判定缺陷的位置、取向和大小。

5.3.3　涡流探伤法

涡流探伤法是以电磁感应为基础的。当把一个检验线圈与导电试件表面靠近并通以交流电流时，试件在交变磁场作用下，会在构件表面层感应出涡流。由于缺陷的存在，涡流的大小和分布会发生改变，使线圈内磁场发生变化。根据测得的涡流变化量，可判断缺陷的情况，这就是涡流探伤法。其基本框图如图 5-4 所示。

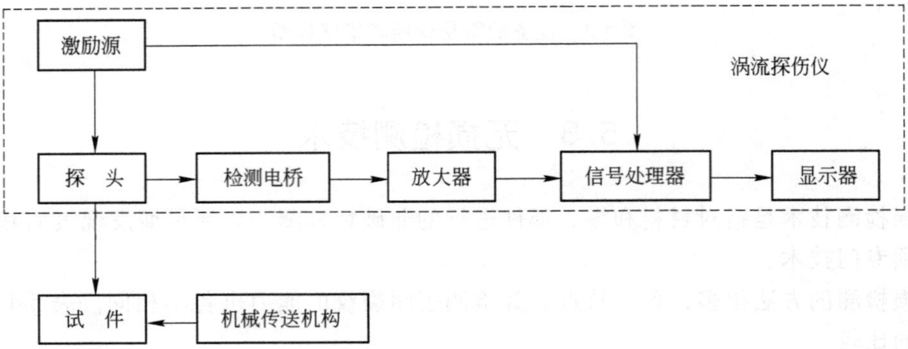

图 5-4　涡流检测系统框图

5.3.4　超声波探伤法

正常人耳可以听到的声音的频率范围为 20 ~ 20000Hz，在此范围内的声音称为可听声，频率低于 20Hz 的为叫次声，高于 20000Hz 的为超声，用于故障诊断的超声波频率一般是在 0.5MHz 以上。利用超声波进行探伤的特点是：超声波有良好的指向性，频率越高，指向性越好；由于频率高，波长短，超声波可在物体界面或缺陷处反射、折射和散射，据此可检测物体内部和表面的缺陷，并且波长越短，识别缺陷的尺寸越小，可检测与其波长同量级的缺陷。

超声波探伤的优点是：设备轻巧，操作方便，成本低，灵敏度高，检测速度快，可自动化检测，适用于野外作业，而且超声波对人体无害。缺点是检测时有一定的近场盲区，且很难用于在线检测。

超声波诊断是无损检验的一种重要方法，已获得了广泛应用。按照所用超声波形、探头类型、声偶合方式、波传播与激励方法等超声波诊断法综合归纳于图 5-5。

利用窄脉冲发射技术、频谱分析技术、扫描成像技术、超声全息摄影技术、超声 CT 技术等是进行缺陷超声诊断的今后发展方向。

5.3.5　射线探伤法

为检测深藏在物体内部的缺陷或状态变化，需利用穿透性更强的射线技术。射线在穿

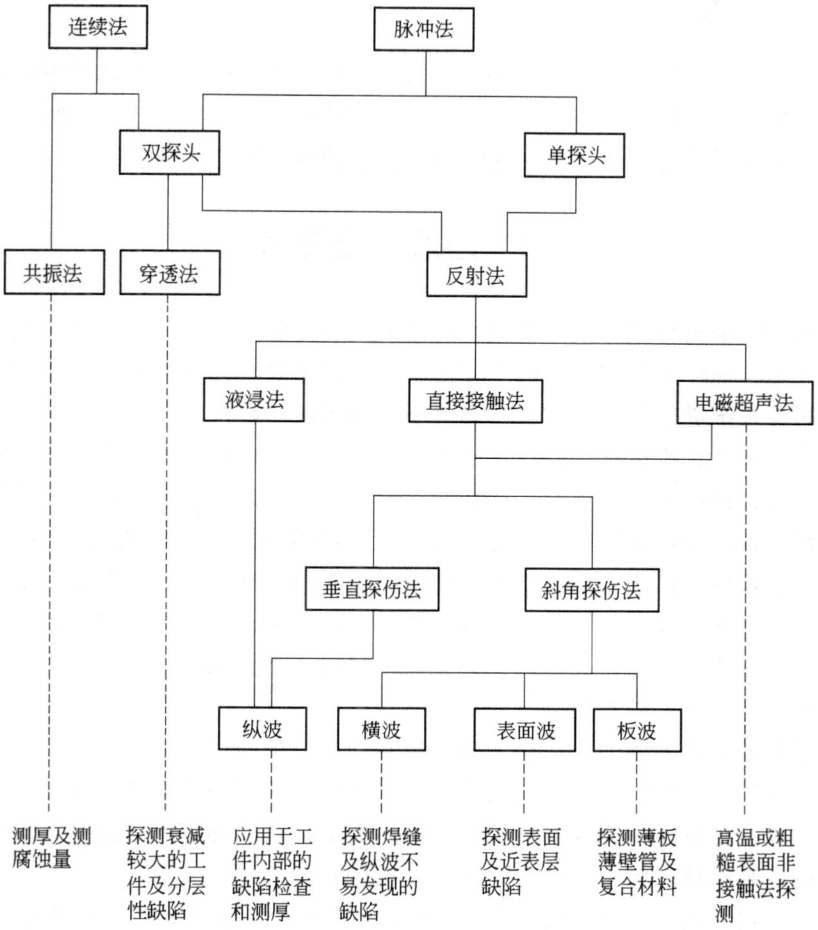

图 5-5 超声波诊断分类图

透物体的过程中，由于物体的吸收和散射，其强度要减弱，减弱的程度取决于物体的厚度、材料的性质、射线的种类和缺陷的有无。例如，当物体含有气孔时，气孔部分不吸收射线，容易通过；反之，若混有易吸收射线的异物夹杂时，射线就难以通过。用强度均匀的射线照射被测物体，使透过的射线在照相底片上感光、显影后，就得到与材料内部结构或缺陷相对应的灰度不同的图像，即射线底片。通过对这种底片的观测来检查缺陷的种类、大小和分布状况等，再依据相应的标准，来平定缺陷的危害程度，这就是射线照相探伤法。

在设备诊断中常用的射线有 X 射线和 γ 射线。这两种射线的基本特点对比如表 5-2 所示。

表 5-2 X 射线和 γ 射线的基本特点

射线种类	线源强度	线源尺寸	图像对比	电 源	防 护
X	可调节	较 大	高	有	较 易
γ	固 定	较 小	低	无	较 难

5.3.6　光学探伤法

光学探伤法是一种较老的方法，但有时却能发现一些其他方法难以发现的缺陷，只要探头能接近离被测物表面约 610mm 的距离，并且所成角度不小于 30°，即可进行光学探伤。光学探伤的主要设备是内窥镜，它常用于探测腔室和管道内部的缺陷。

5.4　油液检测技术

油样检测技术是机械设备故障预报和诊断的一项比较实用的技术，在机械设备监测中已有广泛的应用。油样检测技术有两个方面，一个方面是对油液本身的理化性能检测，据此可对设备润滑系统进行监测，防止因润滑不良而造成的故障。另一个方面是对油液中磨屑的检测。我们知道，机械设备内所用油液中含有一定量的由于机器零、部件磨损产生的各种微粒状物质，这些物质的含量、形状包含着有关零、部件的磨损状态、工作状态及整个系统污染程度方面丰富的信息。通过对油液样品的分析，对了解机械设备磨损的部位、机理等有着十分重要的作用，可在不拆机的情况下判断机械设备的状态是否正常。

对于低速、重载以及往复机械，有时利用振动的方法对有些故障难于判断。有些设备由于环境限制，不便使用测振仪器，或背景噪声很大，不宜采用声学方法时，采用油液检测技术进行监测不失为一种有效的方法。

油液检测技术主要采用的方法是光谱分析和铁谱分析两种。

光谱分析方法有多种，但共同点是利用光谱分析，测定油液中所含各种金属元素的成分和含量，以判断含有被测元素的机械零、部件的磨损状况和程度。这种方法比较适用于有色金属，如旋转机械的轴瓦及往复机械的连杆轴瓦。

将光谱分析技术用于油液分析已有 40 多年的历史，目前该方法已较成熟且是一种十分有效的监测手段。使用光谱分析技术需用专门的光谱仪，该方法分析速度快，自动化程度高，定量准确，且可进行多元素分析。其不足之处是仪器价格较昂贵，且无法获得磨屑的形态与大小的信息，所分析的磨屑粒度一般小于 10μm。

铁谱分析技术是 20 世纪 70 年代出现的一种新的油液分析方法。其基本原理是在强磁场作用下，将油液中的磨屑或其他污染物分离出来，并按粒度大小，依次沉积到特制基片或沉淀管中，以分析油液中各种金属磨屑和污染物的形状、成分、数量及粒度分布情况，从而获得有关磨损过程的磨粒类型及磨屑材料方面的信息，据此对设备状态进行监测和诊断。

铁谱分析中使用的仪器有两种：一种是直读式，一种是分析式。直读式铁谱分析仪只能提供有关磨屑数量和大小的信息，而分析式铁谱仪可进一步确定磨屑的形态和成分。铁谱分析可分析粒度为 0.1 ~ 100μm 的磨屑，其分析范围较广，相对来说铁谱仪的价格较低廉，便于推广应用。其不足之处是对非铁磁材料不够敏感，分析结果较多依赖于操作人员的经验。

5.5　温度检测技术

温度是工业生产中重要的热工参数之一，温度的变化与被监测设备的性能和工况有密切的关系，因此，温度监测已被广泛应用于在线设备监测上。

5.5.1 接触式测温法

简易温度检测常用接触式测温仪表，常用的有以下几种：

(1) 膨胀式温度计，分为液体式和固体式，它们是利用液体或固体受热膨胀的原理制成的。

(2) 压力表式温度计，分为液体式、气体式和蒸汽式，其作用原理是封闭在固定容积中的液体、气体或某种液体的饱和蒸汽，受热后体积膨胀或压力变化。

(3) 电阻温度计，是利用导体或半导体的电阻值随温度变化的性质来进行测温的。通常以金属热电阻或半导体热敏电阻作为敏感元件，用电桥转换为电压的变化。

(4) 热电偶温度计，其基本原理是利用物体的热电反应，用电位差计等仪表测量出热电势，来求出对应的温度值。

5.5.2 非接触测温法

接触测温由于热接触和热平衡带来较大的误差，同时在应用范围上也有一定的局限性，因此，非接触测温法越来越受到人们的重视。

红外测温设备的主要部分包括精密光学系统和红外探测器。光学系统用来收集处于视场内的辐射源发射的红外辐射功率，再把它聚集到探测器响应平面上；它与红外探测器一起决定测温设备的视场和空间分辨率。红外探测器是红外测温的热敏元件，它是把入射的红外辐射能变成便于测量的电量的转换器，目前可分为热敏和光电探测器两大类。

红外热成像系统是把物体发出的红外辐射经光学成像物镜、光机扫描系统投射到液氮致冷红外探测器上，探测器把红外辐射信号变成电信号，经放大和处理后在视频显示器上得到与物体表面热分布相应的“实时热图像”，从而实现了把景物的不可见热图像转变为可见图像。目前常用的热成像主要有红外热像仪和红外热电视两种。近年来，利用计算机的图像处理和分析系统也得到了广泛的应用。

5.6 噪声检测技术

在设备状态监测和故障诊断中，所碰到的声音一般为噪声。噪声有两类，一类是指一些不规则的、间歇或随机的声波；另一类是指不希望有的扰动或干扰声音，有时也包括那些在有用频带内任何不需要的干扰。在人们所处的环境中，所有噪声的总和成为环境噪声。当观测研究某声源时，凡与该声源信号存在与否无关的一切干扰，统称为背景噪声（如测量噪声、散粒噪声、热噪声等）。

噪声测量系统组成如图 5-6 所示

传声器的作用是将声学信号转换为电信号。声信号既可用声级计测量，从总体上判断机器设备的运行状态，用来进行总体的定量诊断；又可通过信号分析和处理的方法进行更为精密的状态监测和故障诊断。

声级计是最基本的噪声测量仪器，通常由输入放大器、计权网络、带通滤波器、输出放大器、检波器和显示装置组成，从表头上可直接读出声压级的分贝（dB）数。

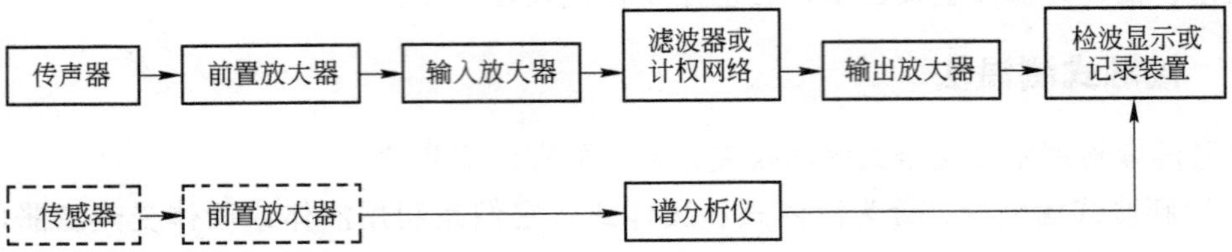

图 5-6　噪声测量系统

利用噪声的测量与分析进行机器设备监测及诊断的主要方法有下列几种：

(1) 通过简易诊断技术的评估法。本法可以通过人的听觉系统主观判断噪声源的频率和位置，粗估机器运行是否正常；或者借助于传声器—放大器—声级计对机器进行近场扫描测量和表面振速分析，用来寻找机器的噪声源和主要发声部位。这种方法可用于机器运行状态的识别和精密诊断的粗定位。

(2) 通过频谱分析进行精密诊断。频谱分析是识别声源的重要方法，特别是对噪声频谱的结构和峰值进行分析，可求得峰值及对应的特征频率，进而寻找发生故障的零、部件及故障原因。对于往复机械或旋转机械，一般都可以在它们的噪声频谱信号中找到与转速 n (r/min) 和系统结构特性有关的基波和谐波峰值及其频率值，可用来识别主要噪声源。当峰值频率为几个零部件共有时，这时，就要结合其他方法，方可识别和区别究竟哪个零部件是主要噪声源。

(3) 声强法。近年来用声强来识别噪声源的研究发展很快，这是因为声强探头具有明显的指向特性，声强的指向特性是指在声波入射角为 ±90°时具有最大的方向灵敏度。用声强法能区分声波究竟是在声强探头的前方还是后方、左侧还是右侧入射的，而且这种区分对每一种频率成分均可实现。

(4) 相关函数法。利用两个或两个以上的传声器可组成监测阵列单元，通过各传感器所测声源信号两两之间的互相关函数或互谱，决定信号时差或相位差，并计算声源到各测点的路程差，由此可确定声源的位置。这种方法在监测和诊断压力容器和管路的泄漏，工厂和车间噪声源的区位以及工程结构的损伤时已得到了成功的运用，并已实现了利用微机完成声源定位的实时分析系统。

5.7　振动检测技术

在日常生活和生产活动中，我们经常可以看到物体的振动现象，例如运动场上秋千的摆动，汽车启动时发动机引起的车体颤动，机床的振动等。这些振动从形式上看，有的是来回摆动，有的是往复直线运动，有的是旋转运动等，种类很多形式不一，但它们都有一个共同的特点，即物体在运动过程中总是在它自己的平衡位置附近，一次又一次地重复运动着。因此，我们把物体在其平衡位置附近所做的往复性运动称为振动。

振动参量的选取：描述振动和描述一般运动一样，有加速度、速度、位移三个参量。从物理意义上说，位移反映质点偏移平衡位置的程度，位移越大，质点所具有的位能（势能）越大，即位移反映质点的位能，可监测位能对设备部件的损坏；速度反映质点运动的快慢，速度越高，质点动能越大即速度反映质点的动能，可监测动能对设备部件的破坏；加速度是质点受力情况的反映，受力越大，加速度值越高，即其可监测振源的冲击力对设备的破坏程度。因此，三个参量反映不同设备部件损坏或失效的成因。这些导致设备零、部件故障的主要成因也是我们监测中选取振动参量的主要依据之一。

振动参量的表征参数的选取：对机械振动而言，无论是振动的位移、速度、还是加速度，都是不断变化的时间函数，如何用某一具体的量值衡量这三个振动参量的大小，这就是振动参量的表征参数的选取问题。质点位能和冲击力对设备部件的破坏，与其最大值密切相关，因此，对加速度和位移，一般选峰值或峰—峰值作为表征参数。振动速度的参量反映质点的动能，质点动能的大小与速度有效值密切相关，因此，振动速度参量在工程上常以有效值作为表征参数。

测量位置的选取：设备状态监测中，测点常选径向（水平、垂直）、轴向三个方向。在状态监测中，每次测点必须固定，且为了使测量参量更灵敏地反映振源的激振力，在选择测点是应遵循传递路径最短，测点刚度最大两条原则，以使结构导纳最大。

5.8 故障诊断及专家系统

利用振动信号对故障进行诊断，是设备故障诊断方法中最有效、最常用的方法。机械设备和结构系统在运行过程中的振动及其特征信息是反映系统状态及其变化规律的主要信号。通过各种动态测试仪器拾取、记录和分析动态信号，是进行系统状态监测和故障诊断的主要途径。统计资料表明，由于振动而引起的设备故障，在各类故障中占 60% 以上。

振动诊断和诊断系统的框图如图 5-7 所示。

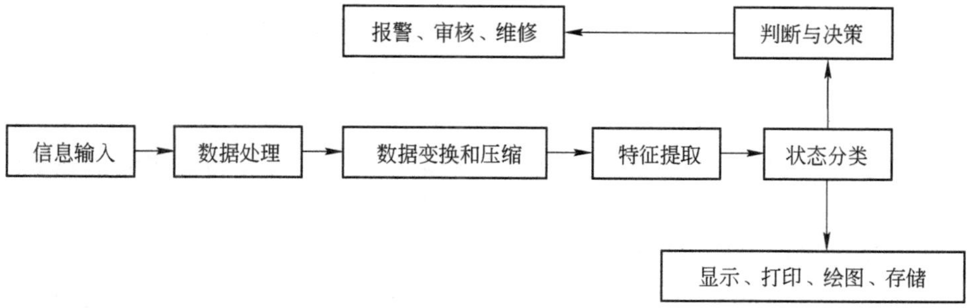

图 5-7 振动诊断和诊断系统的框图

5.8.1 故障振动诊断的时域分析方法

故障振动诊断的时域分析方法有：

（1）基于时域波形及概率密度谱的分析方法。振动信号以位移、速度、加速度三个量表示，其最简单、最直观的表现形式就是时域波形。对于某些故障信号，其波形具有明显的特征，直接观察可以看出周期信号、谐波信号、短脉冲信号，这时利用波形分析可以直接识别共振现象及调制现象。比如对于旋转机械，其不平衡故障较严重时，信号中有明显的以旋转频率为特征的周期成分；而转轴不对中时，信号在一个周期内，比旋转频率大一倍的高频成分明显加大即一周波动两次等。由于是最原始的信号，所以包含的信息量大，缺点是不太容易看出所包含信息与故障的关系。

（2）轴心轨迹分析法。轴心轨迹是滑动轴承的轴心相对于轴承座的运动轨迹，它反映了转子瞬时的涡动情况，对轴心轨迹形状的观察有利于了解和掌握转子的运动状态，判断转子故障类型。工程上利用位移传感器检测轴心在 x 和 y 两个垂直方向上的振动合成轨迹图，从而对转轴的故障做出判断。

（3）时域同步平均法。时域同步平均法是从混有噪声干扰的信号中提取周期性分量的有效方法，也称相干检波法。

（4）相关分析。相关函数是振动信号在时序上的描述，是用来确定随机信号中的周期成分，在系统的振源识别和故障诊断中有着广泛的应用。因相关函数分为自相关函数和互相关函数，因此相关分析也可分为自相关分析和互相关分析。

（5）包络解调。包络解调技术也是目前故障诊断中常用的技术，许多故障的信号表现为幅度调制，如轴承故障、齿轮表面剥落或损伤会产生周期性的冲击振动信号。一般其载波信号是系统的自由振荡信号及各种干扰频率，而调制信号即包络线多为故障信号，其频率较低。包络解调就是对信号进行解调分离提取出包络信号，再分析它的特征频率和幅值，就能准确可靠地诊断出轴承和齿轮的疲劳、缺齿、剥落等。

5.8.2　故障振动诊断频域分析方法

频域分析是机械故障诊断中信号处理最重要和最常用的分析。工程上所测得的信号一般为时域信号，然而由于故障的发生、发展往往引起信号频率结构的变化。因此，为了通过所测信号了解、观测对象的动态行为，往往需要分析频域信息。将时域信号变换至频域加以分析的方法，称为频域分析。频域分析是基于频谱分析开展的。频谱分析的目的是把复杂的时间历程波形，经傅立叶变换分解为若干单一的谐波分量来研究，以获得信号的频率结构以及各谐波幅值、相位、功率及能量与频率的关系。可用于故障振动诊断的频谱分析方法有：

（1）幅值谱。旋转机械的振动一般表现为周期振动，它可分为许多频率分量的合成，表现在频谱图上则是一条条离散的谱线。幅值谱是表征每个频率分量上振动幅值大小的频谱图。它是故障诊断中最常用、最直观的分析手段。

（2）相位谱。在旋转机械故障诊断中，信号的相位谱和幅值谱一样，是重要的识别特征。相位谱是表征每个频率分量上相位变化的谱图。实际上，相位谱和幅值谱是密不可分的，只有在幅值谱和相位谱完全相同时，时域中的波形曲线才会完全相同。相位谱在识别不平衡故障，确定不平衡位置，进行平衡校正方面作用很大。

（3）平均谱。在频域分析中，我们也可以采用平均法进行频谱分析，这就是平均谱。平均谱包括时域平均谱和频域平均谱。

（4）功率谱。前面的频谱分析主要是针对周期振动信号而言，对于混在随机噪声中的周期信号则很难分析出来。功率谱则能够很好的揭示随机波形中混有的周期信号，反映的是振动能量的大小。功率谱可分为自功率谱和互功率谱。

（5）对数谱。幅值谱和功率谱的纵坐标都是用线性坐标来刻度的，属于线性谱。这种谱图的优点是直观可见。但许多故障信号往往反映在信号的边带分量和谐波分量上，虽然其变化量级可以很大，但对基波分量（往往是转频）相对而言，幅值是较小的，甚至是相当微弱的。这样，在线性谱上不容易观察到其变化的程度，这时可以采用对数谱。对数谱是将各频率分量的幅值取对数而变为分贝（dB）量度单位的幅值谱。

（6）倒频谱。倒频谱分析是近代信号处理科学的一项新技术，它可以处理复杂频谱图上的周期结构。它对于分析具有同族谐频或异族谐频、多成分边频等复杂信号，找出功率谱上不易发现的问题，非常有效。倒频谱分析也称二次频谱分析，它包括实数倒频谱分析和复倒频谱分析两种主要形式。实数倒频谱又可分为功率倒频谱、幅值倒频谱和类似相关函数的倒频谱。

5.8.3 专家系统

目前关于什么是专家系统还没有一个公认的定义。下面我们引用专家系统创始人A. Feigenbaum 的一段话来说明什么是专家系统："专家系统是一个智能计算机程序，它利用知识和推理过程来解决那些需要大量的人类专家知识才能解决的复杂问题。所用的知识和推理过程可认为是最好的领域专家的专门知识模型。"

专家系统的分类如下：

（1）解释型（Interpreatation）：通过对采集到的数据进行分析解释这些数据的真实含义，如由质谱函数解释化合物分子结构的 DENDRAL 系统等。

（2）预测型（Predication）：在给定的情况下，推测未来可能发生或出现的情况，如各种天气预报专家系统、农业灾情预测系统及军事预测系统等。

（3）监测型（Monitoring）：将监测对象的行为同期望的行为进行比较，实时监测系统的工作。监测系统可用于核反应堆、航空、发电厂、化工流程及医疗等方面。

（4）诊断型（Diagnosis）：根据得到的事实推断出诊断对象，例如机械设备中可能存在的故障。这类系统主要用于医疗、机械、电子等领域的诊断。

（5）设计型（Design）：根据给定的要求，设计出所需要的方案或模型。这类系统主要用于集成电路的设计、建筑设计和预算编制等。

（6）规划型（Planning）：根据给定的目标来制定行动步骤。这类系统可用于机器人行动、实验步骤、军事行动等规划问题。

（7）调试型（Debugging）：给出已确认故障的排除方法。

（8）维修型（Repair）：根据纠错方法的特点，制定合理的行动规划并实施纠错计划。

（9）控制型（Control）：能自动控制系统的全部行为，通常用于生产过程的实时控制。

（10）教学型（Instruction）：能诊断和纠正学生的行为，主要用于教学和培训。

故障诊断领域的问题非常复杂，往往需要人类专家的经验知识才能解决，而表达和处理这种启发性的经验知识正是专家系统的特长，所以专家系统在故障诊断领域得到了广泛的应用，也出现了许多设备故障诊断专家系统，例如 EGG Zdaha 公司研制的用于诊断和处理核反应堆事故的诊断专家系统，以及通用电器公司研制的用于内燃电力机车的诊断专家系统 DEI-AT 等。这些系统的应用取得了重大的经济效益。

同时也应该指出，目前专家系统的理论和方法还处在发展中，还存在许多尚待解决的问题。要清醒地认识到专家系统的能力是有局限的，它的知识容量和推理能力与人类专家相比有很大差距，不可能完全代替人类专家。但专家系统终究为故障诊断提供了强有力的手段，并朝着成熟、可靠的方向发展。

思 考 题

1. 设备故障的产生规律及机理？
2. 如何进行设备故障诊断？
3. 无损检测技术有哪些方法及各自优缺点？
4. 常用检测技术有哪些，其应用领域是什么？
5. 简述专家诊断系统的类型及应用范围？

6 设备故障管理

设备故障，一般是指设备或系统在使用中丧失或降低其规定功能的事件或现象。设备是企业为满足某种生产对象的工艺要求或为完成工程项目的预计功能而配备的。设备的功能体现着它在生产活动中存在的价值和对生产的保证程度。在现代化生产中，由于设备结构复杂，自动化程度很高，各部分、各系统的联系非常紧密，因而设备出现故障，哪怕是局部的失灵，都可能造成整个设备的停顿，整个流水线、整个自动化车间的停产。设备故障直接影响企业产品的数量和质量。因此，世界各国，尤其是工业发达国家都十分重视设备故障及其管理的研究，我国一些大中型企业，也在20世纪80年代初开始探索故障发生的规律，对故障进行记录，对故障机理进行分析，以采取有效的措施来控制故障的发生，这就是我们所说的设备故障管理。

6.1 设备故障的分类

设备故障是多种多样的，可以从不同角度对其进行分类。

按发生状态，设备故障可分为：

(1) 渐发性故障，是由于设备初始参数逐渐劣化而产生的，大部分机器的故障都属于这类故障。这类故障与材料的磨损、腐蚀、疲劳及蠕变等过程有密切的关系。

(2) 突发性故障，是各种不利因素以及偶然的外界影响共同作用而产生的，这种作用超出了设备所能承受的限度。例如：因机器使用不当或出现超负荷而引起零件折断；因设备各项参数达到极值而引起的零件变形和断裂。此类故障往往是突然发生的，事先无任何征兆。

突发性故障多发生在设备初期使用阶段，往往是由于设计、制造、装配以及材质等缺陷，或者操作失误、违章作业而造成的。

按性质，设备故障可分为：

(1) 间断性故障，指设备在短期内丧失其某些功能，稍加修理调试就能恢复，不需要更换零部件。

(2) 永久性故障，指设备某些零部件已损坏，需要更换或修理才能恢复使用。

按影响程度，设备故障可分为：

(1) 完全性故障，导致设备完全丧失功能。

(2) 局部性故障，导致设备某些功能丧失。

按发生原因划分，设备故障可分为：

(1) 磨损性故障，由于设备正常磨损造成的故障。

(2) 错用性故障，由于操作错误、维护不当造成的故障。

(3) 固有的薄弱性故障，由于设计问题使设备出现薄弱环节，在正常使用时产生的故障。

按危险性，设备故障可分为：

(1) 危险性故障。例如，安全保护系统在需要动作时因故障失去保护作用，造成人身伤害和机床故障；制动系统失灵造成的故障等。

(2) 安全性故障。例如，安全保护系统在不需要动作时发生动作；造成机床不能起动的故障。

按发生、发展规律，设备故障可分为：

(1) 随机故障，故障发生的时间是随机的。

(2) 有规则故障，故障的发生有一定规律。

每一种故障都有其主要特征，即所谓故障模式，或故障状态。各种设备的故障状态是相当繁杂的，但可归纳出以下数种：异常振动、磨损、疲劳、裂纹、破裂、过度变形、腐蚀、剥离、渗漏、堵塞、松弛、绝缘老化、异常声响、油质劣化、材料劣化、粘合、污染及其他。

6.2 设备故障的发展规律

设备故障的发生发展过程都有其客观规律，研究故障规律对制定维修对策，以至建立更加科学的维修体制都是十分有利的。设备在使用过程中，其性能或状态随着使用时间的推移而逐步下降，呈现如图 6-1 所示的曲线。很多故障发生前会有一些预兆，这就是所谓潜在故障，其可识别的物理参数表明一种功能性故障即将发生，功能性故障表明设备丧失了规定的性能标准。

图 6-1 中点“P”表示性能已经变化，并发展到可识别潜在故障的程度：这可能是表明金属疲劳的一个裂纹；可能是振动，说明即将会发生轴承故障；可能是一个过热点，表明炉体耐火材料的损坏；可能是一个轮胎的轮面过多的磨损等。点“F”表示潜在故障已变成功能故障，即它已质变到损坏的程度。P-F 间隔，就是从潜在故障的显露到转变为功能性故障的时间间隔，各种故障的 P-F 间隔差别很大，可由几秒到好几年，突发故障的 P-F 间隔就很短。较长的间隔意味着有更多的时间来预防功能性故障的发生，因而要不断地花费很大的精力去寻找潜在故障的物理参数，采取新的预防技术，避免出现功能性故障，争得较长的运行时间。

设备故障率随时间推移的变化规律称为设备的典型故障率曲线，如图 6-2 浴盆曲线所示。该曲线表明设备的故障率随时间的变化大致分三个阶段：早期故障期、偶发故障期和耗损故障期。故障的三种基本类型如图 6-3 所示。

早期故障期：是指设备安装调试过程至移交生产试用阶段。造成早期故障的原因主要是由设计、制造上的缺陷，包装、运输中的损伤，安装不到位、使用工人操作不习惯或尚未全部熟练掌握其性能等原因所造成的。设备处于早期故障期，故障率开始很高，通过跑合运行和故障排除，故障率逐渐降低并趋于稳定。此段时间的长短，随产品、系统的设计与制造质量而异。

早期故障率是影响设备可靠性的一个重要因素，会使设备的平均无故障工作时间减少。从设备的总役龄来看，这段时间不长，但必须认真对待，否则影响新设备效能的正常

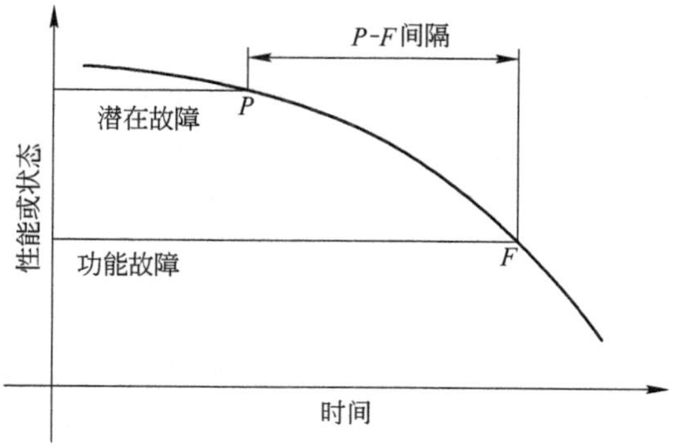

图 6-1 设备性能或状态变化图

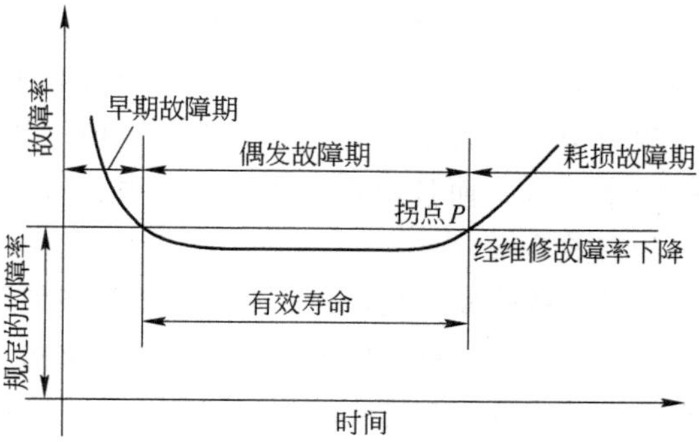

图 6-2 设备的典型故障率曲线

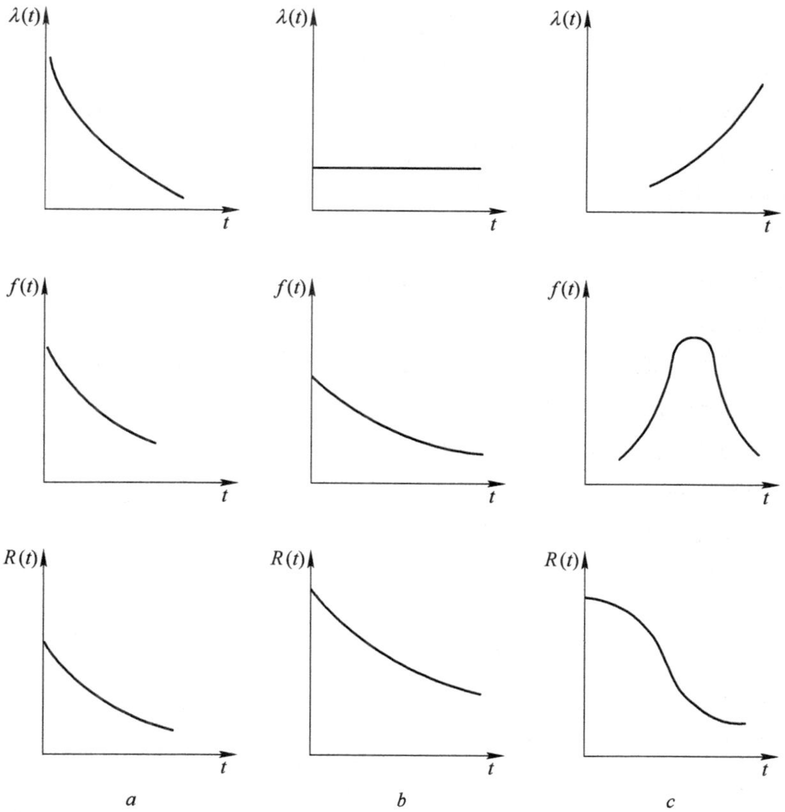

图 6-3 故障的三种基本类型

a—超指数分布；*b*—负指数分布；*c*—正态分布

发挥，对资金回收不利。对于已定型的成批生产的设备和熟练的操作人员来说，早期故障期较短。

对新设备来说，此阶段的故障形态主要由三个参数所决定，即期初故障率，持续时间和期末故障率。这一阶段的故障率是下降型，即随着时间的推移故障率是逐渐下降的，可靠度的分布函数大体服从超指数分布或 $a<1$ 时的威布尔分布，如图 6-3*a* 所示。

偶发故障期：经过第一阶段的调试、试用后，设备的各部分机件进入正常磨损阶段，操作人员逐步掌握了设备的性能、原理和机构调整的特点，设备进入偶发故障期。在此期间故障率大致处于稳定状态，趋于定值，故障的发生是随机的。在偶发故障期内，设备的故障率最低，而且稳定。因而可以说，这是设备的最佳状态期或称正常工作期。这个区段称为有效寿命。

偶发故障期的故障，一般是由于设备使用不当与维修不力，工作条件（负荷、环境等）变化，或者由于材料缺陷、控制失灵、结构不合理等设计、制造上存在的问题所致。故通过提高设计质量、改进使用管理、加强监视诊断与维护保养等工作，可使故障率降低到最低。

对于偶发期故障，一般需要进行统计分析。为此，必须健全设备运行、故障动态和维修保养的记录，建立设备检查与生产日志等制度，对故障进行登记与分析。

此阶段的故障形态的重要参数是故障率和持续时间，这一阶段是故障率恒定型，可靠度分布密度函数大体上服从负指数分布或 $a=1$ 的威布尔分布，如图 6-3*b* 所示。

耗损故障期：由于设备随着使用时间的延长，各零部件因磨损、疲劳、老化、腐蚀逐步加剧而丧失机能，使设备故障率逐渐上升。这说明设备的一些零部件已到了使用寿命期，应采用不同的维修方式来阻止故障率的上升，延长设备的使用寿命，如在拐点 *P* 即耗损故障期开始处进行大修，可经济而有效地降低故障率。如果继续使用，就可能造成设备事故。

通常，根据设备的耗损故障情况和维修能力，制定一条允许故障率的界限线，以控制实际故障率不超过此范围。

此阶段的故障形态的主要参数为故障上升速度，这一阶段属于故障率上升型，如图 6-3*c* 所示。这一阶段可靠度分布密度函数，大体上遵从正态分布或 $a>1$ 时的威布尔分布。根据正态分布的特征，在某一时间上会出现极大值，故障的分散程度由方差来表示，其值愈小，故障愈集中，维修时间预测愈准确。

设备故障率曲线变化的三个阶段，真实地反映出设备从磨合、调试、正常工作到大修或报废故障率变化的规律，加强设备的日常管理与维护保养，可以延长偶发故障期。准确地找出拐点，可避免过剩修理或修理范围扩大，以获得最佳的投资效益。

随着科学技术的不断发展，数控设备、加工中心等现代化设备不断出现，其故障规律与传统的浴盆曲线有所改变，人们开始对这些设备的故障规律进行研究。美国民航进行了 30 年的研究发现，除典型的浴盆曲线外，还有五种故障率曲线，如图 6-4 所示。

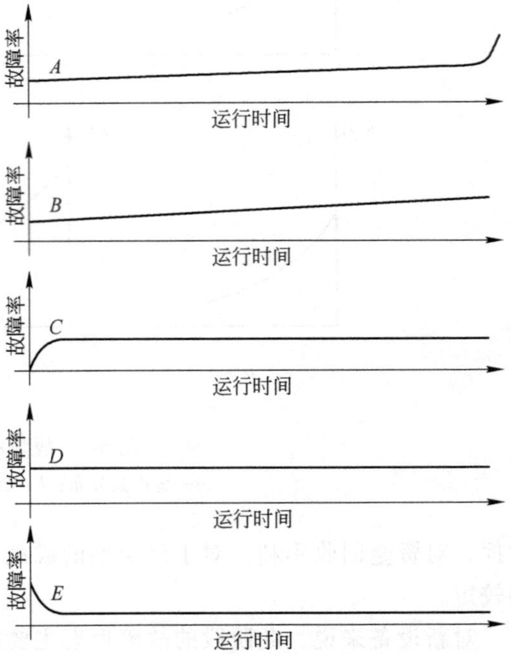

图 6-4 五种故障率曲线图

曲线 A 显示了恒定的或者略增的故障率，接着就是耗损期。曲线 B 显示了缓慢增长的故障率，但没有明显的耗损期。曲线 C 显示了新设备从刚出厂的低故障率，急剧地增长到一个恒定的故障率。曲线 D 显示了设备整个寿命周期内的一个恒定的故障率。曲线 E 显示，开始有高的初期故障率，然后急剧地降低到一个恒定的或者是增长极为缓慢的故障率。

综上所述，传统的修理周期结构必须随科技的发展、不同的设备结构特点进行改革。为此，提倡状态维修，特别是结构复杂的现代化设备，充分利用潜在故障已经发生并在其转变成为功能性故障之前的这段时间做好状态监测，针对故障前兆，实施状态维修，可使维修工作量和维修费用大幅度地降低，实现少投入多产出的理想效果。

6.3　设备故障的分析方法

在故障管理工作中，不但要对每一项具体的设备故障进行分析，查明发生的原因和机理，采取预防措施，防止故障重复出现。同时，还必须对本系统、企业全部设备的故障基本状况、主要问题、发展趋势等有全面的了解，找出管理中的薄弱环节，并从本企业设备着眼，采取针对性措施，预防或减少故障，改善技术状态。因此，对故障的统计分析是故障管理中必不可少的内容，是制定管理目标的主要依据。

6.3.1　故障信息数据收集与统计

故障信息的主要内容包括：

（1）故障对象的有关数据有系统、设备的种类、编号、生产厂家、使用经历等；

（2）故障识别数据有故障类型、故障现场的形态表述、故障时间等；

（3）故障鉴定数据有故障现象、故障原因、测试数据等；

（4）有关故障设备的历史资料。

故障信息的来源有：

（1）故障现场调查资料；

（2）故障专题分析报告；

（3）故障修理单；

（4）设备使用情况报告（运行日志）；

（5）定期检查记录；

（6）状态监测和故障诊断记录；

（7）产品说明书，出厂检验、试验数据；

（8）设备安装、调试记录；

（9）修理检验记录。

收集故障数据资料的注意事项为：

（1）按规定的程序和方法收集数据；

（2）对故障要有具体的判断标准；

（3）各种时间要素的定义要准确，计算相关费用的方法和标准要统一；

（4）数据必须准确、真实、可靠、完整，要对记录人员进行教育、培训，健全责任制；

（5）收集信息要及时。

做好设备故障的原始记录包括以下内容：

（1）跟班维修人员做好检修记录，要详细记录设备故障的全过程，如故障部位、停机时间、处理情况、产生的原因等，对一些不能立即处理的设备隐患也要详细记载；

（2）操作工人要做好设备点检（日常的定期预防性检查）记录，每班按点检要求对设备做逐点检查、逐项记录。对点检中发现的设备隐患，除按规定要求进行处理外，对隐患处理情况也要按要求认真填写。以上检修记录和点检记录定期汇集整理后，上交企业设备管理部门；

（3）填好设备故障修理单，当有关技术人员会同维修人员对设备故障进行分析处理后，要把详细情况填入故障修理单，故障修理单是故障管理中的主要信息源。

6.3.2 故障分析内容与方法

6.3.2.1 故障原因分类

开展故障原因分析时，对故障原因种类的划分应有统一的原则。因此，首先应将本企业的故障原因种类规范化，明确每种故障所包含的内容。划分故障原因种类时，要结合本企业拥有的设备种类和故障管理的实际需要。其准则应是根据划分的故障原因种类，容易看出每种故障的主要原因或存在的问题。当设备发生故障后进行鉴定时，要按同一规定确定故障的原因（种类）。当每种故障所包含的内容已有明确规定时，便不难根据故障原因的统计资料发现本企业产生设备故障的主要原因或问题。表 6-1 为某厂故障原因的分类。

表 6-1 某厂故障原因的分类

序号	原因类别	包含的主要内容
1	设计问题	原设计结构、尺寸、配合、材料选择不合理等
2	制造问题	原制造的机加工、铸锻、热处理、装配、标准元器件等存在问题
3	安装问题	基础、垫铁、地脚螺栓、水平度、防振等问题
4	操作保养不良	不清洁，调整不当，未及时清洗换油，操作不当等
5	超负荷，使用不合理	加工件超规格，加工件不符合要求，超切削规范，加工件超重，设备超负荷等
6	润滑不良	不及时润滑，油质不合格，油量不足或超量，油的牌号种类错误；加油点堵塞，自动润滑系统工作不正常等
7	修理质量问题	修理、调整、装配不合格，备件、配件不合格，局部改进不合理等
8	自然磨损劣化	正常磨损、老化等
9	自然灾害	由雷击、洪水、暴雨、塌方、地震等引起的故障
10	操作者马虎大意	由于操作者工作时精神不集中引起的故障
11	操作者技术不熟练	一般指刚开始操作一种新设备，或工人的技术等级偏低
12	违章操作	有意不按规章操作
13	原因不明	

图 6-5 为某车间一个季度的故障原因统计分析。通过对企业实际故障的统计分析，可以了解企业发生故障的主要原因和内容，明确故障管理工作的重点。

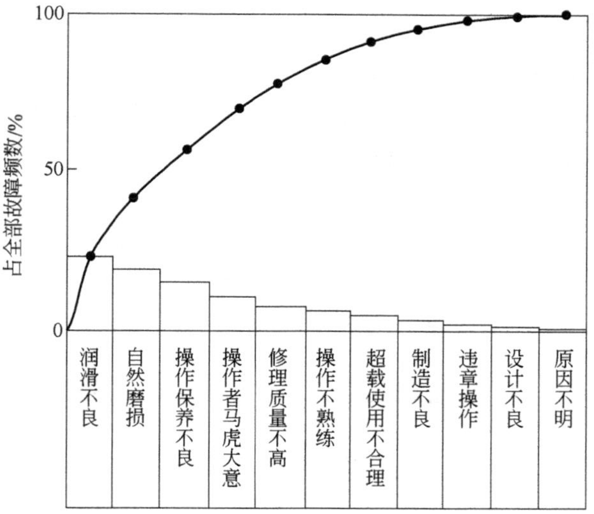

图 6-5 故障原因分析排列图

6.3.2.2 典型故障分析

在原因分类分析时，由于各种原因造成的故障后果不同，所以，通过这种分析方法来改善管理与提高经济性的效果并不明显。

典型故障分析则从故障造成的后果出发，抓住影响经济效果的主要因素进行分析，并采取针对性的措施，有重点地改进管理，以求取得较好的经济效果。这样不断循环，效果就更显著。

影响经济性的三个主要因素是：故障频率、故障停机时间和修理费用。故障频率是指某一系统或单台设备在统计期内（如一年）发生故障的次数；故障停机时间是指每次故障发生后系统或单机停止生产运行的时间（如几小时）。以上两个因素都直接影响产品输出，降低经济效益。修理费用是指修复故障的直接费用损失，包括工时费和材料费。

典型故障分析就是将一个时期内（如一年）企业（或车间）所发生的故障情况，根据上述三个因素的记录数据进行排列，提出三组最高数据，每一组的数量可以根据企业的管理力量和发生故障的实际情况来定。如设定 10 个数据，则分别将三个因素中最高的 10 个数据的原始凭证提取出来，根据记录的情况进一步分析和提出改进措施。

6.3.2.3 *MTBF* 分析法

设备的 *MTBF* 是一项在设备投入使用后较易测定的可靠性参数，它被广泛用于评价设备使用期的可靠性。设备的 *MTBF* 可通过 *MTBF* 分析求得，同时还可以对设备故障是怎样发生的有所了解。*MTBF* 分析一般按下述步骤进行：

（1）选择分析对象。为了分析同一型号、规格且使用条件相似的多台设备的故障规律及 *MTBF*，所选分析对象（设备）应具有代表性，它在使用中的各种条件，如使用环境、操作人员、加工产品、切削负荷、台时利用年、维修保养等条件，都应处于设备允许范围的中间值以上。这样，测得的数据才能代表该设备群的特性。如果分析对象（设备）在一台以上，其 *MTBF* 可以取平均值。各分析对象的 *MTBF* 不应相差悬殊，否则，应认真检查原始记录有无问题。对使用条件、故障内容等作详细研究分析，确定是否是由起支配作用的故障造成。若查不出原因，就只能将 *MTBF* 分析结果作废。

（2）规定观测时间。记录下观测时间内该设备的全部故障（故障修理）。观测时间应不短于该设备中寿命较长的磨损件的修理（更换）期，一般连续观测记录 2～3 年，可充分发现影响 *MTBF* 的故障（失效）。要全部记录下观测期内发生的全部故障（无论停机时间长短），包括突发故障（事后修复）和将要发生的故障（通过预防维修排除）的有关数据资料、故障部位（内容）、处理方法、发生日期、停机时间、修理的工时、修理人员数等，并保证数据的准确性。

（3）数据分析。将在观测期内，设备的故障间隔期和维修停机时间按发生时间先后依次排列形成如图 6-6 所示的图形。

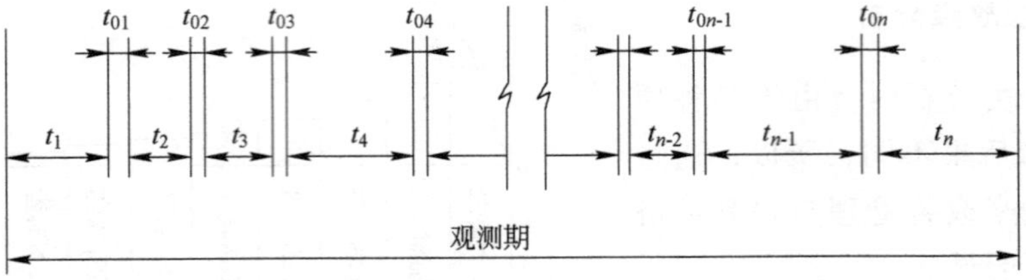

图 6-6　观测期内设备的故障间隔期和维修停机时间分布

将各故障间隔时间 t_1，t_2，…，t_n 相加，除以故障次数 n 即可以得 $MTBF$：

$$MTBF = \sum_{i=1}^{n} t_i/n \tag{6-1}$$

将各次修理的停机时间 t_{01}，t_{02}，…，t_{0n} 相加，除以修理次数 n_0 即为平均修理时间：

$$MTTR = \sum_{i=1}^{n} t_{0i}/n_0 \tag{6-2}$$

如果 $MTBF$ 的分析目的是为了了解故障的发生规律，则应把所有原因造成的故障，包括非设备本身原因造成的故障，都统计在内。如果测定 $MTBF$ 的分析目的是求得可靠性数据，则应在故障统计中剔除那些非正常情况造成的故障，如明显的超设备性能使用、人为的破坏、自然灾害等造成的设备故障。

如果把记录故障的工作一直延续进行下去，当设备进入使用的后期（损耗故障期），将会出现故障密集现象，不但易损件，就连一些基础件也连续发生故障而形成故障流，且故障流的间隔时间也显著缩短。通过多台相同设备的故障记录分析，就可以科学地估计该设备进入损耗故障期的时间，为合理地确定进行预防修理的时间创造条件。

【例 1】 某企业有同型号设备 20 台，当使用到 1000h 后，有 15 台发生故障，其故障记录如下表，如其可靠度按指数函数分布，求该型号设备的平均故障间隔期。

组　别	时间区间/h	区间中值	发生故障设备次数
1	0 ~ 200	100	3
2	200 ~ 400	300	2
3	400 ~ 600	500	4
4	600 ~ 800	700	3
5	800 ~ 1000	900	3

解　由式 6-1 得：

$$MTBF = \frac{3\times 100 + 2\times 300 + 4\times 500 + 3\times 700 + 3\times 900 + 5\times 1000}{15} = 846.6(\mathrm{h})$$

6.3.2.4 统计分析法

通过统计某一设备或同类设备的零部件（如活塞、填料等）因某方面技术问题（如腐蚀强度等）所发生的故障，占该设备或该类设备各种故障的百分比，然后分析设备故障发生的主要问题所在，为修理和经营决策提供依据的一种故障分析法，称为统计分析法。

以腐蚀为例，工业发达国家都很重视腐蚀故障的经济损失。经统计每年由于腐蚀损失达国民经济总产值的5%左右。设备故障中，其腐蚀故障约占设备故障的一半以上。国外对腐蚀故障做了具体分析，得出的结论是：随着工业的发展，腐蚀形式也发生了变化，不仅仅是壁厚减薄，或表面形成局部腐蚀，而主要是以裂纹、微裂纹等形式出现。下面介绍一些国家对各种形式腐蚀故障的统计分析资料，如表6-2～表6-4所示。

表 6-2 美国杜邦公司的统计资料

形　式	一般形式腐蚀	裂纹（应力腐蚀和疲劳腐蚀）	晶间腐蚀	局部腐蚀	点蚀	气蚀	浸蚀	其他
占比例/%	31	23. 4	10. 2	7. 4	15.7	1.1	0.5	8.5

表 6-3 日本三菱化工机械公司10年间的统计资料

腐蚀形式	占比例/%	腐蚀形式	占比例/%
应力腐蚀	45.6	疲劳腐蚀	8. 5
点　蚀	21.8	氢　脆	3. 0
均匀腐蚀	8.5	其　他	8.0
晶 ICJ 腐蚀	4.9		

表 6-4 日本挥发油株式会社10年间的统计资料

腐蚀形式	占比例（1963～1968年）/%	占比例（1969～1973年）/%
均匀腐蚀	22	21
局部腐蚀	22	22
应力腐蚀和疲劳腐蚀	48	51
脆性破坏	3	6
其　他	5	5

6.3.2.5 分步分析法

分步分析法是对设备故障的分析范围由大到小、由粗到细逐步进行，最终必将找出故障频率最高的设备零部件或主要故障的形成原因，并采取对策。这对大型化、连续化的现代工业，准确地分析故障的主要原因和倾向，是很有帮助的。

美国凯洛格公司用分步分析法，对合成氨厂停车原因做了分析，如表6-5和表6-6所示。

表 6-5 （第一步）统计停车时间及停车次数

年　份	1969～1970年（22个厂）	1971～1972年（27个厂）	1973～1974年（30个厂）	1975～1976年（30个厂）
平均停车天数	50	45.5	49	50
平均停车次数	9.5	8.5	10.5	11

表 6-6 （第二步）分析停车原因

年份 事故分类	1969 ~ 1970 年（22 个厂）	1971 ~ 1972 年（27 个厂）	1973 ~ 1974 年（30 个厂）	1975 ~ 1976 年（30 个厂）
仪表事故	1	2	1.5	1.5
电器事故	1	0.5	1	1
主要设备的事故	5.5	5	6	6
大　修	1	0.5	0.5	0.5
其　他	5	0.5	1.5	2
总　数	13.5	8.5	10.5	11

由表 6-6 可见，在每两次停车中，就有一次是主要设备的事故引起的。

分析表 6-7 可看出：

(1) 合成气压缩机停车次数所占比例较高，在 1975 ~ 1976 年的统计中，高达 25%，因为离心式合成气压缩机的运行条件苛刻，转速高、压力高、功率大、系统复杂，因振动较大，引起压缩机止推环、叶片、压缩机密封部件及增速机轴承损坏等故障出现；

(2) 上升管和集气管的泄漏占较大的百分比（13% ~ 19%）；

(3) 管道、法兰和阀门的故障占 5% ~ 11%，也比较高。

通过以上分析，发生故障的主要部位就比较清楚了，因而可以采取不同对策，来处理各种类型的故障。

表 6-7 （第三步）分析停车次数最多的主要设备事故（%）

主要设备名称	1969 ~ 1970 年（22 个厂）	1971 ~ 1972 年（27 个厂）	1973 ~ 1974 年（30 个厂）	1975 ~ 1976 年（30 个厂）
废热锅炉	21	10		8
炉管、上升管和集气管	19	17	19	13
合成气压缩机	13	16	16	25
换热器	10	9	8	11
输气总管	6		6	7
对流段盘管	5			
合成塔		8		
管道、阀门和法兰			5	11
空压机		11	9	

6.3.2.6 故障树分析法

A 故障树分析法的产生与特点

从系统的角度来说，故障既有因设备中具体部件（硬件）的缺陷和性能恶化所引起的，也有因软件，如自控装置中的程序错误等引起的。此外，还有因为操作人员操作不当或不经心而引起的损坏故障。

20 世纪 60 年代初，随着载人宇航飞行，洲际导弹的发射，以及原子能、核电站的应用等尖端和军事科学技术的发展，都需要对一些极为复杂的系统，做出有效的可靠性与安全性评价；故障树分析法就是在这种情况下产生的。

故障树分析法简称 FTA（Failure Tree Analysis），是 1961 年由美国贝尔电话研究室的华特先生首先提出的。其后，在航空和航天的设计、维修，原子反应堆、大型设备以及大型电子计算机系统中得到了广泛的应用。目前，故障树分析法虽还处在不断完善的发展阶段，但其应用范围正在不断扩大，是一种很有前途的故障分析法。

总的来说，故障树分析法具有以下一些特点。

它是一种从系统到部件，再到零件，按“下降型”分析的方法。它从系统开始，通过由逻辑符号绘制出的一个逐渐展开成树状的分枝图，来分析故障事件（又称顶端事件）发生的概率。同时也可以用来分析零部件或子系统故障对系统故障的影响，其中包括人为因素和环境条件等在内。

它对系统故障不但可以做定性的分析，也可以做定量的分析；不仅可以分析由单一构件所引起的系统故障，而且也可以分析多个构件不同模式故障而产生的系统故障情况。因为故障树分析法使用的是一个逻辑图，因此，不论是设计人员或是使用和维修人员都容易掌握和运用，并且由它可派生出其他专门用途的“树”。例如，可以绘制出专用于研究维修问题的维修树，用于研究经济效益及方案比较的决策树等。

由于故障树是一种逻辑门所构成的逻辑图，因此适合于用电子计算机来计算；而且对于复杂系统的故障树的构成和分析，也只有在应用计算机的条件下才能实现。

显然，故障树分析法也存在一些缺点。其中主要是构造故障树的多余量相当繁重，难度也较大，对分析人员的要求也较高，因而限制了它的推广和普及。在构造故障树时要运用逻辑运算，在其未被一般分析人员充分掌握的情况下，很容易发生错误和失察。例如，很有可能把重大影响系统故障的事件漏掉；同时，由于每个分析人员所取的研究范围各有不同，其所得结论的可信性也就有所不同。

B 故障树的构成和顶端事件的选取

一个给定的系统，可以有各种不同的故障状态（情况）。所以在应用故障树分析法时，首先应根据任务要求选定一个特定的故障状态作为故障树的顶端事件，它是所要进行分析的对象和目的。因此，它的发生与否必须有明确定义；它应当可以用概率来度量；而且从它起可向下继续分解，最后能找出造成这种故障状态的可能原因。

构造故障树是故障树分析中最为关键的一步。通常要由设计人员、可靠性工作人员和使用维修人员共同合作，通过细致的综合与分析，找出系统故障和导致系统该故障的诸因素的逻辑关系，并将这种关系用特定的图形符号，即事件符号与逻辑符号表示出来，成为以顶端事件为“根”向下倒长的一棵树——故障树。它的基本结构及组成部分如图 6-7 所示。

C 故障树用的图形符号

在绘制故障树时需应用规定的图形符号。它们可分为两类，即逻辑符号和事件符号，其中常用的符号分别如图 6-8 和图 6-9 所示。

图 6-10 为应用这些图形符号绘制的一个较为简单的故障树形式。根据这种故障树，就可以从选定的系统故障状态，即顶端事件开始，逐级地找出其上一级与下一级的逻辑关系，直至最后追溯到那些初始的或其故障机理及故障概率为已知的，因而不需要继续分析

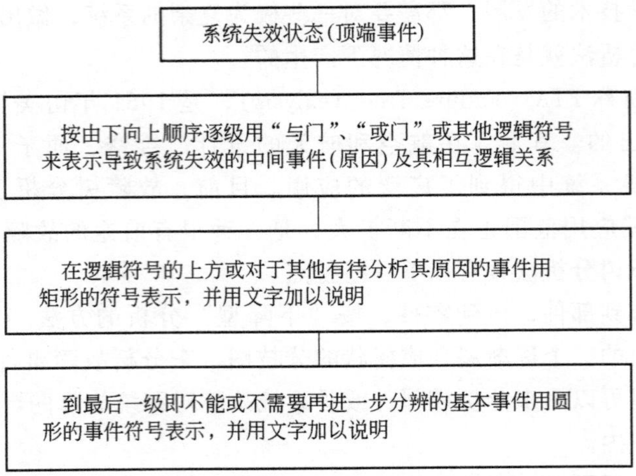

图 6-7　故障树的基本结构

符号	名称	因果关系
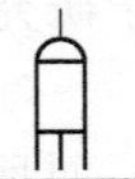	与门	输入端所有事件同时出现时才有输出
	或门	输入端只要有一个事件出现时即有输出
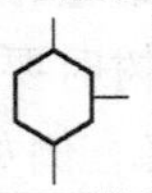	禁门	输入端有条件事件时才有输出
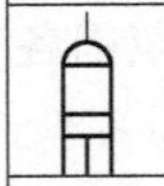	顺序门	输入端所有事件按从左到右的顺序出现时才有输出
	异或门	输入端事件中只能有一个事件出现时才有输出

图 6-8　逻辑符号

符号	名称	含义
	圆形	基本事件，有足够的原始数据
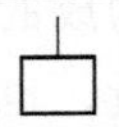	矩形	由逻辑门表示出的失效事件
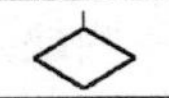	菱形	原因未知的失效事件
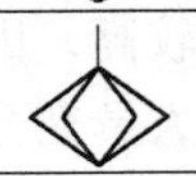	双菱形	对整个故障树有影响，有待进一步研究的、原因尚未知的失效事件
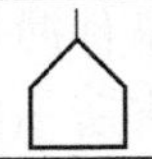	屋形	可能出现也可能不出现的失效事件
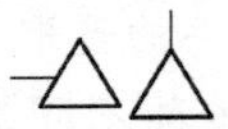	三角形	连接及传输符号

图 6-9　事件符号

的基本事件时为止。这样，就可得出这个系统所有基本事件与其顶端事件之间的逻辑关系。在大多数情况下，故障树都是由与门及或门综合组成。因此，在各基本事件均为独立事件的条件下，即可利用事件的和、积、补等布尔代数的基本运算法则，列出这个系统的故障函数（系统故障与基本事件的逻辑关系）。随后，就可进一步对顶端事件做出定性的或定量的分析。下面以图 6-10 所示的故障树为例，试用上述方法进行系统故障分析。

图 6-10 所示为一个两级故障树，即系统故障的顶端事件 F 是由第一级部件 A 的故障事件 X_A 和部件 B 的故障事件 X_B 的或门组成（图中还有一个菱形事件符号，表示该事件的原因未明或者对系统故障影响很小，可不予考虑），故有：$F(X) = X_A \cup X_B$ 的逻辑关系；而第二级则有由基本事件 X_1 和 X_2 组成的或门，还有由基本事件 X_3 和 X_4 所组成的或门。因此有：

$$X_A = X_1 \cup X_2 \text{ 及 } X_B = X_3 \cap X_4$$

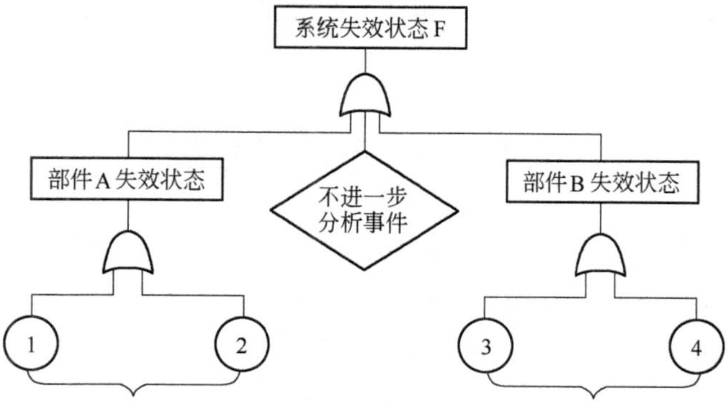

图 6-10　故障树的形式

（①～④分别为基本事件 X_1、X_2、X_3、X_4）

代入第一级关系式中得：

$$F = X_A \cup X_B = (X_1 \cup X_2) \cup (X_3 \cap X_4)$$

故系统失效函数可简写为：

$$F(X) = X_1 + X_2 + X_3 + X_4$$

上式表示出了顶端事件即这个系统的故障与其四个基本事件 X_1、X_2、X_3、X_4 之间的逻辑关系。

图 6-11 为一个分析轴承事故的故障树例子。图中使用了三角形符号，其作用相当于

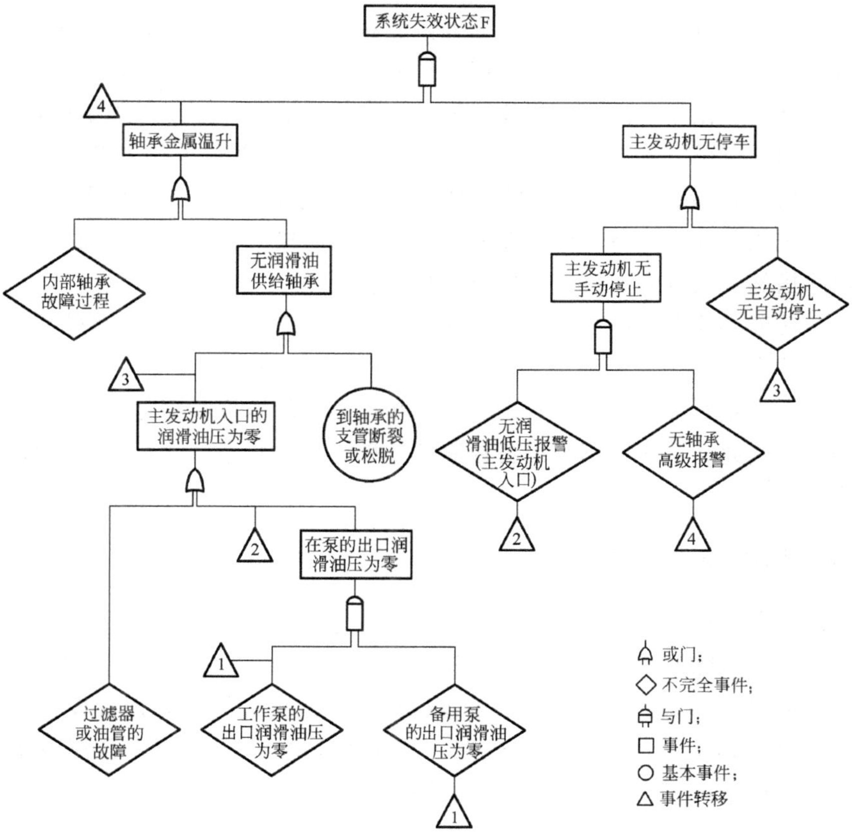

图 6-11　一项轴承故障分析的典型故障树

一个注释符，表示事件将由此转向标号相同的此类符号处继续展开。其目的是为了避免画面上线太多造成分析上的困难。

6.4 设备故障的诊断

设备是在各种不同的环境条件下运转的，承受着各种应力与能量的作用，这些作用会使设备的技术状态发生变化，亦即使设备的性能劣化，最终导致设备发生故障。如果故障是由一种主要原因（例如应力）引起的单一类型的故障，只要掌握了发生这类故障的机理和设备应力的状态，就能比较精确地定量预测设备性能的劣化程度和故障发生的时间，从而确定预防故障的对策。但是，如果故障的出现是偶然的，故障的类型是复合的，引起故障的原因是多种多样而又不易检查的，则故障就会呈现明显的随机性，要预测这类故障的发生将是相当困难的。对于简单的小型的机械设备来说，这类偶发性故障比较容易发现，也可用事后维修的办法进行处理。然而对大型、复杂的设备来说，发生故障不仅会造成停产和重大经济损失，而且会造成严重的安全事故和灾害，因而不能采用事后修理的办法，必须采用设备诊断技术。

设备诊断技术与人们熟悉的医学上的症状诊断是十分相似的。对设备进行的定期检查，就相当于对人体进行的健康检查，设备定期检查中发现的设备技术状态异常现象，则相当于人体检查中发现的各种症状，根据设备技术状态对设备劣化程度与故障部位、故障类型故障原因所作分析判断就相当于根据人体症状对病位、病名、病因所做的识别鉴定即诊断。不难明白，设备故障的诊断和人体疾病的诊断在实质上是完全相同的，也是利用了温度、颜色、噪声、振动、压力、气味、形变、腐蚀、泄漏、磨损等表示设备状态的各种特征。由此可知，所谓“诊断”就是对诊断对象在出现异常现象时（或进行预防性检查发现有异常现象时）所进行的故障识别和鉴定。设备诊断的目的在于尽可能早地发现机械设备的劣化现象和故障征兆，或者在故障处于轻微阶段时将其检测出来，采取有针对性的防止或消除措施，恢复和保持设备的正常性能。

进行设备诊断必须有正确的根据，这就必须进行状态监测和记录，掌握设备从过去到现在的经历及状态。状态监测与故障诊断是诊断技术的两个组成部分，有联系但又不相同。状态监测主要是对设备的技术状态进行初步识别，故障诊断则是对该状态的进一步分析识别和判断。因此，状态监测是设备诊断的基础，设备状态监测是设备诊断技术不可缺少的组成部分。

6.4.1 设备诊断技术的概念

设备诊断技术又称设备状态诊断技术，是一种通过监测设备的状态参数，发现设备异常情况，分析设备故障原因，并预测预报设备未来状态的一种技术。其基本功能是在不拆卸或基本不拆卸设备的情况下，掌握设备运行现状，定量地检测和评价设备的以下状态：（1）设备所承受的应力；（2）强度和性能；（3）故障和劣化；（4）预测设备的可靠性。在设备发生故障的情况下，对故障原因、故障部位、危险程度进行评定，并确定正确的修复方法。

设备诊断技术包括以下三个环节：（1）检测异常；（2）诊断故障症状和故障部位；

（3）掌握故障类型。因此，应用设备诊断技术，能确定设备存在的问题及其原因和程度，可以采取最适宜的对策避免故障的发生和确定针对性修复方法，以达到维修目标准确，排除故障及时，减少修理时间，降低维修费用和停机损失，提高设备有效利用率的目的。

上面所说的设备诊断是针对企业的在用设备而言的。如从设备的一生（寿命周期）而言，不仅要在设备运行阶段进行诊断，以实施状态维修；还必须在设计、制造阶段进行检测，诊断设备是否达到了设计技术要求、精度标准和预定功能；而在设备发生故障后，诊断分析故障发生原因。通过这三个相互联系的阶段和技术数据的积累，必然有助于提高以后的设备设计、制造质量，增大设备的可靠性，延长设备的使用寿命。

6.4.2　设备诊断技术的工作原理和工作手段

设备诊断技术的基本原理及工作程序如图6-12所示，它包括在前期建立信息库和知识库以及信号检测、特征提取、状态识别和预报决策等四个工作程序。

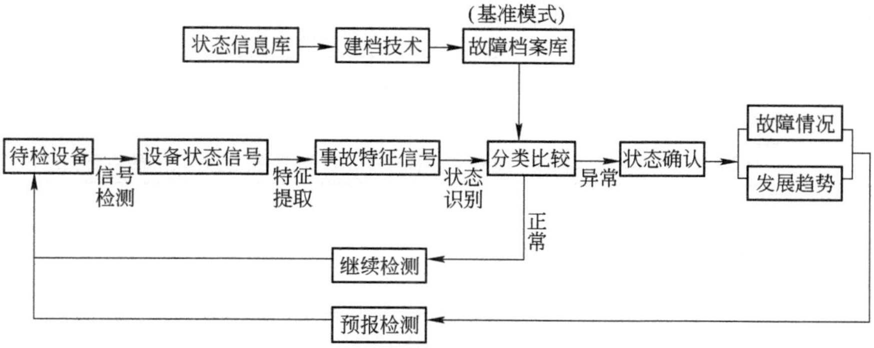

图6-12　设备诊断技术的基本原理及工作程序

信号检测：按照不同的诊断目的和对象，选择最便于诊断的状态信号，使用传感器、数据采集器等技术手段，加以监测与采集。由此建立起来的是状态信号的数据库，属于初始模式。

特征提取：将初始模式的状态信号通过信号处理，进行放大或压缩、形式变换、去除噪声干扰，以提取故障特征，形成待检模式。

状态识别：根据理论分析结合故障案例，并采用数据库技术所建立起来的故障档案库为基准模式。把待检模式与基准模式进行比较和分类，即可区别设备的正常与异常。

预报决策：经过判别，对属于正常状态的可继续监视，重复以上程序；对属于异常状态的，则要查明故障情况，做出趋势分析，估计今后发展和可继续运行的时间，以及根据问题所在提出控制措施和维修决策。

按照状态信号的物理特征，设备诊断技术的主要工作手段分为10种，如表6-8所示。选用上述主要工作手段要根据对象不同而有所区别，其中以振动、温度、油液及声学的诊断方法应用最多。

表 6-8　设备诊断技术的主要工作手段

序号	物理特征	检测目标	适用范围
1	振动	稳态振动、瞬态振动模态参数等	旋转机械、往复机械、流体机械、转轴、轴承、齿轮等
2	温度	温度、温差、温度场及热图像等	热工设备、工业炉窑、电机电器、电子设备等
3	油液	油品的理化性能、磨粒的铁谱分析及油液的光谱分析	设备润滑系统、有摩擦副的传动系统、电力变压器等
4	声学	噪声、声阻、超声波、声发射等	压力容器及管道、流体机械、工业阀门、短路开关等
5	强度	载荷、扭矩、应力、应变等	起重运输设备、锻压设备、各种工程结构等
6	压力	压力、压差、压力联动等	液压系统、流体机械、内燃机，液力耦合器等
7	电气参数	电流、电压、电阻、功率、电磁特性、绝缘性能等	电机、电器、输变电设备、微电子设备、电工仪表等
8	表面状态	裂纹、变形、点蚀、剥脱腐蚀、变色等	设备及零件的表面损伤、交换器及管道内孔的照相检查等
9	无损检测	射线、超声、磁粉场、渗透、涡流探伤指标等	压延、铸锻件及焊缝缺陷检查，表面镀层及管壁厚度测定等
10	工况指标	设备运行中的工况和各项主要性能指标等	流程工业或生产线上的主要生产设备等

6.4.3　设备诊断技术的组成和功能

设备诊断技术由简易诊断技术和精密诊断技术两种技术组成。

简易诊断技术是指使用简单的方法，对设备技术状态快速做出概括性评价的技术。它能够迅速而概括地检查了解设备状态，由现场维修人员施行，普遍应用于各种设备。简易诊断技术一般有以下几个特点：

(1) 使用各种较简单、易于携带和便于在现场使用的诊断仪器及检测仪表；

(2) 由设备维护检修人员在生产现场进行；

(3) 仅对设备有无故障、严重程度及其发展趋势做出定性初判；

(4) 涉及的技术知识和经验比较简单，易于学习和掌握；

(5) 需要把采集的故障信号储存建档。

设备的状态监测包括定期的或在线的，都属于简易诊断技术的范围。它可对能反映设备技术状态的一些参数做出正常与否的判断，当存在异常或超过限值时，应能报警或自动停机，但状态监测并不同于故障的识别和判断。

精密诊断技术是指使用精密的仪器和方法，对简易诊断中难以确诊的设备故障进行精确的定量检测与分析，找出故障位置、原因和数据，据以确定应采取的相应措施的技术。它一般有以下几个特点：

(1) 用各种比较复杂的诊断分析仪器或专用诊断设备；

(2) 由具有一定经验的工程技术人员及专家在生产现场或诊断中心进行；

(3) 需对设备故障的存在部位、发生原因及故障类型进行识别和定量；

（4）涉及的技术知识和经验比较复杂，需要较多的学科配合；

（5）进行深入的信号处理，以及根据需要预测设备寿命。

近年开发的计算机辅助设备诊断系统和人工智能与诊断专家系统等，也都属于精密诊断技术范畴，一般多用于关键机组和诊断比较复杂的故障原因。设备简易诊断和精密诊断两者的关系相当于护士与专科医生的关系，如图6-13所示。

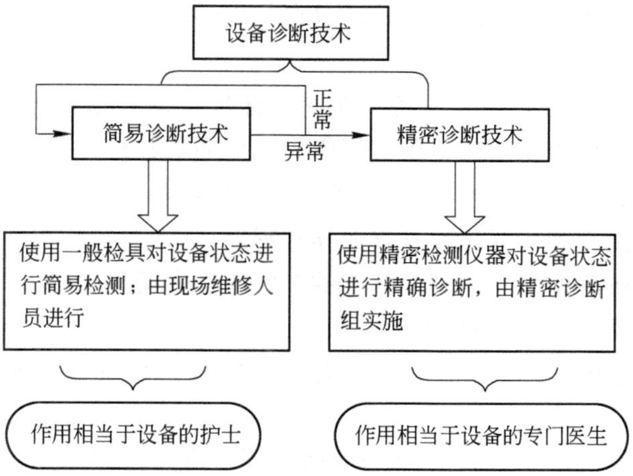

图6-13 设备诊断技术的构成

在一般情况下，多数设备都采用简易诊断技术来诊断设备现时的状态：只有对那些在简易诊断中提出疑难问题的设备（包括关键、高精度、大重型设备），才进行精密诊断。这样使用两种诊断技术，才是最有效而又经济的。图6-14表示了简易诊断技术和精密诊断技术的功能。

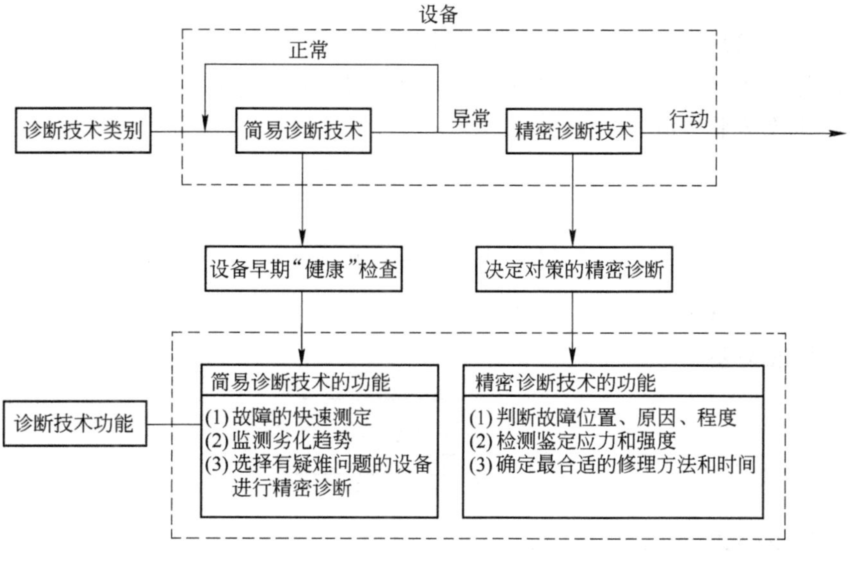

图6-14 设备诊断技术的功能

6.4.4　设备诊断的判定标准及其制定方法

设备诊断的判定标准是用以评价设备技术状态的一种标准。据此可以判定设备的正常、异常和故障，以实施超限报警或自动停机。常用的判定标准有以下三种：

(1) 绝对判定标准。根据对某类设备长期使用、维修与测试所积累的经验，并由企业、行业或国家归纳而制订的一种可供工程应用的标准。这类标准一般都是针对某类设备，并在规定了正确的测定方法后制订的，故在使用时必须掌握标准的运用范围和测定方法。

(2) 相对判定标准。对同一台设备，在同一部位定期测定参数，并按时间先后进行比较，以正常情况下的值为原始值，用实测值与该值的倍数作为判定标准。

(3) 类比判定标准。数台同样型号、规格的设备在相同条件下运行时，通过对各台设备的同一部位进行测定和相互比较来掌握异常程度。

目前，国内外比较普遍使用的判定标准的制定方法有两种：

(1) 株洲冶炼厂建立标准的四个步骤：

1) 根据以往多次测试、检修的数据，大致确定判定标准，即确定故障的上限控制值。

2) 根据某一周期（检修后开始运行至停机检修）测试数据找出变化规律并做出浴盆曲线。

3) 由步骤 2) 确定设备下一运行周期故障的类型（递减型、恒定型和递增型）并重点研究后两种。利用一元回归直线方程，判断能否按正态分布规律作曲线，如可能即求出上限值。

4) 将此上限值与步骤 1) 由实际经验得出的大致值相比较，看是否有较大出入。

在实际工作中，常会发现同一型号的不同机组，其正常上限值与临界值都不一定相同。因此，应尽可能给每一台机组建立一个档案，在积累数据后，再建立该机型的判定标准。

(2) 日本丰田利夫教授制定判定标准的四个步骤：

1) 在设备正常时，进行 20 次以上（$n \geqslant 20$）的非连续测量。

2) 计算其数学平均值：

$$\sigma_0 = \sqrt{\frac{\sum_{i=1}^{n}(X_i - \mu_0)^2}{n-1}}$$

式中　X_1，X_2，…，X_n——第 1 ~ n 的测量值。

3) 计算标准偏差 σ_0：

$$\sigma_0 = \sqrt{\frac{\sum_{i=1}^{n}(X_i - \mu_0)^2}{n-1}}$$

4) 按照以下公式计算判定标准：

异常（注意）值：$X_e = \mu_0 + 2\sigma_0$

危险（报警）值：$X_e = \mu_0 + 3\sigma_0$

6.4.5 设备诊断技术在设备工程中的作用

根据世界发达国家的经验和中国企业的实践经验，设备诊断技术在现代设备工程中的作用，大致有以下 7 点：

（1）为优化设备设计及消除设计缺陷提供明确的方向。有些设备设计时因未认真考虑动态效应，从而造成难以使用的缺陷，可以通过设备诊断技术予以解决。如上海人造板机器厂所设计制造的木材生产线上的高速双面磨光机，在试车时出现异常振动，经应用诊断技术查找振源，发现由于机架导向辊的转动频率接近机架的固有频率，因而造成机组共振。

（2）为新设备验收安装提供重要手段。新设备在投入使用前，要进行产品验收，以及测试其原始运行数据，为以后的状态识别提供可靠依据。设备诊断技术可以作为重要手段。例如，上海汽车齿轮总厂在验收一台有争议的新磨床时，通过诊断发现磨头后端轴承的滚珠存在严重点蚀与失圆缺陷，更换后故障得以排除。

（3）为进口设备经济索赔提供重要依据。有些技术上有缺陷的进口设备，可以通过诊断技术获取科学数据，作为经济索赔的重要依据。例如，株洲化工厂一台从国外进口的水环压缩机，在交付试车时出现异响。用 CMJ-1 轴承故障检测仪检查，发现振动量级超标，怀疑存在问题。但外方否认，并拒绝提供内部结构参数。经用共振解调分析，查明振动中有相当于工作频率的 20 倍频成分，从而判断叶片有问题，并确定叶片数为 20 片，使外商惊服，从而获赔 5 万美元。

（4）为旧设备进行价值评估及处理报废提供依据。在对设备资产进行评估，特别是技术状态的评估中，诊断技术可以提供有力支持。通过简单的检测，在短时间内可做出正确评价，从而确定该设备当前的实际价值。

（5）为解决因突发事故而造成的责任纠纷提供线索。在一些大型关键设备上多次发生突发事故后，因原因不明，造成责任纠纷。例如，大同发电厂 2 号发电机组和秦岭发电厂 5 号发电机组的事故，都因为缺乏故障诊断的“黑盒子”系统，而造成分析识别的困难。可见在一些发电厂、化工厂的设备上安装有具备此项功能的诊断系统是很必要的。

（6）为建立大型设施的可靠性数据库提供依据。不少大型矿山和施工机械价格昂贵，工作条件恶劣，而其使用可靠性对完成工期、保证质量起着重要作用。为此，建立该类设备的可靠性数据库并及时进行可靠性分析，对发生频率高、严重影响可靠性的故障提出有效排除措施，就显得十分重要。诊断技术可为此提供重要数据，并找出易损件的薄弱环节。一些单位已对大型挖掘机及自卸车进行了大量工作，取得良好效果。

（7）为特殊设施提供远程诊断。在海上钻井平台上进行操作和监控作业的生产人员，当强烈台风来临时，需暂时撤离，以保障人身安全。而此时的设备运行与监控工作，完全依赖于通信卫星遥控远程设备诊断系统，最终在陆上基地进行信号处理和维修决策。与此相似，天津电力试验所对相距 54 公里以外的天津军粮城发电厂 5 号机组成功地进行了远程诊断。今后，集优势诊断手段和专家经验于一体，以互联网络和卫星通信为传输控制手段的“设备医院”，必将日益发展。

6.5　设备故障管理的程序

设备故障管理的目的是在故障发生前通过设备状态的监测与诊断，掌握设备有无劣化情况，以期发现故障的征兆和隐患，及时进行预防维修，以控制故障的发生；在故障发生后，及时分析原因，研究对策，采取措施排除故障或改善设备，以防止故障的再发生。

要做好设备故障管理，必须认真掌握发生故障的原因，积累常发故障和典型故障资料和数据，开展故障分析，重视故障规律和故障机理的研究，加强日常维护、检查和预修。这样就可避免突发性故障和控制渐发性故障。

设备故障管理的程序如下：

（1）做好宣传教育工作，使操作工人和维修工人自觉地遵守有关操作、维护、检查等规章制度，正确使用和精心维护设备，对设备故障进行认真地记录、统计、分析。

（2）结合本企业生产实际和设备状况及特点，确定设备故障管理的重点。

（3）采用监测仪器和诊断技术对重点设备进行有计划的监测，及时发现故障的征兆和劣化的信息。一般设备可通过人的感官及一般检测工具进行日常点检、巡回检查、定期检查（包括精度检查）、完好状态检查等，着重掌握容易引起故障的部位、机构及零件的技术状态和异常现象的信息。同时要建立检查标准，确定设备正常、异常、故障的界限。

（4）为了迅速查找故障的部位和原因，除了通过培训使维修、操作工人掌握一定的电气、液压技术知识外，还应把设备常见的故障现象、分析步骤、排除方法汇编成故障查找逻辑程序图表，以便在故障发生后能迅速找出故障部位与原因，及时进行故障排除和修复。

（5）完善故障记录制度。故障记录是实现故障管理的基础资料，又是进行故障分析、处理的原始依据。记录必须完整正确。维修工人在现场检查和故障修理后，应按照“设备故障修理单”的内容认真填写，车间机械员（技师）与动力员按月统计分析报送设备动力管理部门。

（6）及时进行故障的统计与分析。车间设备机械员（技师）、动力员除日常掌握故障情况外，应按月汇集“故障修理单”和维修记录。通过对故障数据的统计、整理、分析，计算出各类设备的故障频率、平均故障间隔期，分析单台设备的故障动态和重点故障原因，找出故障的发生规律，以便突出重点采取对策，将故障信息整理分析资料反馈到计划部门，进一步安排预防修理或改善措施计划，还可以作为修改定期检查间隔期、检查内容和标准的依据。

根据统计整理的资料，可以绘出统计分析图表，例如单台设备故障动态统计分析表是维修班组对故障及其他进行目视管理的有效方法，既便于管理人员和维修工人及时掌握各类型设备发生故障的情况，又能在确定维修对策时有明确目标。

（7）针对故障原因、故障类型及设备特点的不同采取不同的对策。对新设置的设备应加强使用初期管理，注意观察、掌握设备的精度、性能与缺陷，做好原始记录。在新设备使用中加强日常维护、巡回检查与定期检查，及时发现异常征兆，采取调整与排除措施。重点设备进行状态监测与诊断。建立灵活机动的具有较高技术水平的维修组织，采用分部修复、成组更换的快速修理技术与方法。及时供应合格备件。利用生产间隙整修设备。

对已掌握磨损规律的零部件采用改装更换等措施。

（8）做好控制故障的日常维修工作。通过区域维修工人的日常巡回检查和按计划进行的设备状态检查所取得的状态信息和故障征兆，以及有关记录、分析资料，由车间设备机械员（技师）或修理组长针对各类型设备的特点和已发现的一般缺陷，及时安排日常维修，便于利用生产空隙时间或周末，做到预防在前，以控制和减少故障发生。对某些故障征兆、隐患，日常维修无力承担的，则反馈给计划部门另行安排计划修理。

（9）建立故障信息管理流程图，如图 6-15 所示。

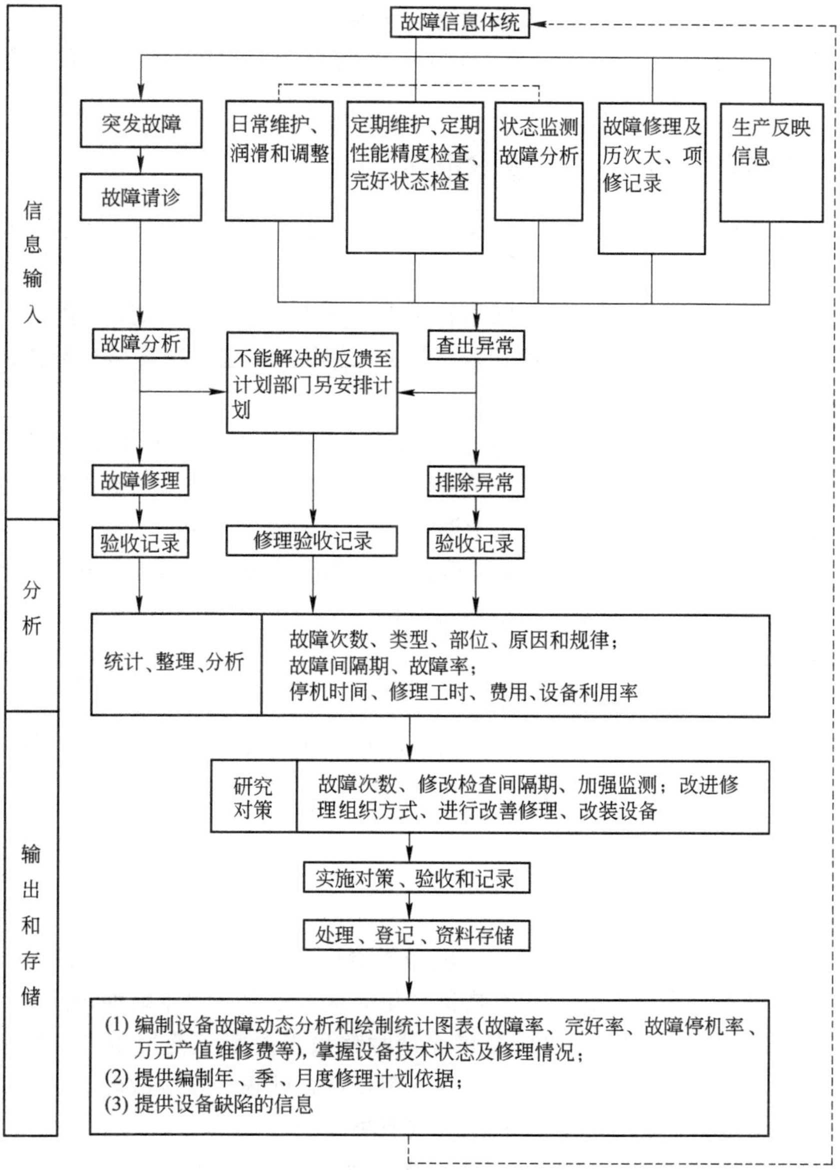

图 6-15 故障信息管理流程图

6.6 设备零故障管理

6.6.1 迈向零故障的出发点

设备的故障是人为造成的。因此，凡与设备相关的人都应转变自己的观念。要从“设备总是要出故障的”观点改为“设备不会产生故障”、“故障能降为零”的观点，这就是向零故障的出发点。

零故障的基本观点如下：

(1) 设备的故障是人为造成的。

(2) 人的思维及行动改变后，设备就能实现零故障。

(3) 要从“设备产生故障”的观念转变为“设备不会产生故障”和“能实现零故障”。

6.6.2 将故障的“潜在缺陷”暴露出来

首先分析故障是怎样产生的，这是因为我们在产生故障之前没有注意到故障的种子缺陷。

我们没加注意的故障的种子就叫做潜在缺陷。根据零故障的原则，就是将这些“潜在缺陷”明显化（在未产生故障之前加以重视）。这样，在这些缺陷形成故障之前即予纠正，就能避免故障。

一般而言，所谓潜在缺陷，常指灰尘、污垢、磨损、偏斜、疏松、泄漏、腐蚀、变形、伤痕、裂纹、温度、振动、声音等异常。其中有许多缺陷，人们都以为不予处理也无妨碍，或者认为这些缺陷较为轻微，无所谓。

物理上的潜在缺陷：物理上的缺陷，眼睛看不到，故因愈加重视，它主要包括：

(1) 未分析、未检查，尚不了解的内部缺陷。

(2) 安装位置很差，看不见的缺陷。

(3) 灰尘、污垢等看不见的缺陷。

心理上的潜在缺陷：保全人员或操作人员的意识或技能不足，故而很难发现存在的缺陷。

6.6.3 实现零故障的五大对策

实现零故障的五大对策为：

(1) 具备基本条件。所谓基本条件，就是指清扫、加油、紧固等。故障是由（设备）劣化引起的，但设备大多数劣化却在不具备劣化的基本条件三要素时便产生。

(2) 应严守使用条件。设备或机器在设计时就预先决定了使用条件。根据该使用条件而设计的设备、机器，如果严格达到这些使用条件，就很少产生故障。例如，电压、转速、安装条件及温度等，都是根据机器的特点而决定的。

(3) 使设备恢复正常。一台设备，即使恪守基本条件、使用条件，设备还会发生劣化，产生故障。因此，使隐患的劣化明显化，并使之恢复至正常状态，这就是防故障于未然的必要条件。这意味着应正确地进行检查，进行使设备恢复至正常的预防修理。

（4）改进设计上的欠缺点。有些故障即使是采取了上述3种对策后仍无法去除，而且有时还会因这些故障而提高了生产成本。这一类设备故障大多是由于在设计或制作施工阶段遗留的技术力量不足或差错等缺陷引起的。因此，应认真分析故障，改善这些缺点。

（5）提高技能。以上（1）~（4）项对策，均是由人来实施的，最成问题的是，即使采取了对策（1）~（4），还会产生操作差错，修理差错等。为防止这类故障，只有靠提高操作人员及保全人员的专业技能。

上述为达到零故障的五大对策，必须由运转部门和保全部门的相互协作。也就是说，在运转部门，要以基本条件的准备、使用条件的恪守、技能的提高为中心。保全部门的实施项目有使用条件的恪守、劣化的复原、缺点的对策、技能的提高等。

防止劣化的三项活动为：

（1）防止劣化的活动：正确操作、准备、调整、清扫、加油、紧固等。

（2）预防劣化的活动：检查使用条件，对设备做日常、定期检查，以早日发现故障的“病根”。

（3）劣化复原的活动：要加强小规模的整备以及对异常情况的处理。要使设备恢复至正常状态，防故障于未然。

思　考　题

1. 设备的故障类型有哪些？
2. 简要说明设备故障规律及各阶段特征？
3. 故障原因可分为哪几类？
4. 说明故障树分析法的使用及特点？
5. 设备诊断技术的主要手段有哪些？

7 设备备件管理

在设备维修工作中，为了恢复设备的性能和精度，需要用新制的或修复的零部件来更换磨损的旧件，通常把这种新制的或修复的零部件称为配件。为了缩短修理停歇时间，减少停机损失，对某些形状复杂、要求高、加工困难、生产（或订购）周期长的配件，应在仓库内预先储备一定数量，这种配件称为备品，总称为备品配件，简称为备件。

备件管理是维修活动的重要组成部分，只有科学合理地储备与供应备件，才能使设备的维修任务完成得既经济又能保证进度。否则，如果备件储备过多，会造成积压，增加库房面积，增加保管费用，影响企业流动资金周转，增加产品成本；储备过少，就会影响备件的及时供应，妨碍设备的修理进度，延长停歇时间，使企业的生产活动和经济效益遭受损失。因此，做到合理储备，乃是备件管理工作要研究的主要课题。

7.1 备件管理的指导思想

随着人们对设备运行重要性的认识和对备件管理模式的不断探索实践，设备维修制度历经了事后维修、预防维修、预知维修，生产维修制度的发展和演变，使备件管理从经验管理走向科学管理，进而步入了管理创新阶段，各种新的备件管理模式应运而生。从现代设备管理的角度来看，没有良好的设备维修制度，就无法保证设备运行及性能的良好发挥。就单纯设备维修而言，备件库存越齐全、数量越多，维修越便利。备件管理模式的科学性既是开展设备维修的基础和根本条件，又直接影响到设备备件采购成本和资金占用。而现代备件管理的重心由管供、管用、管存转变为优化库存结构，压缩库存资金占用，降低备件消耗，降低备件采购成本，追求备件寿命周期内费用最经济。无论设备的复杂程度、技术水平高低如何，无论采取何种维修制度，设备维修与备件总是在不同程度上互相牵制，互相影响，互相依赖。其二者的关系最终都归结在企业的综合成本这一焦点之上。因此，研究设备维修制度与备件管理模式的关系，对企业实现设备管理效益最大化有着非常重要的意义。

7.1.1 事后维修模式的备件管理模式

设备事后维修制度也称为设备故障后维修，是指人们对设备运行状态，特别是对设备的故障和所需更换的备件不能进行预测，或不能进行完全预测，而设备和备件在无任何损坏信号及预兆情况下，出乎人们意料之外突然发生损坏时，人们所采取的最简单的维修模式，其本质上是指“根据需要”修补和更换设备零部件。它没有定期的维修计划，而只有在当设备无法工作时才开始维修。

设备事后维修是一种被动的维修方式，一般只用于那些廉价的、不太重要的设备或因费用等原因而采取的维修策略，但在我国企业设备管理中还普遍存在这种维修方式。尤其是当产品供不应求时，企业往往采取拼设备的措施，提高产量，采取事故检修方式。即使在发达国家管理比较先进的企业内，许多设备事故都出乎于人们的预料之外，因此，设备事后维修制度在一定程度上还是存在的。为了减少由于备件短缺或供货不及时造成的停产损失，备件储备是十分必要的，因此，必须强化备件计划管理的龙头地位作用，保证有效供给，不宜采取“零库存”管理模式。即使采取备件“零库存”管理模式，也应采取按储备定额要求，在需方设库的备件“零库存”管理模式。因此，造成备件库存的品种、规格型号以及数量大大增加，备件储备周期过长，备件占用资金过多。设备事后维修尽管有被动的一面，但是备件使用寿命得到了最充分的发挥，直至完全失去使用价值时才更换，备件消耗低。

7.1.2 预防维修模式的备件管理模式

设备计划检修是以设备的磨损理论为基础，根据设备的运行时间、作业率和设备备件的使用时间，为了防止设备意外损害及意外事故，执行定期的拆机检查和零部件更换。具体修理周期、维修内容及备件、润滑油、液压油更换等方案常常是根据设备生产厂家的意见和设备使用经验，预先对其劣化和缺陷部位进行维修及更换备件，进行一系列预防性的设备维修，以保证设备处于良好的运行状态。

设备预防维修制度是国际上典型的设备管理和维修制度之一，在我国企业设备管理中也普遍采取这种设备方式，如设备计划检修、设备大、中修等就是典型的设备预防维修形式，实践证明这是一种极为有效的维修策略。在设备预防维修制度下，可以提前制定设备及部件维修计划，可以有充分的时间进行设备维修资源的优化管理，其中包括备件的计划、采购、制作及储备等工作，使备件管理工作完全处于主动地位。由于设备预防维修是人为地确定设备维修部位、维修周期和备件的更换周期，备件的品种、规格型号及需求数量相对比较准确，即备件的使用上机率较高，很少导致备件的过剩和积压；由于设备维修的时间可以预定，备件的订购及储备周期也已确定。因此，采取设备预防维修制度时，应严格按照设备维修内容，制定备件采购计划，加强计划管理的决策及协调作用，提高备件计划的准确性。备件储备应采取“零库存”管理模式，特别是对设备大中修使用的关键备件，应根据确定的检修时间，采取“准时生产供应”管理模式，减少备件资金占用时间。由于设备预防维修制度的主要目的是为了保障设备（包括备件）的正常运行，对设备备件进行提前维修更换，其结果常是设备尚处于良好的工作状态便被拆修和重新组装，存在一些主要零部件虽无严重问题，却照常被白白更换掉的现象，造成设备维修和备件更换的盲目性，使备件的直接成本较高。因此，应把备件修复作为备件管理的一项重点工作，对更换下的设备、零部件重新按报废标准鉴定，通过推广应用“四新”技术，积极开展修旧利废，再造备件的二次寿命。

7.1.3 预知维修模式的备件管理模式

设备预知维修是用油液分析、振动监测、运行监测、诊断技术、测试技术、信号处理等手段对设备运行状态进行监测，通过监测系统状态，诊断设备的异常部位和劣化程度，以便制定具有针对性的设备维修计划或更换必须更换的备件，修复潜在的故障，避免不必要的停机事故。

实践证明，设备预知维修制度能有效地预防事故，特别是严重失效事故的发生，准确找出故障的部位及其原因，给出消除故障的有效措施，提高设备完好率及运行可靠性、减少维修费用，如在充分利用备件的使用寿命、避免过度维护等方面发挥了极其明显的作用，从而得到了工业界各领域的普遍认可。我国钢铁企业的大型轧机油膜轴承、发电设备、大型电机轴承、内燃机、压缩机、液压等重要设备都应采取这种维修制度。由于设备预知维修是在不停机的情况下运用测试等技术对设备及部件进行连续检测，对设备运行状态的信号收集和分析，并及时地发出警报，能发现设备和部件早期的失效并发现需要维修和更换部件的信号，同时又能在设备运行状况下较准确地找出即将发生的故障原因及部位，做到有的放矢地针对恶化部位进行修理或更换必须更换的部件，且维修停机时间短、针对性强、维修费用低、经济效果好。这就决定了备品备件在预知维修中处于主动的地位，可以做到备件计划、采购、储备管理具有很强的针对性，备件管理可采取“准时生产供应”模式和“零库存管理”模式。然而必须指出，设备预知维修的技术含量高、投入成本高，其对设备管理的贡献主要体现在综合管理水平上。

7.1.4 状态维修模式的备件管理模式

状态维修模式的主要形式是在设备预防维修制度的基础上将事后维修和预知维修相结合，即对重要设备实施预知维修，对非重要、不易损坏又无法进行周期更换备件的设备实施预防维修。

状态维修模式是目前国际上比较倾向采用的一种维修制度，其最大特点是既能保证生产的正常进行，又能降低维修成本，同时把先进的设备状态监测诊断技术用于预防维修之中，其维修周期的确定更加科学、更加符合生产发展的需要。在状态维修模式中，备件管理适宜采用“ABC”管理模式，即根据不同的生产维修对象，将备件分为A、B、C三类管理。

A类备件为事故件，主要是指那些使用寿命较长、重要程度高、难以预测更换周期，而一旦发生损坏会对生产产生较大危害的长周期关键备件。其特点是品种数量少、重要程度高、单位价值较大、占用金额大，其品种数约占全部备件总品种的5%~10%，资金占用或消耗额占总额的60%~80%。事故备件必须严格按照品种规格储备，储备量可根据同品种规格的装机量按3∶1比例储备，即三个备一个，同品种规格的装机量越多，事故备件的储备量越少。事故件一般无通用性，其技术含量较高、消耗很低、采购周期长、使用针对性强，因此不宜采取集中管理，宜采取分散管理办法，即谁用谁管的办法。在管理方式上，为了压缩库存，应投入较大力量精心管理，将库存压缩到最低水平；在订货方式上，按最优订货批量，计算每种备件的订货量，采用定期订货方式，订货量由预测决定；严格按品种、规格控制定额，严格控制库存。对那些专修性很强的设备，如专用机床、压缩机、水泵、起重机等设备，可采取专业化、市场化维修管理方式，采取由专用设备制造商或维修商承包责任制，备件储备管理在承包商方，由承包商进行设备维修、更换备件。

B类备件为计划件，主要是指那些可按计划维修的设备，在检修中定期更换的备件。其品种数约占总品种的20%～30%，储备及消耗资金约占总额的20%～30%，在管理方式上应严格遵守维修计划进行管理。一般根据设备维修计划的备件更换量按1∶1定额进行计划采购，适时调节库存量，严格控制库存，采取定期订货与定量订货相结合的订货方式，订货量为经济批量。适用“准时生产供应”管理模式，可尝试在供方为需方设库或在需方为供方设库的“零库存”管理模式。

C类备件为消耗件，也称为易损常耗备件，是指那些使用寿命短、价格低廉、损坏无规律，一般需经常更换的备件，如经常与物料接触的衬板、托辊、铲齿等备件。其品种数约占60%～80%，储备和消耗资金约占总额的5%～15%，其技术含量低、消耗较多、周期快、采购容易，消耗件的储备方式应相对集中，可根据同品种规格的装机量及满足实际消耗量的多少（一般应取6个月以上的平均消耗量），确定一个合理的最低储备量以满足生产的需要。宜集中大量订货，节约订货费用，采用定量订货方式，按订货点组织订货。以实现“双赢”为宗旨，供需双方共同研究实施无库存管理，可尝试在供方设库、在需方设库，由备件供应商按最低储备量备库，由备件供应商实施备件供应、价格、技术全面服务，用户按领用数量，定期结算。

综上所述，不同类型的维修制度都存在着积极和消极的方面，采用单一的维修制度去解决设备的全部维修问题是不现实的，不同的维修制度对备件管理的依赖程度是不同的。因此，企业应根据产品结构、设备的重要程度、技术水平、运行状况，不断探索采取先进科学的维修制度和备件管理模式，要做到方法得当、措施可行、运用灵活，不可生搬硬套。与此同时，还要不断探索实施备件“招标、比价、定质比价、单耗承包、总量承包、功能承包”等先进的备件采购方式，降低备件采购成本，才能取得设备管理效益最大化。

7.2 易损常耗备件的储备策略——“零库存管理”思想

易损常耗备件的储备策略宜采用“零库存管理”思想，即把经常与物料接触的衬板、托辊、铲齿等易损常耗备件，按生产单位产品所消耗的易损常耗备件的价值进行承包，定期按生产产品的数量折合成易损常耗备件的价值进行费用结算。一方面，鼓励备件制造厂家生产质量尽可能好的备件，以期单件备件生产的时间尽可能长，获得更高的利润；另一方面，备件使用单位可减少备件更换时间，延长设备作业时间，生产更多的产品，又可避免由于备件制造厂家由于追求利润最大化，制造备件时偷工减料，增加设备检修时间和备件消耗费用。

以下为易损常耗备件的储备“零库存管理”实例，为某单位2005年度295B电铲铲斗铲齿及保护件单耗功能承包的项目协议书的内容。

2005 年功能定额承包项目协议书

立项申请编号：　　　　　　　　　　　　　　　　　　　　　　　　　　协议编号：

<table>
<tr><td>承包项目名称</td><td colspan="4">295B 电铲铲斗铲齿及保护件</td></tr>
<tr><td rowspan="2">项　数</td><td colspan="3">全年预计发生量</td><td>承包方式</td></tr>
<tr><td>数量（台、件）</td><td>单价（元）</td><td>总价（元）</td><td rowspan="2">单位产量</td></tr>
<tr><td></td><td>1 台</td><td>0.12987 元/吨</td><td></td></tr>
<tr><td rowspan="2">甲　方</td><td>使用单位
（公章）</td><td colspan="3">经办人：
部门负责人：
主管领导：
联系电话：</td></tr>
<tr><td>设备处
（公章）</td><td colspan="3">计划科：
采购办：
专业科：
综合管理部：
主管处长：</td></tr>
<tr><td>乙　方</td><td>承包单位
（公章）</td><td colspan="3">经办人：
法人代表（签字、盖章）：
联系电话：</td></tr>
</table>

2004 年　月　日

一、功能定额承包的目的及欲达到的效果

1. 承包目的

大幅度降低库存，杜绝积压，减少流动资金占用，降低管理工作费用和损失，及时准确保证生产急需。

2. 评述上年度承包项目执行情况和实施效果（续包）

2004 年执行情况和实施效果综合评分为 98 分。

3. 本年度欲达到的效果

巩固该项目承包成果，使承包项目更符合生产和设备实际需要，保证生产和设备正常运行，彻底实现无库存管理，达到节约备件成本的目的。

二、承包内容及价格

295B 电铲铲斗铲齿及保护件，包括铲齿、中间护套、左右护套、上角护套、方坡护套、直护板、弯形护板、齿座销子、中号销子、小号销子。

1. 近三年价格及发生费用

项　目	设备备件名称	费用总承包金额（元）	单位产量承包价格（元/单位产量名称）	定点定项定价金额（元）	年发生费用金额（元）
2002 年	295B 电铲铲斗铲齿及保护件		0.12 元/米		4018972
2003 年	295B 电铲铲斗铲齿及保护件		0.12 元/米		4201357
2004 年	295B 电铲铲斗铲齿及保护件		0.11966 元/米		4517589

2. 2005年单位产量承包价格（含税、含运费）

2005年继包，审价定价，承包价格为0.12987元/米（以上价格均不含税、含运费）。

三、价格确定依据（附价格确定资料）

通过联审，因采用新加工技术，2005年承包价格为0.12987元/米（以上价格均不含税、含运费）。

四、甲方对乙方在技术、质量、工期、服务等方面的要求

技术要求：严格执行铲齿制作技术规程和标准，甲方有权检查乙方的备件质量，乙方要经常到甲方现场了解备件使用情况，并征求甲方意见，改进、提高备件质量。

质量要求：符合图纸及设备性能要求，达到正常情况下的使用寿命，保证周期内稳定运行，且现场无提前到限和损坏。因乙方备件质量原因影响甲方生产，甲方有权对乙方视情况进行经济处罚，并由乙方负责提供合格的备件。使用寿命要求：矿石产量20万吨、岩石产量30万吨。由于乙方质量问题，造成设备和人身事故损失的由乙方进行赔偿。

工期要求（包括供货方式）：满足生产需求，根据甲方需求，乙方保证随时送货至现场，并及时进行更换。因供货不及时影响生产一次，扣乙方货款500元。

服务要求：服务态度和质量优良，随时解决备件质量问题，满足甲方设备需求。

五、乙方的承诺及对甲方的要求

1. 乙方确保备件质量，确保安装尺寸合格；

2. 乙方在产品质量方面不得先好后坏，要始终以优质的产品供货，以确保甲方正常生产的需要；

3. 乙方要根据季节特点，做好冬季产品防脆、防裂措施的改进工艺，减轻甲方的维修强度；

4. 乙方负责安装及现场服务，发现问题要及时解决，做好承包售后服务；

5. 乙方经常深入现场服务，了解运行情况，保证生产；

6. 甲方应按安全技术规程操作，正确使用设备；按维护技术规程维护设备；及时将所包备件的运行和需求通知乙方；甲方应按技术标准及时对安装承包备件的铲斗本体磨损处进行修复处理；

7. 乙方无偿回收旧铲齿，甲方应提供现场装卸备件的条件，并负责办理修理备件的相关手续；

8. 甲方负责提供备件的相关图纸资料，确定技术要求，并负责质量验收；

9. 承包备件是否到限由双方共同确认。

六、违约责任及处罚办法

1. 因质量问题，影响生产一次，罚款500元；

2. 延迟交货，违约金的收取按“合同管理附件A第十五条”；

3. 连续违约三次，纳入设备处供方考核，给予警告、通报直至取消供方资格的处罚。

七、产品性能检测与验收方法、要求

保证备件符合图纸要求和设备技术要求；产品性能检测以承包备件正常情况下的使用寿命为依据。

八、费用结算方式

按月付款，以使用单位上报的计划和出具的认证单为依据，与设备处签订合同，按设备处的付款原则挂账付款。

九、交货、运输方式及费用

保证及时供货，取送由乙方无偿负责。

十、其他事项

供方需要到现场服务时，必须与生产厂签定“安全生产协议”。

其他未尽事宜由甲乙双方本着友好的方式协商解决。

十一、协议履行期限

本协议有效期：2005 年 1 月 1 日起至 2005 年 12 月 31 日止。

2005 年　月（　　　　）承包结算认证单

公章

序号	承包项目	总费用承包	单位费用	生产产量	结算费用	考核内容	考核金额	应付费用
1								
2								
3								
4								
5								
合　计								

车间主管人员：　　年　月　日　　车间主任：　　年　月　日

分厂机动室主任：　　年　月　日　　分厂设备副厂长：　　年　月　日

分厂生产副厂长：　　年　月　日　　分厂厂长：　　年　月　日

矿设备部主管工程师：　　年　月　日　　矿设备部部长：　　年　月　日

设备矿长：　　年　月　日

7.3 长周期备件的储备策略——备件的战略性伙伴关系的建立

由于长周期关键备件的使用寿命较长，一般为 3 ~ 5 年，而且备件价值较高，一般 5 万元以上，通常为独家专业或专利产品，备件的订制周期较长，通常为 9 ~ 12 个月，一旦损坏将导致设备长期停机，影响生产时间长，特别是进口关键设备的长周期备件更是如此，由于其他供货渠道供应的备件不能完全满足设备的使用要求，因此，必须锁定备件供货渠道和供货价格（避免由于市场因素导致的价格大幅度波动，影响企业成本预算）。

以下以某企业2006年度与美国比塞洛斯公司达成的战略合作关系协议内容为例说明。

备件战略合作关系协议书

双方明确备件供应明细如下：

295B 电铲长周期备件需求表

Line No.	Description	Description	Required Qty	P/N	Remark
1	推压一级小齿轮轴交流	Crowd Shaft & Pinion 295B3	1	D018162-01	
2	推压一级小齿轮轴	Crowd Shaft & Pinion 38T	1	D018126-01	
3	推压二级轴	Crowd 1 st Int Shaft 295B3	1	D018173-01	
4	提升一轴齿轮轴交流	Pinion	2	D016687-02	
5	提升一轴齿轮轴	Hoist Shaft & Pinion 19T	2	D016647-02	
6	提升二轴齿轮轴交流	Hoist Intermediate Shaft	1	D019463-02	
7	提升二轴齿轮轴	Pinion, Shaft 2nd Int Red 19T	1	D019465-01	
8	走行一轴	Propel Motor Drive Shaft	1	C104051-02	
9	走行末级齿轮轴	Trasverse Shaft & Pinion 11T	2	D017287-01	
10	走行末级大齿轮	Gear, Propel	2	D017288-01	
11	推压抱筒衬套	Saddle Block Liner Set 295B	2	D018583-01	

双方达成共识如下：

(1) 比塞洛斯和使用单位进入战略合作关系，使用单位承诺保证全部购买那些特定的配件。比塞洛斯按照计划生产并将这些备件运到新港的库房（以设备的检查及备件计划为准），在计划使用前2个月到达。使用单位应在协议签定30日之内预付所订购数额的30%款项，而后在从保税库提货前支付剩余的70%。年底结清在保税库中所有备件的款项。

(2) 对于那些选择的配件，使用单位将尽一切所能承诺从比塞洛斯购买，无需进行招标，尽量避免国产化那些计划了的备件。

(3) 使用单位需要承担购买配件时的运费，分担保税库里配件的存放费用。比塞洛斯存放这些配件到公共保税库，如果一年后这些备件没有消耗，须延期。使用单位同意进口在中国剩余的库存配件，并将所剩备件全部买下。

(4) 使用单位承诺每年从比塞洛斯购买配件，比塞洛斯同意储放等值的配件于保税库。如果使用单位承诺每年的购买量仅为120万美元，那么此数量就为120万美元。若一年间，使用单位要增加金额，比如250万美元，我们会相应增加库存至此金额。

(5) 比塞洛斯建立一个递增的模式,但由于有投资的费用,每年需要最少5%的涨幅。

(6) 使用单位需在使用备件的当年付款。

(7) 当领取配件时，使用单位需支付在最初的运费和相应的关税同时仅承担保税仓库库存费用的50%。

(8) 比塞洛斯中国员工将访问使用单位矿区并制定在此计划下将要采购的备件清单，该清单需由双方认可。

7.4　备件的修复管理

备件的修复管理已成为各企业降成本、反浪费、增效益活动的重要内容。目前，冶金行业的普遍状况是：企业设备固定资产投资大、设备运行环境较恶劣。随着冶炼强度的提高，设备的负荷越来越高，导致设备的有形磨损日益严重，备件的消耗逐年升高，所以备件修旧利废工作极其重要。然而，由于冶金企业的摊子大，人员多，机构层次多，所以成本指标中设备费用指标的承包与分解大多都是粗线条的，备件修复管理也较为粗放，导致备件修旧利废工作的统计考核与管理不细致。所以亟待确立备件修复管理中的技术和经济指标。

7.4.1　技术指标和经济指标的确立

7.4.1.1　技术指标的确立

为了修复废旧备件，常采用普通焊补、堆焊、热喷涂、喷焊、电刷镀并配合冷加工等技术；有的技术不仅可修复备件尺寸，而且还可强化备件表面。但对大量的修复备件而言，需采用修复备件寿命系数来衡量能否修复。修复备件寿命系数的计算方法为：

修复备件寿命系数 = 修复备件的寿命(月)/原备件的寿命(月)

为了充分利用修复备件寿命系数，必须做好原备件更换周期间隔的统计；而且还要根据以往采用相同或类似修复工艺修复的该种备件的寿命统计，来预测此次该修复备件的寿命。因修复备件的寿命是预测的，存在一定的误差，所以一般认为修复备件寿命系数至少大于0.15，该备件方可认为具备修复条件。

7.4.1.2　经济指标的确立

废旧备件是否值得修复可以应用反映设备有形磨损程度的经济指标系数来衡量。修复备件有形磨损价值系数为：

修复备件有形磨损价值系数 = 修复费用(元)/近期新备件再生产价值(元)

为了用好修复备件有形磨损价值系数，必须做好该种备件新入库价格的统计，而且还要做好废旧备件修复费用的计算与统计。因废旧备件修复费用的统计往往不全面（全部工序外委的修复备件除外)，存在一定的误差，所以一般认为修复备件有形磨损价值系数至少应小于0.15（A类备件与采用新工艺技术修复备件并使备件使用寿命提高者除外)，该备件方可认为值得修复。

7.4.2　备件修复管理中两项指标的综合应用

确立了备件修复管理中的技术和经济指标后，一般把所有修复备件寿命系数大于0.15、修复备件有形磨损价值系数小于0.15的废旧备件都列入修复范围，如有修复力量

（指人力、物力、财力）应组织修复。在修复中应优先考虑修复备件有形磨损价值系数，而后考虑修复备件寿命系数，以此原则来判断修复备件的先后顺序（上述原则主要适用于B、C两类备件）。

针对A类备件的修复，应优先考虑修复备件寿命系数，而后考虑修复备件有形磨损价值系数。修复备件寿命系数至少应保证大于0.17，修复备件有形磨损价值系数可放宽到小于0.17。符合该原则的废旧备件都应列入修复范围。

针对采用新工艺技术修复的特殊备件，如果不仅可修复备件尺寸，而且还可强化备件表面、提高备件使用寿命，这里仍然优先考虑修复备件寿命系数，而后考虑修复备件有形磨损价值系数。修复备件寿命系数至少应保证大于0.18，修复备件有形磨损价值系数可放宽到小于0.18。符合该原则的特殊废旧备件也应列入修复范围。

7.5 库房管理现代化

7.5.1 库存控制的目的

库存是指为了满足未来需要而暂时闲置的资源，存放在库房中的待用物资。一般情况下，企业设置库存的目的是防止物资短缺，避免供、产、销等经营活动的中断。适当的库存是企业生产经营过程所必备的，有利于协调需求和供给的矛盾，确保生产顺利进行。但是，库存既然是待用的资源，就会造成一定的浪费，如在存储过程中的物资丢失、变质等，并且会增加额外的物资管理费用和库房租用费用等资金消耗。另外，企业资源、资金都是有限的，用在库存上的资金多了，就会造成企业资金流通不畅，束缚企业业务的正常发展，还会影响企业对物资资源、人力资源等的合理配置和应用，造成浪费。因此，在现代化企业经营管理活动中，在满足正常生产的前提下，企业应力争使库存量逐步减少，甚至向零库存方向发展，以尽量减少企业的物资储备，加快资金周转，提高企业的生产效率。备件是企业生产中设备维护维修所需要的重要物资。为避免因备件短缺而造成的设备停工现象，必须保证足够、及时的备件供应。因此，备件库存有利于维持设备的正常运行，促进生产过程的连续性。同时也应考虑备件库存量的合理限额，尽量降低备件库存占用资金。对备件实行库存控制的目的，就是要实现两者之间的平衡，把备件库存量控制在既满足设备维修检修需要，又符合占用资金合理的原则。

7.5.2 库存ABC控制法

美国GE公司创立了库存ABC控制法，其主要思想是根据库存物资的价值来划分其重要程度，考察企业库存资金以什么样的程度集中在各类物资上，并根据这种集中程度，对不同类别的物资分别采取不同的库存管理措施。这种库存控制法灵活、简单、易用，长期以来为许多企业所采用。但是，备件的资金价值与其对生产的影响程度没有必然的联系。例如，某车身厂油漆线上所用备件，虽然价格不一定昂贵，但对生产进度和质量却能造成较大影响，是典型的关键备件；而某些价格较高的备件，因为可以通过预修预检预知其需求时间，所以并不作为关键备件。另外，各种备件的更新替换频率不一，消耗速度差异大，备件库存具有品种、规格繁多，占用资金多（例如，某车身厂库存备件达几千种，库存备件总值约占固定资产总值的 2% ~5%）等特点。这就决定了备件库存控制的特殊性，必须针对其特点采取专门的库存控制方法，才能达到库存控制的目的。

7.5.3 备件“3A”库存控制方法

针对备件库存控制的特殊性，按照备件对生产设备的重要程度来对备件进行等级划分和库存控制，是“3A”库存控制方法的核心思想。所谓“3A”库存控制方法，就是根据生产设备的实际运作情况，按照备件所属设备、所属部件和所属零件，在生产工艺中承载的生产负荷多少，以及影响产品质量的程度，来确定其重要性、关键性，进而确定该备件的等级排序。最关键的称为 A 类，其次为 B 类，再次为 C 类。据此，可分别把设备、部件和零件分为 A（关键）、B（重要）、C（一般）三类。对每个备件从这三个方面来进行考察，每个方面又可按三个等级来衡量。例如备件甲，是关键设备的关键部件上的关键零件，其等级标识即为 AAA；备件乙，是关键设备的重要部件上的一般零件，其等级标识即为 ABC。以此类推，就划分出从 AAA 到 CCC 共 27 类具有不同关键性等级的备件，根据不同的等级就可采取不同的库存控制方式。备件“3A”库存控制方法，能全面地考察备件的品种，细致地分类，便于根据具体等级采取有针对性的控制方法。但是，在实际运用过程中发现，由于备件的分类从备件所属设备、部件和零件这三个属性来考虑，对某个特定的等级，很难准确恰当地把握其重要程度，并采取合适的控制方式，而且由于等级过于复杂，加上备件种类繁多，导致分类工作任务艰巨，管理混乱，效率低下。这种不理想的库存控制状况，促使人们在实践中继续探寻更加合适的库存控制方法。

7.5.4 备件 ABCD 库存控制方法

以库存 ABC 控制法和备件“3A”库存控制方法为基础，结合实际生产运行情况，提出备件的 ABCD 库存控制法。与备件“3A”库存控制方法的分类不同，ABCD 库存控制法不是从备件的所属设备、部件、零件这三个方面来划分等级，而是直接根据备件对生产状况的影响程度、故障和损耗规律、供应渠道的敏捷程度和资金占用等对它进行分类，各分类标准优先级别依次递减。该分类方法的主要特点是对备件特性进行充分地研究和分析，利用预修预检对备件消耗进行预测，并以满足客户和市场需求保证生产不间断为指导思想。备件的具体分类如下：

（1）A 类备件。该类备件在整个设备中处于“牵一发而动全身”的地位，其故障和短缺往往会造成设备停工。这类备件由于安装位置、工艺特性等因素，无法对其进行预修预检，或预修预检也无法发现其故障和损耗。

（2）B 类备件。该类备件虽然对设备正常运行也起很重要的作用，但可以通过预修预检对其进行技术分析，以此预测其需要更换的时间，或可以通过对企业内该类备件的日常更换、报废情况，进行长期跟踪和统计，分析得到其故障规律和损耗规律（即故障等可预见或可统计）。

（3）C 类备件。该类备件为用量大、更换频繁的小备件。一般来说，该类备件种类很多，比较难确定。因此，在具体实施过程中，把既不属于 A 类，又不属于 B 类，也不属于D类的备件，设定为C类备件。

（4）D类备件。该类备件采购渠道畅通敏捷，可及时获得，并且其短缺对企业的正常生产在短期内无重要影响。针对不同备件别的特点，可分别采取合适的库存控制策略，以达到在保证备件不短的前提下，备件库存占用资金最低的库存控制目标。

需要指出的是，这里库存控制策略中所提到的采购量，均没有考虑在途库存、实际可用库存以及经济批量等问题，在实际运用中，可以根据具体情况对采购量做出调整。

7.5.4.1 A类备件的库存控制策略

由于A类备件对企业正常生产有重要影响，且处于非常关键的地位，必须严格跟踪和控制此类备件的库存量，保证不出现短缺。因此，对该类备件的库存采取随时检查、随时补充的控制策略，使其库存始终保持恰当的数量，即日常标准库存量。在此，将日常标准库存量设定为一个采购周期内的最大可能消耗量。其中“采购周期”定义为：库房向采购部门提交物资采购申请起，一直到物资入库完毕的时间跨度。一个采购周期内的最大可能消耗量，可以通过对该类备件历史消耗数据在一个采购周期内的最大值加上合适的裕度值得到。该裕度值可参考当前生产负荷情况和备件的实际投入使用量来综合确定。一旦实际库存低于日常标准库存量，库存管理部门必须立即向采购部门提交采购申请，采购量为日常标准储备量与当前库存的差值。库存管理部门必须对该类备件的库存精确测算，定期盘点核查。

7.5.4.2 B类备件的库存控制策略

通过预修预检，跟踪备件的运行状态和故障征兆，收集有关记录和资料，然后由设备技术人员针对各类型设备存在的问题，总结备件损耗规律，分析出备件替换更新的时间周期。对于B类备件，若在预修预检过程中发现更换需求，或由损耗规律预测出有更换需求，则应根据经验和规律确定其最早需求时间，并以此提前一个采购周期进行采购和储备。采购量为预测需求量，采购周期定义同上。这种库存控制策略，既保证了需求备件的及时补充，又使备件的存放时间尽量减少，甚至不在库房存放，有利于降低库存占用资金。但是，采用这样的库存控制策略，要求B类备件的平均更换周期应长于其采购周期，因为只有以预测出的需求时间为基准来安排采购，才有实际可行性。在确定B类备件时，对此应予以充分考虑。

7.5.4.3 C类备件的库存控制策略

通常，在备件种类划分过程中，把不能确定为A、B、D三类的所有备件都划分为C类备件。这类备件用量大、种类多、更换频繁，是库房中储备的主要物资，占用资金在四类备件中是最大的，因此，控制好这类备件的库存量是库存管理工作中的重要部分。一方面避免了严格控制、连续检查带来的巨大工作量；另一方面能让库存量基本保持在一个既不会短缺，又不会过大的适中水平。对C类备件来说，这是一种理想的库存控制策略。

7.5.4.4　D 类备件的库存控制策略

为了避免物资在库存保管中的损耗，尽量减少库存占用资金，对不会严重影响生产的且可及时获得的 D 类备件物资，采取“零库存管理”策略。“零库存”是一种特殊的库存概念，即在生产和流通中物资的库存量为“零”。在 D 类备件“零库存管理”策略的具体实施过程中，当生产车间发现该类备件有需求时，及时向采购部门提交采购申请；采购部门接收到审批后的采购申请单，立即向供应商发出订货请求；供应商随即发货；到货后，采取“一进一出”控制流程，即由采购部门验收、库存管理部门进行入库登记后，直接将备件发向提交采购申请的生产车间，从而取消了备件实际入库环节。从发出采购申请到实际领用，整个过程环环相扣，简捷直接，既保证了所需备件的及时供给，又把该类备件的占用资金降到“零”。“零库存”是 D 类备件物资的最合适、最理想的库存控制策略。

7.5.4.5　ABCD 库存控制法中备件类别的转化

ABCD 库存控制法中备件的 A、B、C、D 类别并不是固定的，而是随着企业实际状况的变化而不断调整的。例如，通过技术工人的不断统计分析，以及技术水平的不断提高，逐步掌握了某些 A 类备件的故障规律和消耗规律，此时就可以把这些备件重新划分为 B 类备件。采取预测需求时间，提前一个采购周期补充的库存控制策略；通过采购部门不断地寻找、选择最佳供应商，使某些 C 类备件的采购也能够做到随时要货，随时供货，此时，就可以把这些备件重新划分成 D 类备件，以采取零库存的库存控制策略。总之，随着对备件认识的不断加深，供应渠道的不断优化，企业运作的不断调整，备件库存控制逐步向库存量不断降低、占用资金不断减少的方向发展。

7.6　备件消耗的计算机和财务实时控制思路

由于企业备件消耗资金受消耗定额制约和财务预算制限制，备件消耗不可能无限制满足消耗要求，为了更有效的控制备件的实物消耗和资金消耗，近期不少企业将备件消耗计划、领用流程、与财务预算控制系统联网，形成计算机网络控制系统，实行实物、资金双向限制，保证企业生产成本经营利润的完成，以下是某企业实现备件计算机网络控制程序的应用实例。

举例说明某企业备件消耗计算机网络控制程序实现过程：

（1）首先依据企业资金预算制计划，把备件消耗资金分解到可控最小单位车间（或设备机台），计算机将以该最小单位进行月份备件消耗资金自动累计控制。

（2）依据备件消耗资金预算制定控制流程，为了简化审批程序，提高工作效率，该企业规定：每月在资金预算内的消耗计划，可直接通过网络申报领用计划，履行领用手续，如图 7-1 所示。由于该系统与整个公司系统备件库存联网，所以领用人员只需用自己的电子钥匙进行网上确认即可在网上选用所需备件，减轻了大量手工写票作业和到处找人进行审批的路途手续损失。

（3）计划外备件消耗计划包括月份备件计划以外的其他备件，计划内备件计划

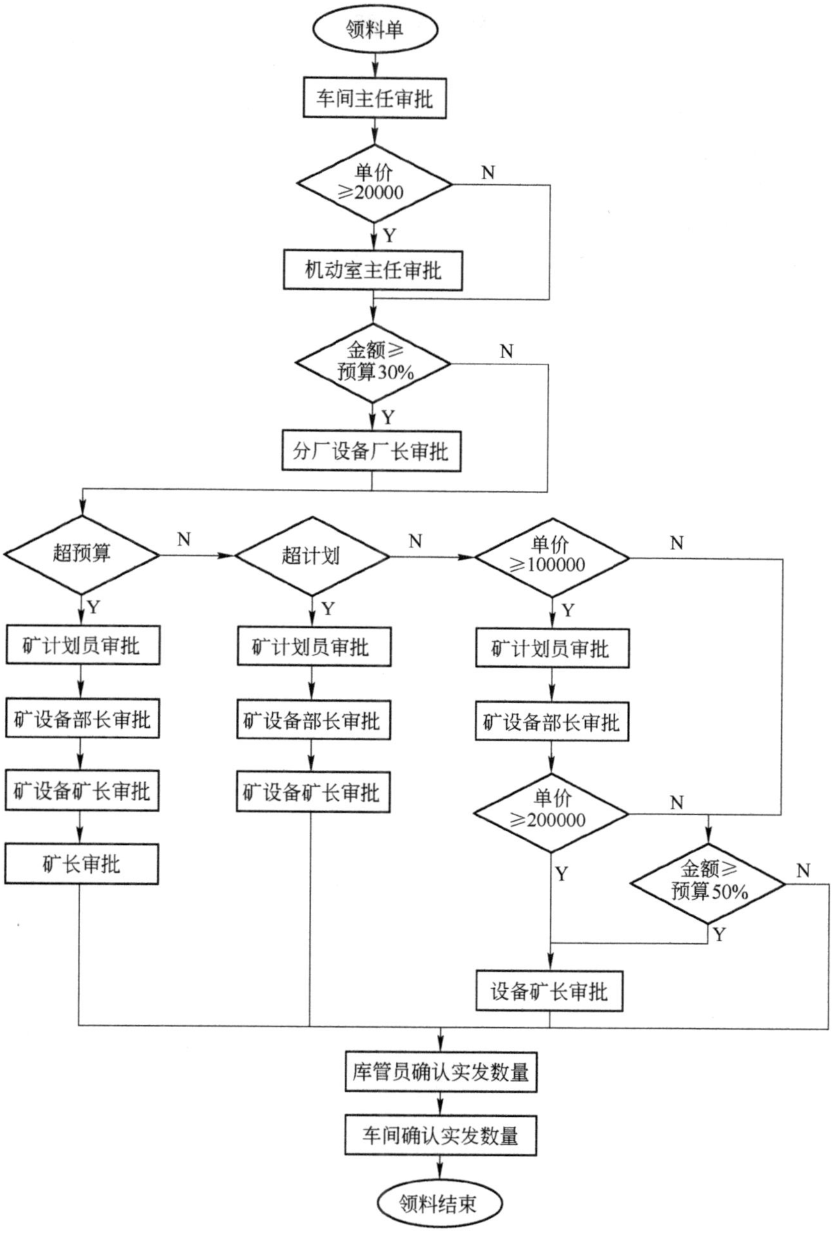

图 7-1 供应站普通领料单审批流程

消耗数量超领部分和超出计划资金的部分，均须严格履行计划外审批程序，层层控制。

(4) 财务人员可实时通过网络查询备件资金消耗情况，由计算机进行自动统计备件消耗名称、数量、规格型号、消耗金额等，进行财务预测，实现资金平衡和预报功能。

(5) 最后，每月财务通过网络进行结算，并进行备件科目分类确认，完成备件从计划到订购、领用消耗、费用支付、结算、统计的全过程计算机网络控制功能。

思　考　题

1. 简述各种维修模式的备件管理方式。
2. “零库存管理”思想是什么？
3. 如何建立备件的战略性伙伴关系？
4. 现代化库房管理有哪些控制方法？
5. 如何实现备件消耗的计算机网络控制？

8 能 源 管 理

企业生产产品，除了原料之外，必不可少的物质因素之一是能源介质（包括水、电、气、风、暖等）。一般企业购入能源占总成本的20%左右。从能源在企业成本的这一比重可以说明其在产品生产中的重要位置。在能源日益短缺的今天，企业更是加大对能源的重视程度，除了采用新技术、新设备之外还在管理上下功夫，节能降耗、降低成本，使产品立于不败之地。因此，如何搞好企业能源管理，使之最大限度地满足企业生产与发展需要是企业能源管理者亟待解决的问题。

8.1 企业能源管理的基本理念

随着能源的自然资源逐渐减少和能源价格不断上涨，及企业竞争的日趋激烈，加强能源管理及开展节能工作尤其重要，它直接影响企业的生存和发展。

能源作为企业原材料的一个组成部分，人们往往把能源管理作为一般的物资管理看待。但是，能源是任何一种产品生产中都必须消耗的物质资源，并且在生产过程中必须保证连续供应，如果供应中断，即使是短暂时间，都会迫使生产停顿，甚至造成严重事故；能源作为燃料动力，虽不构成产品本身实体，却是各种生产过程得以实现的必须条件。由于能源的各种特点，决定了能源管理的特殊性和复杂性，它在很多方面不同于一般的物资管理。

企业能源管理的目的是为了保证企业用能的需要，促进能源利用率的提高，也就是要以最少的能源消耗，取得最大的经济效益，简单来说，企业能源管理的目的是通过提高能源利用率的途径来提高企业的经济效益。能源管理有它的管理对象、管理方法和管理过程。例如，通过能源计量、统计、定额管理，实施对能源使用的监督，加强能源输送、贮存等环节的管理，减少能源损耗率。采用节能的生产工艺和技术装备，提高生产过程和设备的用能效率等。能源管理的各种措施都是为了达到提高企业能源利用率的目的，能源使用合理与否，直接影响到生产效率、产品产量。随着能源科学管理在企业管理中的重要作用日益被人们认识，从组织和技术措施上全面加强能源管理将是提高整个企业管理水平的一个重要方面。

能源管理是为达到一定的能源经济、环境与社会目标，通过计划、组织、监督与控制等方法，充分有效利用能源的管理活动。能源管理的目标是合理利用能源，提高能源利用效率，保证社会经济持续、稳定、快速发展，节约能源，改善环境。能源管理实质是在不影响产品产量、质量、安全和环境标准的条件下，开展科学有效利用能源的活动。能源管理工作的基本原则是成本效益原则。节能项目的实施取决于技术与财务的合理性。

我国能源生产与消费总量很大，但人均能源占有水平偏低。我国能源消耗的现状表明，珍惜能源，节约能源、加强能源管理，充分利用有限的能源，是我国的唯一选择。能源管理分为宏观和微观两个层次。宏观能源管理指国家各级政府建立能源管理体系，制定能源法规、政策进行能源管理；微观能源管理是企业的能源管理，它是企业管理的重要内容。我国政府对人口、资源与环境问题十分重视。节约能源是我国经济发展的一项长远战略方针。

能源管理与企业管理存在有机联系。能源管理是企业管理的一个有机组成部分，它与企业的设备管理、生产管理、技术管理、计划管理等方面关系密切，并相互作用，互为影响。能源管理的好坏影响企业的其他管理。例如，如果能源管理不善，能源能不按质按量按时供应，将给企业的设备管理、生产管理、技术管理、计划管理等方面带来各种不利因素，使企业生产不均衡，产品质量下降，设备负荷不正常，甚至造成生产计划完不成等不良后果。同样，如果企业的安全管理、生产管理、设备管理等方面不正常，经常发生生产事故，生产计划失调，设备严重失修，这样造成企业的生产效率不高，而能源消耗并不减少，结果使产品用能单耗必然增高，影响企业能源利用率水平和经济效益。

能源管理水平的提高，不能脱离整个企业管理水平的提高。能源的合理利用和有效利用，除了决定于工艺方法、生产手段和操作技能等技术条件外，更以生产组织的合理性和企业的设备管理和经济管理水平的高低为前提。例如，合理组织生产，提高设备的作业率和负荷率；加强设备管理，提高设备寿命，减少停歇时间等，企业管理和能源管理这些方面的改善，都将为节约能源消耗，提高能源利用率，带来很大效果。

8.2 节能潜力的分析

能源是指煤炭、燃油、天然气、电力、焦炭、煤气、蒸汽、汽油和柴油，以及氧气、压缩空气、鼓风和水等耗能工质。节能就是充分发挥能源利用效果，力求以最少的能源消耗获得最大的经济效益。节能包括直接和间接两个方面。提高能量利用效率，降低单位产品能耗称为直接节能；在生产过程中通过减少原燃材料消耗，提高产品质量等做到间接减少能源消耗量，则称为间接节能。

通常将节能划分为三个阶段。第一阶段：通过加强能源管理，提高操作水平，消除能源浪费，以及调整产品结构；第二阶段：采用技术革新措施，对设备进行局部改革，部分地提高能源利用率；第三阶段：整体的提高能源利用率，诸如实施企业运行制度的最佳化，采用新的省能工艺，新型高效率设备，向大型化方向发展等。

节能潜力蕴涵在能源浪费之中：

(1) 能源没有经过任何使用而白白损失掉。此系指明显的能源浪费，如能源的跑、冒、滴、漏、长明灯、长流水等。

(2) 能源的超功能使用。如冬季取暖温度过高，夏季空调的冷却温度过低及照明灯超过需用的瓦数等，在生产领域中能源超功能使用的实例更是随处可见。

节能潜力蕴涵在能源损耗之中。一切能源从开发、加工、输送、转换和消费的全过程，都是通过各类能源材料、器具和装备来实现的，因此其效率不会是百分之百。能源损失是不能消灭的，但是可以减少。挖掘能源损耗潜力如下：

(1) 耗能设备制造中的能源损耗潜力。各种耗能设备出厂时就存在着较高的耗能损失率，耗能设备制造厂生产节能产品，其目的就是挖掘耗能设备中损失率的潜力。

（2）耗能设备运行中的能源损耗潜力。各企业由于安全条件和生产工艺的要求，因此有些耗能设备都有备用设备，其设备开动率不会是百分之百。因此，在完成同样生产任务条件下，就存在着多种运行方式，其间各种设备的耗能参数存在着较大差异。

节能潜力蕴涵在能源消耗之中。能源消耗可分为有效消耗和无效消耗。有效消耗系指完成生产所需要的最低能源消耗量；无效消耗则指超过有效消耗的部分。挖掘无效消耗的节能潜力有：

（1）生产工艺中能源无效消耗的潜力。在完成同一生产任务条件下，按不同工艺生产，其耗能量则不同。

（2）余热和余能的节能潜力。余热和余能系指能源流程中所排除的无效热量和无效能量，提高余热和余能重复利用程度就是节能潜力所在。

节能潜力蕴涵在能源管理薄弱环节之中：

（1）能源管理上严重存在着“鞭打快牛”现象。企业对能源指标的控制和对耗能量考核等，往往采用“一刀切”与过去的纵向对比法，这就必然造成去年能源消耗少的先进单位吃亏，即完成节能指标很难，而去年能源浪费大的企业反而占了便宜，很容易完成节能指标。这种做法，促成企业有能不敢节，有潜不敢挖。

（2）能源管理上奖惩不明。

（3）能源管理标准低。目前很多企业仍然处于用能不管能，或者是能源管理仍然处于行政管理阶段，而没有过渡到科学管理阶段。

8.3 企业基础能源管理

8.3.1 建立能源管理体系

8.3.1.1 企业能源管理机构的设置

企业能源管理工作是一项综合性很强的工作，涉及厂内许多部门和许多环节，也涉及生产班组，要使能源管理工作层层落实，必须建立企业能源管理网。企业应设置以分管能源的副厂长为主，其他有关供能、用能单位领导班干部、厂部有关职能科室负责人参加的节能领导小组，作为企业节能工作的决策机构。下设节能专职岗位，对企业全面能源管理起到综合、协调与监督的作用。企业各车间应设置节能小组，生产班组设兼职节能员，形成企业、车间、班组三级节能网。企业能源管理网不仅包括纵向的管理体系，还应明确规定能源专职管理部门与有关能源管理的职能科室之间的横向联系，构成全厂纵横交织的能源管理网络。

8.3.1.2 企业节能管理部门和职责

企业节能办公室的主要职责如下：

（1）贯彻落实国家、地方和行业主管部门的有关节能方针、政策、法规、标准，并对其执行情况进行督促和检查；

（2）具体组织开展企业的能源利用普查、能量平衡测试和能量审计工作；

（3）具体组织编制企业节能规划，节能技改计划和年度节能计划，并汇总到全厂发展规划和年度计划中；

(4) 参与审查企业改、扩建工程设计，正确选用节能新工艺、新设备和新材料，抓好节能项目的竣工验收和效果鉴定工作；

(5) 会同有关部门组织开发、推广、应用节能新技术、新工艺、新设备和新材料，总结交流节能技术和经验，组织开展节能合理化建议活动。

(6) 负责对企业各单位用能进行计量监督、统计监督、标准监督和节能检查工作；

(7) 按月、季、年做好能耗分析，编写节能简报、节能工作总结和各种节能报表，建立节能管理技术档案；

(8) 根据企业节能奖罚制度，审核厂内各单位的节能奖惩报告，提出节能资金分配方案，报厂长批准后实施；

(9) 协助企业宣教部门组织节能教育和技术培训，提高职工节能意识和技术素质。

车间节能小组的主要职责如下：

(1) 负责本车间节能工作的原始记录管理和各项能源统计，定期向企业节能办报送能源统计报表；

(2) 监督检查本车间能源使用情况，对浪费能源、违反能源管理制度现象，要进行制止并追查责任；

(3) 密切结合本车间生产工艺和管理业务，制订合理用能的工作标准、技术标准和节能措施；

(4) 按规定的能源供应指标和能耗定额，合理组织生产，将节能工作纳入班组经济核算和劳动竞赛中；

(5) 对本车间耗能设备加强管理，保证设备经常有经济状况下运行，堵塞“跑、冒、滴、漏”；

(6) 广泛开展节能宣传教育，总结交流、推广应用节能措施。

班组节能员的主要职责如下：

(1) 组织各岗位正确使用能源，维护好耗能设备、器具、保温隔热设施和能源计量仪表；

(2) 组织各岗位，及时准确地填写有关能源的原始记录和指示图表；

(3) 对违反能源管理制度和合理用能标准等现象，要及时制止、登记或向上级反映；

(4) 协助车间进行节能教育，开展节能合理化建议活动，总结交流、推广应用节能经验。

8.3.2 健全企业能源管理制度

企业能源管理部门要依据国家的能源方针、政策、法令、规定和标准，结合企业生产工艺和设备特点，制定一套相应的规章制度，明确规定企业内部各有关部门在能源管理工作中的相互关系；能源从进厂到验收、发放、使用、节约等各个环节的管理要求和技术标准，以及企业各级能源管理人员的分工和岗位责任制。

企业的能源管理制度包括的内容主要有：用能管理制度、定额管理制度、操作管理制度、设备管道检修制度、能源计量管理制度、能源统计与分析制度、考核评比与奖罚制度、能源管理岗位责任制等。

8.3.3 加强能源计量管理

企业能源计量管理原则：(1) 要在设置企业计量机构的同时，统一考虑能源计量管理，配备必要人员；(2) 制定能源计量测试点网络图和计量配备规划；(3) 建立健全能源计量管理制度；(4) 制定计量标准，严格计量监督；(5) 明确能源计量专职管理部门的基本职责和任务。

能源计量器具的配备原则：(1) 在能源计量器具的选型、准确度、稳定度、测量范围、数量等方面满足按产品制定能耗定额，实行耗能定额管理的需要；(2) 要适应行业、产品和使用能源和特点，按工艺流程线绘制企业能源计量点网络图，编制配备规划；(3) 根据配备规划，对计量器具合理选购、合理安装调试和检定验收，维修实行统一管理；(4) 实行生产与生活、厂内自用与外销转供、全民和集体用能分别计量；(5) 能源计量器具配备规划的实施，必须结合生产实际，分期分批逐步完善；(6) 对新建或扩建企业，必须具有与生产相适应的能源计量器具配备，符合规定的才批准开工生产；(7) 企业更改资金、低值易耗专用资金、技术改造措施费用应首先保证能源计量器具配备的需要。

8.3.4 有计划、有步骤地搞好企业能量平衡和电平衡

企业能量平衡和电平衡是提高企业能源管理水平，推动企业节能技术改造的两项基础性技术工作。企业能量平衡和电平衡通过准确完善的能源计量和统计，严格的测试和精确计算，可以直观地反映企业用能情况和水平，全面掌握企业各种能源的购入、分配、转换、使用等各个环节的情况和规律，计算出主要耗能设备的能源利用率，产品的单位能耗、综合能耗、可比能耗和企业能源利用率，有计划开展用能设备的热平衡测定和企业能量平衡，为改进热工操作，进行节能技术改造和提高企业能源利用率，提供科学依据。

8.3.5 加强能源定额管理

企业的能源定额，经群众讨论、领导审查后，报上级主管理部门审查批准执行。在执行过程中，要坚持专业管理和群众讨论相结合，做好原始记录和统计分析工作；同时要建立健全定额供能制度、消耗定额分级管理和奖惩制度等，真正做到定额管理生产、指导生产、监督生产，以最小的消耗完成更多的生产任务。

能源消耗定额的贯彻执行中，还要经常检查分析，了解执行情况及所取得的效果，以便及时总结经验。检查方法有统计分析和实际查定两种，一般情况应把两种方法结合进行。由于实际生产过程中影响能耗定额的各种因素不断变化，必须在不断分析执行情况的基础上修改能耗定额。修改定额有定期修改和临时修改，修改期的长短要考虑企业的生产类型、生产周期、产品品种、技术先进和复杂程度及工人技术水平的提高等。一般的单项定额一年修改一次，但遇到下列情况，对完成定额有重大影响时，可做必要的临时修改：

(1) 发现定额脱离实际或计算错误时；

(2) 产品结构、用能设备和生产工艺有重大改变时；

(3) 提高了生产率或改进了操作时；

（4）能源的品种、规格、质量等发生了重大变动时。

能源管理的另一个重要环节是考核和奖惩。定额考核的主要方法是“对比分析法”，即将制定的能耗定额与执行能耗定额的实际结果进行比较，从而找出偏差的幅度，并分析研究产生偏差的原因，以便及时采取必要的措施。为了进一步调动企业和职工的节能积极性，达到节能降耗、提高经济效益之目的，能耗定额考核必须与实行严格的奖惩制度相结合。节能奖惩的形式有很多种，以能耗定额考核为基础的节能承包经济责任制有按生产任务、耗能量和节能量承包；有按能耗定额承包，实行分等计奖；有按节能技术改造项目工期、资金和工程质量承包计奖；有按用能总量承包计奖；有按节能目标承包计奖。不论采用哪种形式，都要做到多节多奖、少节少奖、不节不奖。

合理组织生产，加强用能设备的管理很重要。就企业内部来说，生产组织不合理，生产环节不平衡，供能与用能环节不协调，大马拉小车，低负荷生产等，是造成能源浪费的重要因素。因此，企业必须严格控制设备空转和待料时间，建立和完善设备开停制度，按规定的作业率组织系列生产，尽量做到设备满负荷运行，以节省能耗。同时，要加强设备维护，杜绝“跑、冒、滴、漏”，减少散热损失。

8.3.6 加强能源供应管理

能源供应部门和生产转换部门，对一次能源的购入、发放，二次能源的生产、供应，均应严格执行检验计量制度，并严格质量检验。凡质量与价格不符的、（煤炭）途耗超过规定标准的应查找原因。燃料供应部门应组织好燃料的供应、分配和保管，做到管供、管用、管节约。煤炭、焦炭的贮存场库，应完善防风、防雨、防火和防盗措施，以减少流失损耗，对煤、焦卸车要严格执行卸净、清底的制度。

8.3.7 推进技术进步

新建、改建和扩建工程项目，必须采用合理的高效率的设备和先进的工艺，凡工程项目的可行性研究和初步设计，都必须有合理利用能源的专题论证。耗能量大的重大工程的设计文件要有能源专篇，能源指标要达到国内一等能耗标准，力争达到国际先进水平。凡新增设备必须选用节能型产品，对在用的国家已公布淘汰的机电产品和超过能耗标准的设备，做出限期停用或更新改造规划。要积极组织节能应用技术的研究和推广，积极吸收，消化引进项目中的节能新技术，加强节能技术攻关工作。

重点节能措施如下：

（1）低效风机、水泵的更新改造，提高系统效率，包括采用微阻缓闭止回阀和管网改造；

（2）高频可控硅调压装置；

（3）交流电机调速节电；

（4）电动机及其附属装置节电措施；

（5）热处理炉采用硅酸铝等新型保温材料；

（6）照明采用新光源和光电自控装置；

（7）电弧炉、矿热炉等的短网改造；

（8）烧碱、电解铝等电解槽降低槽电压；

(9) 重点耗电设备和工艺采用微机监控;

(10) 推行热处理、电镀、铸锻、制氧等专业化生产。

8.3.8 开展节能宣传和技术培训

开展节能宣传和技术培训，积极引导广大职工主动参加各项节能活动，把提高能源利用水平建立在职工高度政治思想觉悟和科学技术水平普遍提高的基础上。

节能宣传教育和技术培训的主要内容：宣传党和国家的能源及节能方针、政策、当前和长期的能源形势和节能必须性、节能潜力和采取的措施；普及能源和节能的科技知识、能源技术基础理论和实践经验；推广节能新工艺、新技术、新设备和新材料，推广节能先进经验等。

节能宣传教育和技术培训的主要方式：采用黑板报、宣传画、节能报刊、广播、电视、录像、讲座等各种形式宣传；开展节能知识竞赛、举办节能展览会进行宣传；举办节能专业技术培训班、能源管理培训班进行短期培训和轮训，选派人员到大专院校、研究单位进修和培养等。

8.4 计算机网络系统在能源管理中的应用

8.4.1 能源数据采集系统的现状与需求

能源是关系国计民生的重要资源。对于大、中型生产企业来说，为了更佳地资源调配、组织生产、部门结算、成本核算，需要建立一套有效的自动化能源数据采集系统，对能源供应进行监测，以便企业实时掌握能源状况，为实现能源自动化调控打下坚实的数据基础，同时方便企业的计量和成本核算工作。

企业生产需要的能源主要有：电力、水、煤气、煤等能源，能源主要供给企业生产、职工生活的需要。因此，能源数据实际上就是能源供给数据，而能源供给数据主要有三种形态：能源供给状态数据、能源供给整点数据、能源供给累加数据。

各大、中型生产企业已经认识到能源数据对于企业管理的重要性，并采用各种仪器、仪表对能源数据进行采集，并派专人对仪器、仪表、与采集的数据进行现场维护、抄取，能源管理部门把仪表记录的数据曲线和累积数据收集起来进行统计、分析后形成数据报表提供给决策部门。因其数据量大，工作十分繁杂，再加上仪表的记录误差、数据统计和分析中的人为因素等，原来动力数据的管理工作已不适应现代化生产和企业管理对计量工作的要求。随着企业信息化的不断推进，对企业内部计量数据的采集和传递的要求越来越高。随着计算机技术发展的日新月异，计算机技术在工业生产中的应用越来越广泛，给数据管理的科学化和合理化指明了方向，用计算机管理来代替人工进行数据的统计和分析等数据管理工作已成为必然。

8.4.2 能源数据采集系统的设计原则

功能设计的原则：功能设计是为如何实现总目标而制订的。功能设计是在综合能源政策、能源管理现行状况、能源工艺、能源计量以及本企业能源系统将来发展的情况等，在计算机和通讯网络具备条件的基础上，通过反复研究提出能源数据采集系统对能源管理达到什么样的水平，实现哪些任务，才能达到总的目标要求。这些任务的具体化、信息化，就形成了计算机所要实现的功能。

信息处理的原则：信息处理是为了实现所设计的功能而进行的，把能源生产、使用过程中各种采集来的信息，经过计算机进行数据化处理后，变成能源生产及管理有用的信息。在处理方法上，是以能源各种系统为基础，以厂或单种能源基本单位为单元进行信息处理。

信息采集的原则：信息采集的原则，一是按系统进行采集，二是按区域混合进行采集，也可以根据能源的特性适应分开地进行采集。如电力就可以按系统进行采集，动力量和固体量可按区域进行混合采集，根据各种能源检测点的自然分布情况，尽量照顾以厂、站、所、室为基本单元进行合理地混合组合以确定采集站和分站的划分。

计算机网络系统配置的原则：在信息采集和信息处理原则的基础上，可按生产流程区域设若干个区域分站与中心站通讯，各分站下设几个数据采集站。关于采集站与分站的计算机采用什么样的型号，它们之间的连接采用什么样的方式最经济，各分站计算机与中心站计算机怎样连接，它们之间的传输速率和通讯功能如何，这需要根据企业的具体情况来确定。

8.4.3　数据采集系统的实现

根据系统功能要求和信息采集区域的划分，建立若干个采集工作站，每台采集工作站连接若干 I/O 站，每个 I/O 站连接若干仪表。各个 I/O 站之间通过通信电缆串联接入采集工作站，如果距离较远，可以增加一个中继器来放大信号。各个仪表采取就近原则接入 I/O 站的模板中。采集机通过 PLC 将连接的各个仪表信号采集上来，通过自行开发的采集程序将 PLC 采集到的数据信号从 PLC 中取出。由于采集工作站直接和公司内部主干 Internet 互联，所以采集程序直接将取出的数据送至主干网数据服务器的数据库。对于远离厂区、无法铺设线路的采集数据点，可采用 GPRS 无线传输采集方式将数据采集到数据服务器上，在测量点上绑定手机模块，分配给该模块一个手机号。采集工作站利用该手机号登陆到移动公司的 GPRS 网络服务器，通过该服务器采用 Modbus 协议连接到手机模块进行通讯，将数据采集上来传到内部主干网上的服务器上。

数据采集系统结构如图 8-1 所示。

数据采集程序的特点：数据服务器采用传统的关系型数据库，系统应运行稳定，对测量点瞬时值与累计值的采集具有良好的实时性和可靠性，满足用户的需求，扩展性好，程序修改方便。如果采集工作站与数据服务器网络不通，采集程序将数据保存在本地数据库中，待网络恢复后自动上传到服务器中，保证数据不丢失。定期对数据库进行自动备份，这样既提高了数据库的稳定性和安全性，又不至于数据丢失。

对数据的发布，可采用服务器/客户端（C/S）和 WEB 两种方式。对于对数据实时性要求不高的用户，可以通过 WEB 方式访问数据，即通过浏览器根据用户权限来浏览数据；对于对数据实时性要求高的用户，可以通过自行开发的客户端软件来访问数据。这样既可以提高整个系统的稳定性，减轻服务器的负荷，又满足了用户群不断扩大的需求。

客户端软件不仅对数据进行发布，同时应对数据进行了大量的统计分析工作。能源数

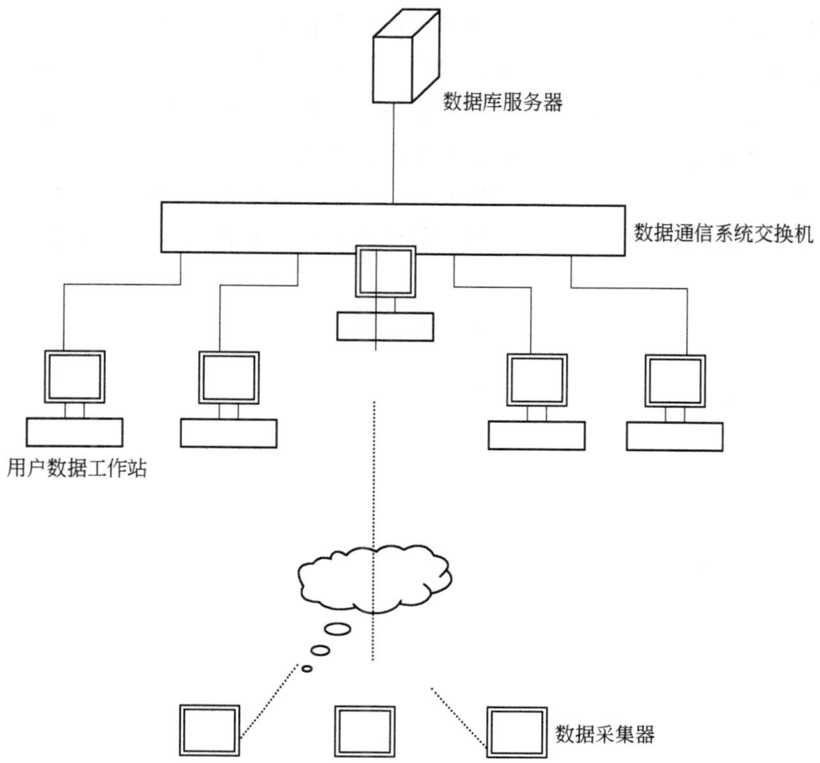

图 8-1　数据采集系统结构

据采集系统应具有如下功能：

（1）用户权限和安全机制。根据用户的职能划分权限，分配给用户系统的登录账号；明确用户在能源计量管理系统中的管理职责范围，并根据实际使用人员情况，随时增加、删除用户，并建立方便的用户、用户权限查询功能；登录用户密码加密，各系统连接数据库加密，保证整个系统安全性；使用防病毒软件，防火墙技术抵抗外部病毒的侵扰；制定相应的计算机管理条例，严格在线机器的使用制度。

（2）生产数据实时显示、运算、存储功能。建立实时数据库和测量点信息数据库。实时数据库提供采集时间、测量点编码、测量值、数据状态检查、数据传输状态等信息；测量点信息数据库提供测量点编码、厂名、测量点名称、量程、仪表名称、数采器编号、通道号、连接设备名等基本信息。采用图形界面，根据用户的需要创建总貌图、流程图、工况图、趋势曲线图、仪表棒图、报警画面，并有动态数据证明系统状态，实时显示现场生产数据。各画面之间可方便地进行切换。对现场数据进行运算处理，根据用户的需要对现场原始生产数据进行统计计算，并通过各种形式实时显示。现场生产数据的定时存储，可根据用户的需要每间隔一定时间对现场生产数据进行存储。系统可保持十年以上的历史数据和报警信息。

（3）查询、能源统计分析、打印功能。形成历史数据库方便的进行分类查询，实现单元数据查询、实时能源数据查询、历史数据查询。对能源产出与能源消耗进行统计，按班、日、旬、季、年分别进行统计，并且按使用部门加以区分，形成按部门分不同时间进行统计汇总；对不正确的异常数据进行修订处理，修订的数据按规定和定制补录；能源结算后，按月进行能源分析，能源分析分为单项能耗分析和综合能耗分析；在基础的能源结算和能耗分析的数据上，做出比较分析，得出历年的能耗分析曲线，以便数据管理部门或决策者分析能源使用情况，并提供数据管理决策的依据。并且报表格式、数据构成、采样间隔等参数都可随时更改，同时可完成各种能源报表的打印。

能源数据实时采集系统在网络上提供及时、可靠、准确的计量数据，可进一步与生产管理、成本管理系统进行接口，促进管理的科学化水平，获得最大的经济效益。

思考题

1. 企业节能的目的和意义是什么？
2. 常见节能途径有哪些？
3. 如何建立能源管理机制？
4. 怎样发挥计算机网络系统在节能中的作用？
5. 能源数据采集系统应具有哪些功能？

9 资产管理和档案管理

企业的资产种类复杂、数量繁多，所占比重较大，是企业赖以生存和发展的物质基础。资产管理的好坏不仅会影响到企业资产的优化配置，还会影响到企业追求权益最大化的目标能否实现。因此，加强对企业资产的管理，重视对资产管理与成本的研究，是提高企业资金的使用效益，降低与资产有关的费用，实现企业资产价值最大化目标的重要课题，是企业财务管理中的重要工作。

企业档案是在企业各项活动中的真实记录，是企业的重要信息资源。在企业档案管理中，如何完整地形成和完善企业设备的技术文件资料，是做好设备档案工作的先决条件和基础工作。要保证企业设备档案管理的完整性和准确性，使之在企业的生产经营中发挥更大的作用。

9.1 固定资产

9.1.1 固定资产概念

企业所拥有的资产中，单位价值较高，使用期限较长，并在使用过程中基本上保持其原有实物形态的劳动工具、劳动设施和其他物质资料。如机器设备、工具、房屋、建筑物和车辆等。按我国财务部门规定，固定资产一般应同时具备两个条件：(1) 使用年限在一年以上；(2) 单项价值在规定限额以上。否则，列为低值易耗品，属于流动资产。

在国外，固定资产分为有形固定资产和无形固定资产两大类：(1) 有形固定资产：指耐用时间在一年以上、其购置费用在一定限额以上的固定资产。它包括土地、建筑物、构筑物、机械装置、运输工具及车辆等，其中除土地外均为折旧对象。(2) 无形固定资产：指无实体存在的固定资产。无形固定资产大体又可以分为两类：1) 有法定经济使用年限的，如租赁权、出版权等；2) 无法定经济使用年限的，如商标、商誉费等。

9.1.2 固定资产管理的重要意义及内容

设备固定资产是影响企业生产能力的重要因素，是企业主要技术的物质基础。为了确保企业资产完整，充分发挥设备效能，提高生产技术装备水平和经济效益，必须严格实施设备固定资产管理。

设备的资产管理是一项重要的基础管理工作，是对设备运动过程中的实物形态和价值形态的某些规律进行分析、控制和实施管理。由于设备资产管理涉及面比较广，应实行“一把手”工程，通过设备管理部门、设备使用部门和财务部门的共同努力，互相配合，做好这一工作。当前，企业设备资产管理工作的主要内容有如下几方面：

(1) 保证设备固定资产的实物形态完整和完好，并能正常维护、正确使用和有效利用。

(2) 保证固定资产的价值形态清楚、完整和正确无误，及时做好固定资产清理、核算和评估等工作。

(3) 重视提高设备利用率与设备资产经营效益，确保资产的保值增值。

(4) 强化设备资产动态管理的理念，使企业设备资产保持高效运行状态。

(5) 积极参与设备及设备市场交易，调整企业设备存量资产，促进全社会设备资源的优化配置和有效运行。

(6) 完善企业资产产权管理机制。在企业经营活动中，企业不得使资产及其权益遭受损失。企业资产如发生产权变动时，应进行设备的技术鉴定和资产评估。

而主要的日常业务有：

(1) 掌握单位固定资产总的情况，保证生产的需要；

(2) 办理固定资产的内、外部调拨手续；

(3) 定期编报固定资产更新计划；

(4) 鉴定固定资产报废，认真清理回收残值；

(5) 积极调剂办理闲置固定资产处理手续；

(6) 办理各项决算及增加固定资产手续；

(7) 办理固定资产封存、租赁等手续；

(8) 账、卡、物及盘盈、盘亏的管理；

(9) 固定资产奖惩的管理。

9.1.3　固定资产分类

为了加强固定资产管理，正确组织核算，对企业固定资产应从不同角度加以分类。

企业固定资产的种类很多，按其用途可分为生产用固定资产与非生产用固定资产；按其使用情况，可分为使用中、未使用、租出、不需用、土地和融资租入固定资产。在实际工作中，固定资产是按照上述情况，在核算上分为7个大类：

(1) 生产经营用固定资产：指参加生产过程或直接为生产过程服务的各种资产。按其在生产中所起的作用又可分为以下9小类：

1) 房屋：指生产车间和为生产服务的行政管理部门所使用的房屋，以及与房屋不可分割的各种附属设备。生产和非生产共同使用的房屋，可按其主要用途列为生产经营用固定资产或非生产经营用固定资产。

2) 建筑物：指除房屋以外的各种建筑物，如围墙、烟囱、水塔、铁路、码头、厂区路面等。

3) 动力设备：指用以生产电力、热力、风力或其他动力的各种设备，如蒸汽锅炉、发电机、水泵、整流器、涡轮机、空压机、电动机等。电动机可按企业具体情况，如作为主要机器设备上的附属设备的，就不用单独分类。

4) 传导设备：指用以传送电力、热力、风力、动力、液体和气体的各种设备，如输电线路、上下水道、气体及液体的输送管道等。

5）工作机器及设备：指具有改变材料属性或形态功能的各种机器和设备。

6）工具、仪器及生产用具：指具有独立用途的各种仪器和用具，如切削工具，风镐，检验、实验和测量用的仪器，以及达到固定资产标准在生产车间存放产品或材料的容器等。

7）运输设备：指载人和运货用的各种运输工具，如卡车、大小轿车、槽车、渡船、铲车、叉车等。

8）管理用具：指管理部门为生产服务的用具，如地磅、电子计算机、打字机、复印机、消防用具等。

9）其他生产经营用固定资产：指不属于以上各类的生产经营用固定资产。

（2）非生产经营用固定资产：指不直接服务于生产过程的各种固定资产。如职工宿舍、招待所、疗养所、食堂、浴室、理发室、小卖部、医务室、托儿所、幼儿园、附属学校等单位使用的房屋及设备。

（3）租出固定资产：指经批准出租给外单位使用的固定资产。

（4）未使用固定资产：指尚未使用或尚待安装的固定资产，进行改建、扩建的固定资产，以及目前停用今后还需使用的固定资产。

由于季节性生产和大修理等原因而停用的固定资产，以及在车间内轮换使用的机器设备，都应作为在用固定资产。存放在仓库的尚未领出使用的机器设备，应作为专项物资核算，不能列作未使用固定资产。

（5）不需用固定资产：指本企业不需使用，经上级批准预备处理的固定资产。

（6）土地：指按规定已经单独估价作为固定资产入账的土地。

（7）融资租入固定资产：指以融资租赁方式租入的固定资产。在租赁期内应视同企业固定资产进行管理。

企业向外单位租入的固定资产，不属本企业财产，而应设立“租入固定资产辅助登记簿”，反映其租入、使用和交还等情况。

9.1.4 固定资产编号原则

在现代化企业中，固定资产的种类、数量很多，尤其是设备、管线、仪器仪表等，占的比重较大，而且同类设备也较多，因此，应对这些固定资产进行编号。编号的方法应力求科学、直观、简便、便于统一管理，又应减少文字说明提高工作效率。目前很多企业已运用电子计算机来汇总、存储设备技术档案等，成为今后企业固定资产管理的趋势。

设备编号的方法，不同行业各有统一的规定。概括地讲，都应遵循以下原则：

（1）每一个设备编号，只代表一台设备。在一个企业中，不允许有两台设备采用一个编号。

（2）编号要明确反映设备类型。

（3）能明确反映设备所属装置及所在位置。

（4）同型号设备的编号，同样按工艺顺序编排。即同型号设备编号的数字部分是不一样的，与习惯做法不同。其顺序应明确规定：由东而西（设备东西排列时），或由南而北（当设备南北排列时）。

（5）编号应尽量精简，数字位数与符号应尽量简单而少。

（6）用金属板制作设备编号牌并安装在设备明显位置上，便于企业账物检查。

（7）企业的编号原则和方法应一致。当企业设备编号后，应编制出企业统一的设备一览表，并应保持稳定。如果设备调出或报废，发生空号，可在设备档案或一览表中注明。若新增设备，则可以新增编号，或填补空号。

9.1.5　固定资产计价

设备固定资产按货币单位进行计算，即为设备固定资产计价。在设备固定资产核算中，根据不同情况使用以下不同标准：

（1）设备原值。设备原值又称设备原始价值，是企业在建造、购置某项固定资产时实际发生的全部支出，包括建造费、购置费、运输费和安装调试费等。设备原值是反映设备固定资产的原始投资，是计算折旧的基础。

固定资产原值按下列规定计算：

1）购入的固定资产，按照实际支付的买价或售出单位的账面原价（扣除原安装成本）、包装费、运杂费和安装成本等计价。

2）自行建造的固定资产，按照建造过程中实际发生的全部支出计价。

3）其他单位投资转入的固定资产，按评估确认或合同、协议约定的价值计价。

4）融资租入的固定资产，按租赁协议确定的设备价款、运输费、途中保险费、安装调试费等计价。

5）在原有固定资产基础上进行改建、扩建的固定资产，按原有固定资产账面原价，减去改建、扩建中发生的变价收入，加上由于改建、扩建而增加的支出计价。

6）接受捐赠的固定资产，按同类资产的市场价格或捐赠方所提供的记账凭据和接受捐赠时所发生的各项费用计价。

7）盘盈的固定资产，按重置完全价值计价。

若企业为取得固定资产而发生了利息支出和有关借款费用、外币借款折合差额，在固定资产尚未交付使用或已投入使用但尚未办理竣工决算前计入原值。在此后发生的，计入当期损益。

（2）净值。净值又称折余价值，是设备固定资产原值减去其累计折旧的差额。它反映继续使用中的设备固定资产尚未折旧部分的价值。通过净值与原值的对比，可以大体了解设备固定资产的新旧程度。

（3）设备重置价值。重置价值又分为重置全价和重置净价。设备重置全价，即完全重置成本，是指按当前生产条件和价格水平，重新购置与原设备相同或功能相似的全新资产所需支出的全部费用。重置净价是指设备固定资产现时尚拥有的价值，可按下式计算：

某设备固定资产重置净价 = 该设备资产重置全价 − 该设备资产已发生的各类损耗

重置价值一般用于企业获得馈赠或核查无法确定原值的设备资产或经主管部门批准对设备资产进行重新评估时，作为计价标准。

（4）增值。增值是指在原有设备资产的基础上进行改建、扩建或技术改造后增加的设备资产价值。设备增值额为进行技术改造而支付的费用减去过程中发生的变价收入。设备大修工程不增值，若在大修的同时，用更新改造基金（或专项拨款、专用借款）进行设备技术改造所支出的部分，应增加设备资产原值。

（5）残值与净残值。残值是指设备资产报废时的残余价值，即报废资产拆除后余留的材料、零部件或残体的价值。净残值为残值减去清理费用后的余额。按财政部 1992 年 12 月 30 号发布的《工业企业财务制度》规定，净残值按固定资产原值的 3% ~5% 确定。

9.2 固定资产折旧

9.2.1 固定资产折旧概念

设备在长期的使用过程中仍然保持它原有的实物形态，但由于不断耗损，它的价值部分地、逐渐地减少。以货币表现的固定资产因耗损而减少的这部分价值在会计核算上叫做固定资产折旧。这种逐渐地、部分地耗损而转移到产品成本中去的那部分价值，构成产品成本的一项生产费用，在会计核算上叫做折旧费或折旧额。计入产品成本中的固定资产折旧费在产品销售后转化为货币资金，作为固定资产耗损部分价值的补偿。从设备进入生产过程起，它以实物形态存在的那部分价值不断减少，而转化为货币资金部分的价值不断增加，到设备报废时，它的价值已全部转化为货币资金，这样，设备就完成了一次循环。

折旧是企业固定资产改造更新的主要资金来源，为保证专款专用，规定国有企业设置“更新改造基金”。根据经济体制改革的要求，企业实行自主经营、自负盈亏、自我约束、自我激励和资本保值增值。“更新改造基金”和“大修理基金”取消，所需资金由企业统一筹划、按规定列支。这些改革看起来淡化了折旧与改造更新的关系，实际上使企业能在更深层次上搞好改造更新、搞好投资和投资回收。这表现在下列几方面：

（1）在市场经济中，企业要在激烈的竞争中取胜，必定要重视产品创新、技术创新、设备改造更新，用资金优势、人才优势、技术优势、产品优势。企业的资金来源，要以自有资金为核心：即折旧和实现利润。而且折旧的提取是规范化的、稳定的、按月提取的，在相当多的企业里，其数额会大于可用于投资的利润。因此，折旧是企业再投资资金的基础，它在一定程度上决定着再投资的资金规模。

（2）企业作为投资主体，更加注重投资机会的选择和投资的回收。同等规模的设备投资，投资项目、折旧年限、折旧方法选择得好，通过折旧可回收投资 80% 以上；反之，只能回收 30% 以下。

（3）为了取得良好的经济效益，企业不仅进行产品经营，而且可以以产品经营为中心，进行资本经营；不仅可以在原地对原产品、原设备进行改造更新，还可以通过参股、控制、联合、兼并等资产重组，进行跨地域、跨产业的更新改造；不仅可以改旧，也可以弃旧，投资新的项目和产业。

综上所述，在市场经济体制中，折旧仍然是企业更新改造资金的基本来源，它可以作为杠杆，融合社会资金，进行更大规模、灵活多样的投资。但不管进行什么投资，必须要有良好的投资效益。

9.2.2　确定设备折旧年限的一般原则

固定资产折旧是其在一定时期内经过使用而陆续地、平均地把价值转移到产品中去的损耗价值。这个转移时期就是固定资产的可使用年限，也可成为折旧年限。固定资产的折旧年限，设备生产制造单位出厂时，一般都有说明。但是由于使用单位的特点不同，折旧年限也要随之改变。因此，确定折旧年限要遵循一定的原则：

（1）正确的折旧年限应该既反映设备有形磨损，又反映设备无形磨损，应该与设备的实际损耗基本符合。例如，精密、大型、重型、稀有设备，由于价值高而一般利用率较低，且维护较好，故折旧年限应大于一般通用设备。一般来说，折旧年限应依据固定资产使用的时间、强度、使用环境及条件来确定。因此，不同行业、不同类型的设备的折旧年限应是不同的。

（2）应从国家的财政、经济发展水平来考虑。折旧费的大小是影响国家的财政收入和国民收入比例的重要因素，因此，应从国家经济发展的实际水平出发，适当地制定折旧年限，并逐步改进。但这并不等于各企业的执行情况，各企业可结合实际发展需要，适当缩短或延长设备的折旧年限。

（3）折旧是从销售收入中提取的，所以没有销售收入，折旧就无从提取。因此，折旧年限必须考虑产品的市场寿命。

（4）要考虑企业技术改造和财务承受能力的平衡。折旧年限过长，则折旧基金不足以补偿设备已经消耗的部分，会影响设备正常更新和改造的进程，不利于企业技术进步；如过短，则会使产品成本提高，销售停滞、利润降低，致使企业财力无法承受。因此，必须在两者之间取得平衡。

正确的折旧年限，既要考虑设备的有形磨损和无形磨损，同时又要考虑国家财政、经济发展及企业经营发展的需要和可能。

9.2.3　固定资产折旧率的计算

固定资产折旧率是指固定资产应提折旧额占固定资产原始价值的百分比。以年度应提折旧额计算的称为年折旧率；以月度应提折旧额计算的称为月折旧率。

在实务工作中，固定资产的损耗价值转入产品成本的数额，都是按月结转的。因此，一般都事先计算确定一个月折旧率，然后每月按照应提折旧的固定资产原始价值，乘上月折旧率，就是各月应提的折旧额。

《工业企业财务制度》规定：企业固定资产折旧方法一般采用平均年限法；企业专业车队的客、货运汽车和大型设备，可采用工作量法；在国民经济中具有重要地位、技术进步快的生产企业：船舶制造企业、机床制造企业、飞机制造企业、汽车制造企业、化工生产企业和医药生产企业以及其他财政部批准的特殊行业企业，其机器设备折旧可以采用双倍余额递减法或者年数总和法。实行工作量法的总行驶里程、总工作小时由企业根据规定的同类固定资产折旧年限换算确定。企业应根据上述规定，选择适用方法。

9.2.3.1　年限平均法折旧率的计算

此方法是按照每项固定资产的原价、预计使用年限和净残值率等条件计算的折旧率。

净残值率指的是固定资产清理报废时发生的变价收入与清理费用之差占原价的百分比。一般为3%～5%，由企业自主确定。

折旧率与折旧额的计算公式：

$$年折旧率=\frac{1-预计净残值率}{折旧年限}$$

$$月折旧率=\frac{年折旧率}{12}$$

$$月折旧额=固定资产原值\times 月折旧率$$

按年限平均法计算求得的折旧额，在各个使用年份中都是相等的，折旧的积累额成一直线上升的趋势，因此这种方法也称直线法，是常用的方法。

9.2.3.2　工作量法折旧额的计算

按照行驶里程计算折旧的公式：

$$单位里程折旧率=\frac{原值\times(1-预计净残值率)}{总行驶里程}$$

按照工作小时计算折旧的公式：

$$工作小时折旧额=\frac{原值\times(1-预计净残值率)}{总工作小时}$$

采用工作量法计算固定资产的折旧，其目的在于正确地核算生产消耗，使成本负担较为合理。这种方法通常用在大型设备和汽车运输设备方面。

9.2.3.3　加速折旧法

上述年限平均法和工作量法两种计提折旧的方法，都是属于直线法，未能考虑到固定资产的无形损耗的因素。企业如符合有关规定，也可采用加速折旧法。所谓加速折旧法，是指在固定资产使用年限假定仍按预计使用年限不变的前提下，采用在使用早期多提折旧、后期少提折旧的加快折旧速度的计提折旧方法。加速折旧法有多种方法，现介绍双倍余额递减法及年数总和法。

双倍余额递减法，是在不考虑固定资产残值的情况下，按直线法算出的折旧率的两倍计算提取折旧。计算公式如下：

$$年折旧率=\frac{2}{折旧年限}\times 100\%$$

$$月折旧率=\frac{年折旧率}{12}$$

$$月折旧额=年初固定资产账面净值\times 月折旧率$$

在实行双倍余额递减法时，固定资产折旧年限在到期前2年，每年按届时固定资产净值扣除预计净残值后的数额的50%计提。

年数总和法，是用一个逐渐减少的分数去乘以固定资产的成本减去残值后的数额，来计算每期折旧的计提数额。年数总和法的折旧率是一个分数，分子代表固定资产尚可使用的年数，分母代表使用年数的各年年序之和。其计算公式为：

$$年折旧率=\frac{折旧年限-已使用年数}{折旧年限\times(折旧年限+1)\div 2}\times 100\%$$

$$月折旧率=\frac{年折旧率}{12}$$

$$月折旧额=(固定资产原值-预计净残值)\times 月折旧率$$

双倍余额递减法和年数总和法两者的不同在于：双倍余额递减法是计提折旧的基数逐年递减，而折旧率不变；年数总和法是折旧率逐年递减，而计提折旧的基数不变。

9.2.4　固定资产计提折旧的有关规定

固定资产折旧应按照下述规定计算：

（1）企业使用中的固定资产，包括生产经营用固定资产、非生产经营用固定资产、租出固定资产和未使用固定资产、不需用固定资产等，均应计提折旧。房屋、建筑物以及季节性生产而停用或因大修理而停用的固定资产，照提折旧。

已达到预定可使用状态的固定资产，如果尚未办理竣工决算的，应按工程预算、造价或者工程实际成本等估计的价值暂估入账，并计提折旧；待办理竣工决算后，再按实际成本调整原按暂估价已计提的折旧额。

（2）租入的固定资产和处于更新改造而停止使用的固定资产，以及按规定单独估价作为固定资产入账的土地等，不提折旧。

（3）为了简化核算手续，均衡核算工作，对固定资产折旧的计算可在月初进行。根据月初应提折旧的固定资产原价为依据，来计算该月应提的折旧费用。这样对月份内增加的固定资产就不提折旧，月份内减少的固定资产照提折旧。

（4）对已提足折旧但不管能否继续使用的超龄固定资产，均不在提取折旧；尚未到使用年限提前报废的固定资产，对未提足的折旧额不得补提。

（5）各种折旧方法和折旧年限一经确定，不得随意变更。如果要改变固定资产折旧方法，必须按照规定报经批准后，方可改按新的折旧方法计提折旧。

9.3　档 案 管 理

9.3.1　设备档案的建立

设备档案是指设备从规划、设计、制造、安装、调试、使用、维修、改造、更新直至报废的全过程所形成的图纸、文字说明、凭证和记录等文件资料，通过收集、整理、鉴定等工作归档建立起来的动态系统资料。设备档案是设备制造、使用、修理等项工作的一种信息方式，是设备管理与维修过程中不可缺少的基本资料。

企业设备管理部门应为每台主要生产设备建立设备档案，对精密、大型、重型、稀有、关键、重要的进口设备，以及起重设备、压力容器等设备档案，要重点进行管理。

9.3.2 设备档案的主要内容

列入设备档案保存的资料主要有：

（1）设备选型和技术经济论证报告；

（2）设备购置合同（副本）；

（3）设备购置技术经济分析评价；

（4）自制专用设备设计任务书和鉴定书；

（5）检验合格证；

（6）设备装箱单及设备开箱检验记录（包括随机备件、附件、工具等的资料）；

（7）进口设备索赔资料（复印件）；

（8）设备安装调试记录和验收移交书；

（9）设备使用初期管理记录；

（10）设备登记卡片；

（11）开动台时记录；

（12）使用单位变动情况记录；

（13）设备故障分析报告；

（14）设备事故报告；

（15）定期检查和监测记录；

（16）定期维护和检修记录；

（17）大修竣工验收记录；

（18）设备改造记录；

（19）设备封存（启用）单；

（20）设备报费记录；

（21）其他。

9.3.3 设备履历书

设备管理是一个动态过程，尤其对于每天与设备打交道的管理者，他们时刻都在关注着设备正常或异常的变化。就像医生判别患者的病疾，离不开翻阅患者以前的病历一样。也要为设备建立履历，把设备的主要经历填写进去，为日后管理提供科学数据。一般企业对每台设备都应建立一本设备履历书，在履历书的封面应注明：所在位置（厂或车间）、设备类别、设备名称、资产编号、建立日期等。

设备履历书中一般应包含如下内容：

（1）表达设备性能的主要参数；

（2）设备系统示意图、传动图；

（3）设备基本情况（型号规格、制造厂家、出厂年月、安装日期、投产日期、原值等）；

（4）设备调转情况；

（5）设备使用人（操作者）变动记录；

（6）设备润滑（加油部位、冬夏油品名称、加油周期、耗量等）；

（7）轴承；

(8) 主要备件和材料；
(9) 设备评比记录；
(10) 检修周期表；
(11) 设备大修理记录；
(12) 设备检查、维护、检修记录（摘记）；
(13) 主要轴承、备件更换记录；
(14) 电机；
(15) 减速器；
(16) 重大设备隐患记录；
(17) 主要设备事故记录；
(18) 机、电、液、气等调试记录；
(19) 设备历年完成任务及效率；
(20) 设备技术改造记录。

9.3.4　设备档案管理的内容

资料的搜集，指搜集与设备活动有直接关联的资料。如设备经过一次修理后，更换和修复的主要零部件的清单、修理后的精度与性能检查单等，对今后研究和评价设备的活动有实际价值，需要进行系统的搜集。

资料的整理，指对搜集的原始资料，要进行去粗取精、删繁就简地整理与分析，使进入档案的资料具有科学性与系统性，提高其可用价值。

资料的利用，只有充分使用，才能发挥设备档案的作用。为了实现这一目的，必须建立设备档案的目录和卡片，以方便使用者查找与检索。

设备档案资料按单机整理存放在设备档案袋内，设备档案编号应与设备编号一致。设备档案袋由专人负责管理，存放在专用的设备档案柜内，按编号顺序排列，定期进行登记和入档工作。同时还应做到：

(1) 明确设备档案的具体管理人员；
(2) 按设备档案归档程序做好资料分类登记、整理、归档；
(3) 未经设备档案管理人员同意，不得擅自抽动设备档案，以防失落；
(4) 制订设备档案的借阅办法；
(5) 加强重点设备的设备档案管理工作，使其能满足生产维修的需要。

9.3.5　图纸管理

图纸是现场工程技术人员的语言，对其要进行规范管理，使其充分发挥现场使用检修中的指导意义。因此在管理中应注意以下几点：

(1) 总图、装配图、部件图和零件图要统一完整。

(2) 原图、底图和蓝图管理明确，避免造成图纸缺失。

(3) 对于结构简单，或需自制装配的设备，要有全套图纸。

(4) 无论是设计还是测绘图纸，都应符合机械制图国家标准。当设备改革后，必须立即绘制新图，抽掉旧图。

（5）由于备件图纸使用频繁，图纸管理工作量大、技术性强，所以平时要注意对图纸的收集、保管和修改工作。

思　考　题

1. 固定资产具有哪些特征，其分类如何？
2. 怎样进行固定资产计价？
3. 为什么要进行固定资产折旧？
4. 固定资产折旧率的计算包括哪些内容？
5. 如何做好档案管理工作？

10 设备管理信息系统

随着科学技术的飞速发展，人类进入了信息时代，企业在市场竞争中面临的压力也越来越大，快速做出反应并提出对策成为企业管理者面临的难题。决策需要信息，也就是管理需要信息。为此，各个企业纷纷建立自己的信息管理系统以提高工作效率和管理水平，笔者将从实际出发，详细介绍管理信息系统的知识，以供大家参考。

10.1 设备管理信息系统概述

现代企业的特点是规模越来越庞大，大量采用新技术、新工艺，信息的来源分散，数量庞大。不仅来源于生产第一线，还来源于社会环境，来源于市场，来源于行政管理等部门等，从而造成需要处理的信息越来越多。如果单靠人工来进行整合、处理，不仅会浪费大量的人力资源，还会使信息的时效性和准确性大大降低。随着计算机技术的飞速发展，人们把越来越多的工作交给了计算机来完成。管理信息系统（Management Information Systems，MIS）就是针对这种情况而进行开发研制的。

信息是经过加工的数据，信息是对决策者有价值的数据。企业从信息管理的角度可划分为物流和信息流。生产过程是一个物流的投入产出过程，且是不可逆的过程，管理过程是信息流的过程，且具有信息反馈的特征。完善的 MIS 具有以下四个标准：（1）确定的信息需求；（2）信息的可采集与可加工；（3）可以通过程序为管理人员提供信息；（4）可以对信息进行管理。具有统一规划的数据库是 MIS 成熟的重要标志，它象征着 MIS 是软件工程的产物。通过 MIS 可实现信息增值，用数学模型统计分析数据，实现辅助决策。

众所周知，设备是企业生产的载体，是企业发展的物质基础。可以说，一个企业的设备管理水平直接代表了该企业的整体管理水平，同时，设备管理水平的高低也决定了企业未来的发展。设备管理系统以设备为管理对象，对设备从投产到退役或报废的全生命周期进行全覆盖管理，包括缺陷、检修、修试周期、运行抄录、测试记录以及设备的备品备件的库存管理等并能对设备的可靠性进行分析比较。设备管理信息系统较工业企业其他应用软件系统管理对象涉及面广、管理事务繁杂、数据类型多、保障性质强。从计算机的信息观点来看，设备管理信息系统的数据信息可从四个角度进行分类：

（1）管理层级分类：一般可分为管理与控制级、执行与调度级、作业与事务处理级三个层级。

（2）设备管理的信息分类：按工作对象可分为投资规划信息（对应于前期管理）、设备资产与变动信息（对应于资产台账及档案管理）、技术状态信息、维修及其费用信息、备件信息、润滑信息和人员管理信息；按信息的性质分为计划信息、作业实施信息和统计信息等；按资金运用又可分为资金计划信息、作业费用信息和效益评价信息等。

(3) 设备管理的内容分类：包括部门设置、设备分类、主次设备、用途分类、变动形式、管理类型等。

(4) 设备管理的作业分类：主要按设备管理的作业类型进行划分，包括设备购置计划、变动记录、运行记录、完好检查记录、事故故障记录、点检作业记录、保养作业记录、维修作业记录和润滑作业记录等。

同时设备管理信息系统应该同时具备如下特性：

(1) 管理模式符合企业的实际工作模式，为企业提供一个规范化的计算机管理体系。

(2) 按设备管理的工作模式而不是计算机的功能模式进行结构设计，具有开放的体系结构，以满足企业工作变动与制度改革的需要。

(3) 突出设备管理的主体内容，切实解决设备管理工作中重要的、繁琐的事务处理工作，保证各种纳入管理的作业记录的完整性与准确性。

(4) 建立基于分类标准的综合技术标准体系，有利于形成规范、标准的设备管理机制。

(5) 一个完善的设备管理信息系统还必须做到设备的物质形态管理与价值形态管理相统一。

(6) 先进技术与简易操作的结合永远是应用软件实用性的评价标准之一。

PMIS 是根据规模化、集团化发展中的大中物业管理企业“分散经营、集中管理”的需求特点，通过先进的网络信息技术建立企业与宽带社区住户互动管理的新模式，让集团公司下属职能部门、分公司及各地管理处实现资源共享、协同工作，使物业管理的服务品质通过信息化建设提升到全新的高度，加强公司总部对管理处的监控，使企业各项业务工作规整、优化，为企业的经营管理和决策提供集中式的信息管理，支持企业的可持续发展。

PMIS 系统功能简介：

(1) 对设备/备件的采购管理，根据库存状况及维修数据，实现采购计划、采购合同、网上招投标及货验收等设备/备件前期购置工作的全程管理。

(2) 对设备/备件的入库、出库、日常库存管理等全程跟踪记录，并可根据辅助决策支持系统，对库存量进行动态调节，在满足生产的情况下，使库存资金占用最少。

(3) 详实记录设备的基础数据，对设备的出厂信息、安装使用信息、维修信息等集成管理形成设备台账。

(4) 实行对设备运行的参数记录和状态实时监控，为生产系统提供设备生产能力信息，由辅助决策系统对设备进行状况评估、趋势分析和故障诊断。

(5) 系统可以部分自动生成检修计划，并自动形成维修工单发送至检修部门，并可由辅助决策系统对维修方案的费用、工时进行优化，并合理地分配利用检修资源。

(6) 系统全面参与设备的日常维护，自动提示到期需润滑和清洁保养的设备，并对全程进行跟踪记录。

(7) 系统外挂辅助决策支持系统软件包，对设备更新或改造、设备运行状况及趋势分析、设备故障诊断、维修方案的设计及优化具有辅助决策功能。

(8) 设立知识共享管理模块，为企业内部、企业之间、备件供应商、客户等提供一个信息交流的平台，通过信息整合分类，达到经验、技术信息的共享。

(9) 方便的信息查询功能，只要经过授权，管理人员可以跨越时空界限，随时上网查询信息。

10.2　设备管理信息系统的结构

ERP (Enterprise Resource Planning，企业资源计划) 是指建立在信息技术基础上，以系统化的管理思想，为企业决策层及员工提供决策运行手段的管理平台。ERP系统集中信息技术与先进的管理思想于一身，成为现代企业的运行模式，反映时代对企业合理调配资源，最大化地创造社会财富的要求，成为企业在信息时代生存、发展的基石。

10.2.1　设计思想

ERP环境下设备管理信息系统的设计思想为：

(1) 设计中充分体现ERP的思想，以资金流 (Capital flow)、物流 (Material flow)、信息流 (Information flow) 为主线，兼顾工作流 (Work flow)。

(2) 考虑开放式供应链上的每一个节点，通过Internet将供应商、制造厂与本企业之间架起一道不受时空限制的桥梁。

(3) 采用B/S (Browser/Server) 结构，客户可直接在Internet网上浏览企业主页，查看其相关产品的特点，同时可进行网上订货及电子交易，并开展网上招、投标以及合作伙伴的选取，使企业始终是开放的，不断发展的系统。

(4) 模块式、插件式子系统设计，使各子系统高度集成，并相对独立。

(5) 丰富的优化模型和算法，企业在设备购置、设备维护与监控、维修费用、合作伙伴的选取等方面设置先进的模型和算法，保证企业具有强劲的市场竞争。

(6) 确保每一个流程都是增值的，消除繁琐的、重复的劳动，为企业实行流程重组打下基础。

(7) 侧重于设备的全周期管理，包括设备购置、安装使用、日常维护和状态监测、设备维修、备件库存管理、设备报废等全程管理。

(8) 系统应有安全机制管理，采用严格的权限机制和防火墙及反病毒技术，确保企业数据安全。

(9) 考虑到PMIS可作为ERP系统的子系统，充分注重模块接口和数据共享，并要同时体现PMIS系统以信息流和技术流为侧重的特点。

10.2.2　系统体系结构

采用B/S (Browser/Server) 即浏览器/服务器结构，Browser/Server是一种多层的Client/Server (客户/服务器结构)，传统的C/S结构是一种企业内部的局域网络结构，企业的供需价值链体现不是开放的。而B/S结构本身就是一种开放式的跨平台的操作系统，通过Browser可访问多个应用程序服务器；其次，系统开发环境与应用环境相分离，系统维护方便、费用低。而且，由于B/S结构的系统采用标准化的Internet Explorer、Netscape、Navigator等浏览器作为客户端的GUI用户界面，使用简单且易操作。因此说，

B/S 结构的 ERP 系统将是广大企业资源计划的最终选择。

B/S 的结构如图 10-1 所示。

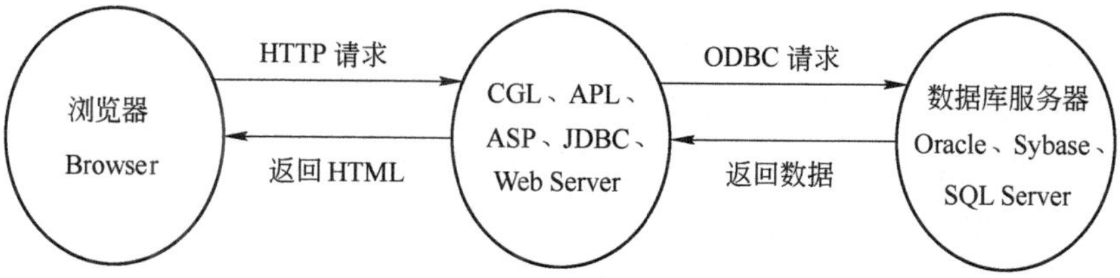

图 10-1 B/S 结构

10.2.3 系统配置

客户端配置：硬件选用 PⅡ-266 及以上机型，64MB 以上内存，4GB 以上硬盘，10/100MB 自适应网卡，配以 IE 4.0 及以上版本，SQL Server for client，Active Server Page。

服务器端配置：硬件选用 PⅢ-450 以上机型，128MB 以上内存，10GB 以上硬盘，两片 10/100MB 自适应网卡，D-Link 8 路以上 Hub 电缆接口，软件安装 Win NT 4.0/5.0/Win 2000 Server 版，SQL Server for server，Active server page。

10.2.4 PMIS 系统的功能模块设计

根据我国企业的设备管理工作状况，在 ERP 供应链思想指导下，突出设备管理以信息流、技术流为中心的特点，本设备管理信息系统主要设计以下十个功能模块，每个模块又包含若干个功能子模块。

十大功能模块如图 10-2 所示。

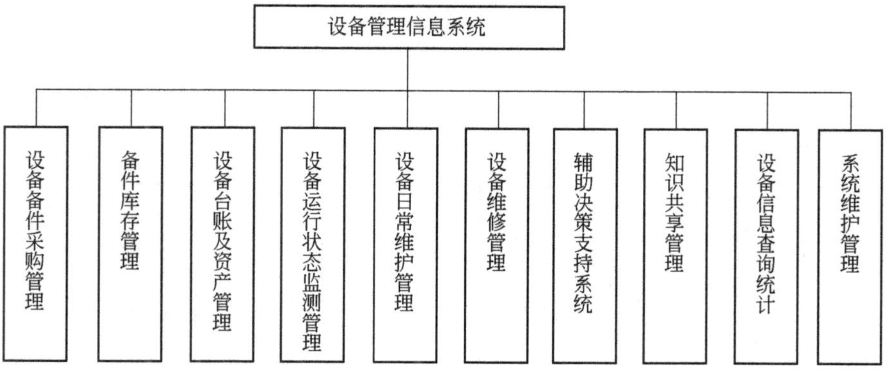

图 10-2 PMIS 系统各功能模块

10.2.4.1 设备/备件采购管理功能模块

A 流程分析

采购流程一般为各计划管理部门编制初步的备件计划，经库房认可（是否低于规定库存），再经财务确认（成本、资金是否允许），形成备件采购计划，由采购部门签订采购合同，到货后验收入库，合同、入库单、发票三单核对无误后，财务部门付款。

B　功能设计及分析说明

系统可以自动生成部分备件采购计划，再由人工进行删、添确认。

系统自动生成的备件采购计划有两个来源：

(1) 来源于库存管理模块提供的确保安全库存的采购信息；

(2) 来源于维修功能模块提供的紧急采购信息。

采购计划反馈至财务管理系统得到成本、资金的确认后，进行人工的删、添确认，形成最终的采购计划。

采购部门调用知识共享管理模块，确认是否有技术含量更高的新产品或性能价格比更好的替代品。同时，调用供应商信息管理模块，进行供应厂商的选取。

备选供应厂商确定后，招、投管理模块可自动生成招标书，并对招投标进行全程管理。投标结束经确认后，系统生成采购合同。

采购合同经双方认可后，系统自动将合同反馈至财务和库房管理部门。供应厂商供货时，库房管理部门核对验收无误后，对采购合同进行到货确认。同样，系统也会自动将此信息反馈至采购和财务部门。供应厂商只要开具发票，财务部门即可按时付款。

C　设备/备件采购管理模块的系统构成（图 10-3）

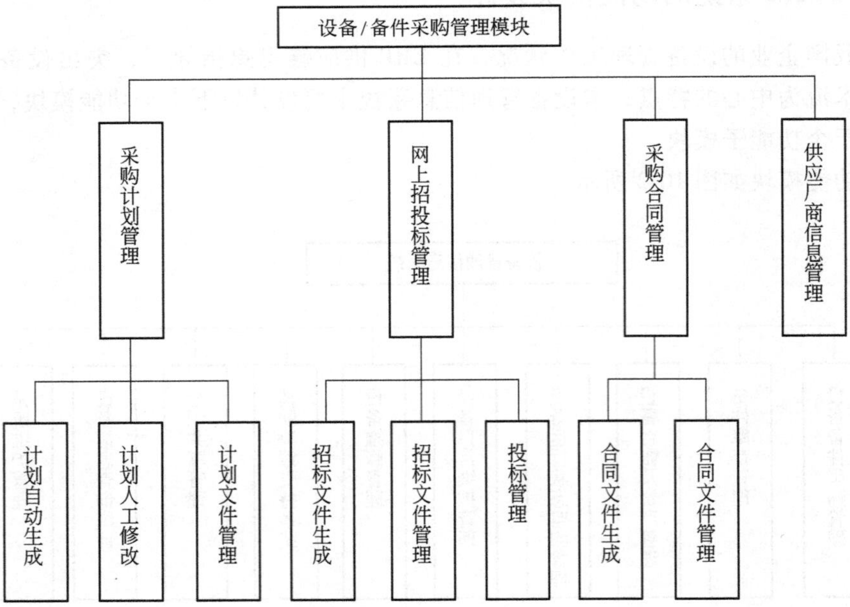

图 10-3　设备/备件采购管理模块的系统构成

D　各模块及与其他模块之间的关系（图 10-4）

10. 2. 4. 2　备件库存管理模块

A　流程分析

备件库存管理的一般流程为供货商将备件送至库房，库房管理人员负责与采购合同核

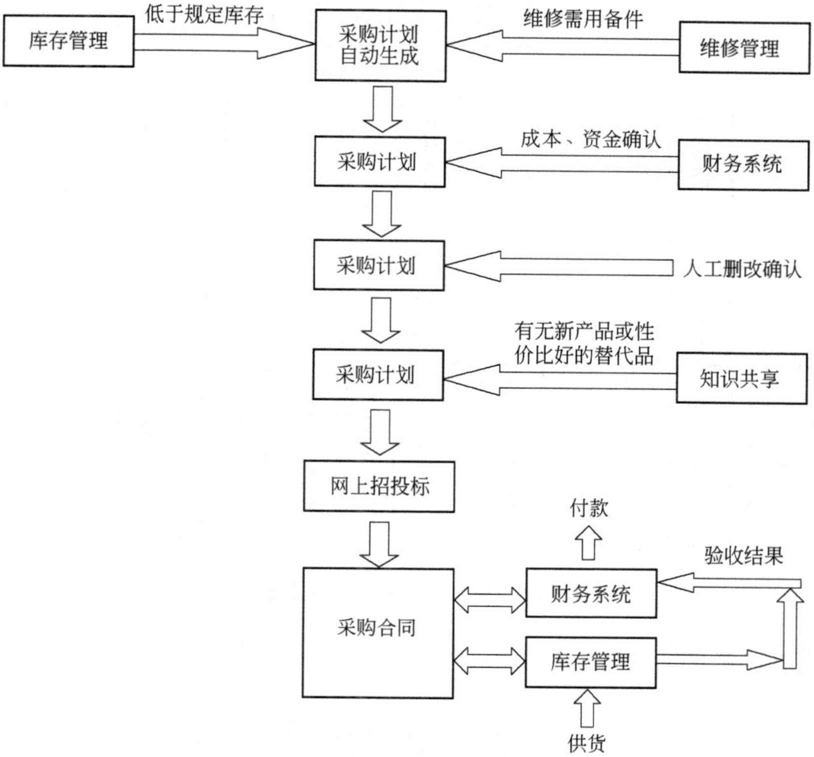

图 10-4　设备/备件采购管理模块各模块关系

对，并对备件质量进行检验，合格后办理入库手续，并根据备件的分类进行仓库号、货位分配。同时，将信息反馈给财务部门和采购部门。当车间领取备件时，车间提出申请，经财务部门成本确认，库房管理人员办理出库手续，并将信息反馈给财务部门。库存管理除了要对备件的来源、去向管理明晰外，最重要的是要确定合理的库存量，在保证生产的前提下，确保库存占用资金最少，并能提供迅疾、准确的库存信息。

B　备件库存管理模块的功能设计和分析说明

备件入库：备件到达仓库时，库房人员核对、验收后，对采购合同进行确认，系统自动生成入库单，其中包含有名称、类别、金额、入库时间、备件来源等信息，库房人员只需要对其分配仓库号、货位号、入库手续即可完成。同时，系统自动将该信息反馈给财务部门和计划/采购部门。

备件出库：各车间通过库存信息查询模块找到需要的备件，在系统上填写领料单，经成本确认后，系统将领料单发至库房，库房确认，发料系统自动生成出库单，包括名称、类别、金额、出库时间、领出单位等信息，同时，系统将此信息反馈给财务部门。

日常库存管理：系统定期对库存备件进行扫描判定，当发现某类备件低于库存量时，将此信息反馈到采购模块，自动生成订货信息，其数量为规定库存量与安全库存量之差。当每种库存备件盘点周期确定后，系统可自动输出到期应盘点的备件。

C　备件库存管理模块的系统构成（图 10-5）

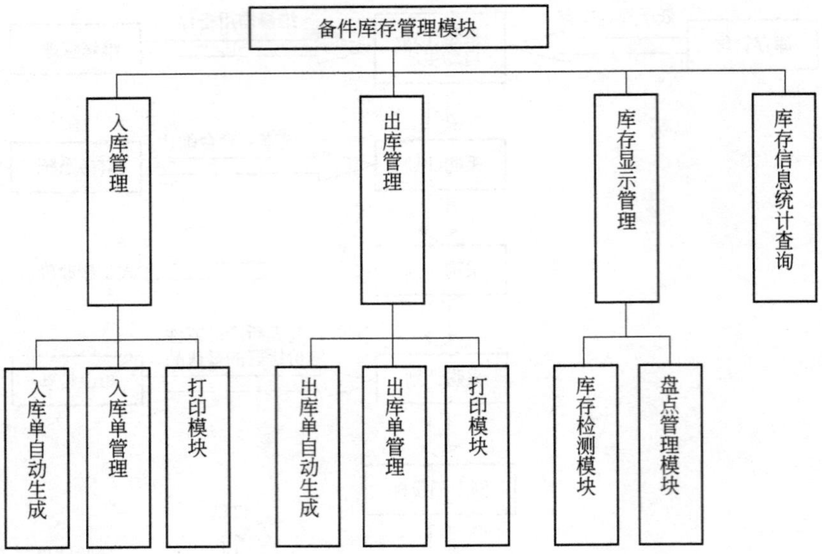

图 10-5　备件库存模块的系统构成

D　各模块及其他模块的关系（图 10-6）

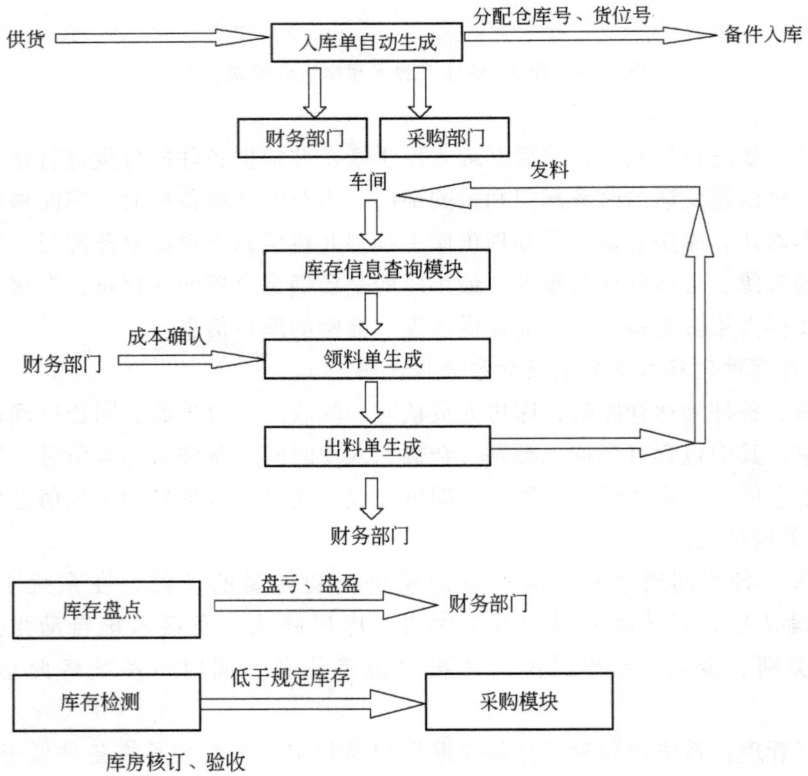

图 10-6　备件库存模块各模块关系

10.2.4.3 设备台账及固定资产管理模块

由于大多数企业已有固定资产管理软件，现行的ERP软件中的固定资产管理也很成熟，所以本模块主要侧重于对设备基础数据的管理，即台账管理。挂接固定资产管理软件，或向ERP中的固定资产管理模块提供基本数据信息。

A 模块的功能设计及分析说明

本模块的主要功能为：对设备的基础数据进行集成管理，包括设备编号、名称、规格、生产日期、生产厂家、原值、安装单位、使用单位等原始信息；对设备图纸资料的管理，包括设备零件图、设备装配图、设备安装图、设计变更等；设备升级改造信息管理，包括历次备件更换记录、设备局部技术改造记录、升级换代信息和改造验收记录等；对特种设备（锅炉、压力容器、起重机械）及仪表的检测、检定记录的管理。

B 设备台账及固定资产管理模块的系统构成（图10-7）

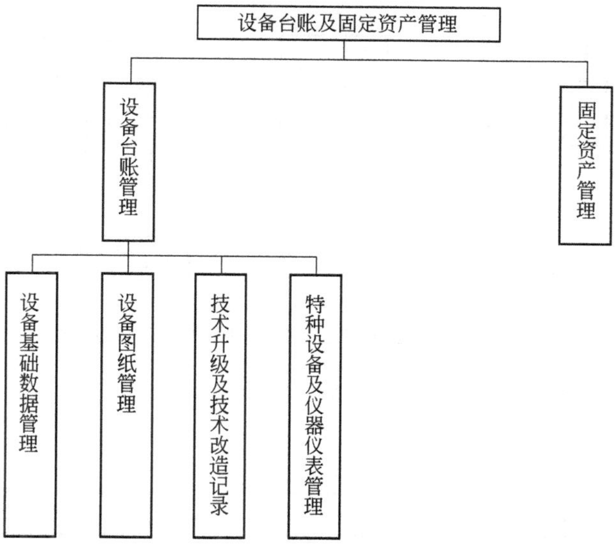

图10-7 台账及固定资产管理模块的系统构成

10.2.4.4 设备运行状态监测管理模块

A 模块的功能设计及分析说明

本模块的主要功能为：

（1）对设备的日常运行参数进行实时的记录监测，将设备生产能力数据提供给生产系统。

（2）对设备的运行状态参数（如监测点的温度、位移、振动情况、润滑油、冷却水的压力、温度等）进行实时监测，超过设定的极限值进行自动报警，并将数据传输给状态评估模块，对设备状态进行综合评估，有异常时，故障诊断模块可以进行初步的故障诊断。

（3）对设备的能源消耗、环保监测数据的记录、分析及评估。

(4) 设备综合效率指标的统计计算（如有效作业率、故障停机率、设备利用率等）。

(5) 综合评估模块调用辅助决策系统对设备的整体性能包括生产能力是否达标（功率、承载等）、设备的运行状态以及设备的节能、环保等进行综合评估，并形成趋势分析报告。

B　设备运行状态监测管理模块的系统构成（图 10-8）

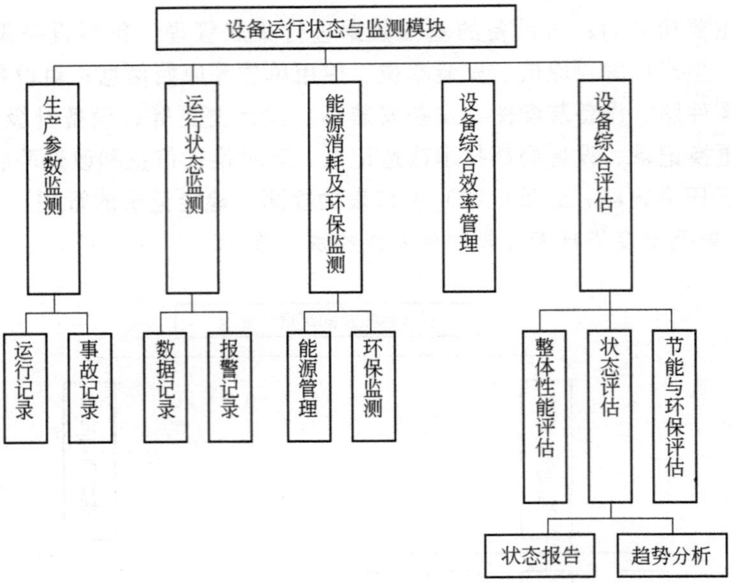

图 10-8　设备运行状态监测管理模块的系统构成

C　各模块与其他模块的关系（图 10-9）

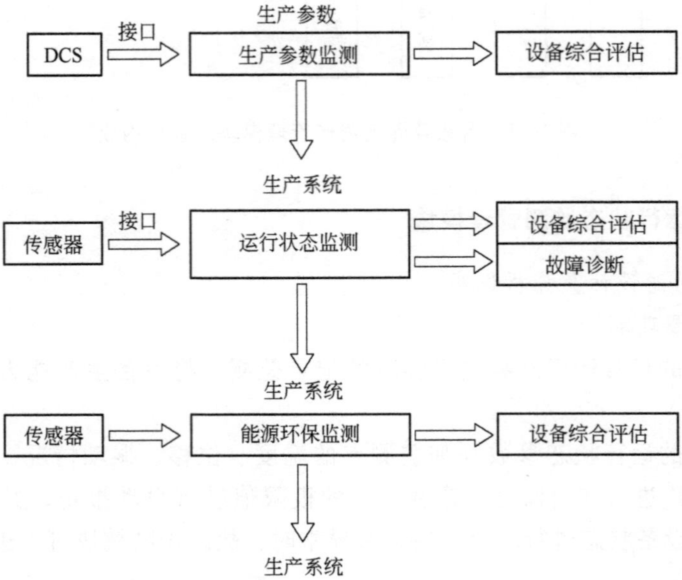

图 10-9　设备运行模块各模块关系

10.2.4.5 设备日常维护管理模块

A 模块的功能设计及分析说明

该模块主要包括设备的点检管理和设备的润滑保养管理。

点检管理：系统根据设备的点检周期，自动提示需要点检的设备。点检数据采用便携式设备输入或手工录入方式，录入完毕一经确认，系统自动生成点检报告，确保点检数据的实效性和准确性。调用辅助决策系统，可对设备进行整体性能评估和趋势分析。对于纳入状态维修管理的设备，可由辅助决策系统进行是否需要状态修以及状态修理的级别进行判定。

设备的润滑及保养管理：系统根据润滑周期自动提示需要润滑的设备以及需要填加油品的类别、名称、标号，注油点的位置及注油数量等，并对设备的润滑档案进行管理。设备管理人员可以根据设备状况或趋势对润滑周期及注油种类进行动态调整。同样，系统也可自动提示需要清洁保养的设备，并对全程进行跟踪记录。

B 设备日常维护管理模块的系统构成（图 10-10）

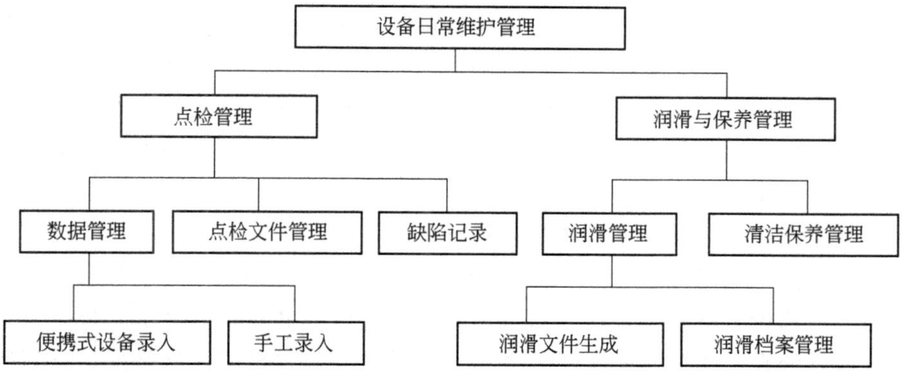

图 10-10 日常维护管理模块的系统构成

C 各模块与其他模块的关系（图 10-11）

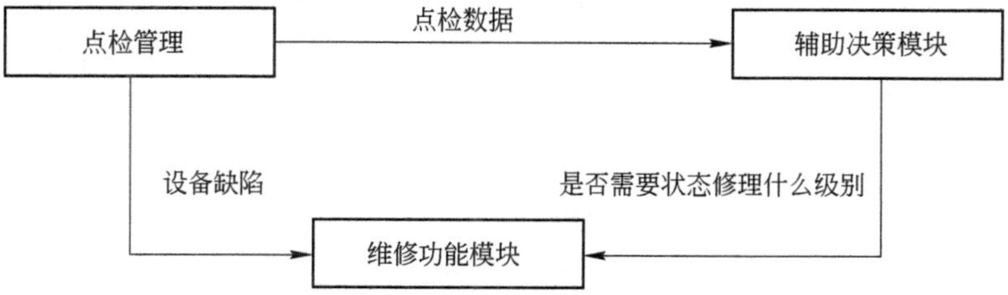

图 10-11 日常维护模块各模块关系

D 设备日常维护管理模块的管理流程（图 10-12）

10.2.4.6 设备维修管理模块

A 模块的功能设计及分析说明

我国企业的维修管理，已从事后维修向以点检定修制为核心的预防维修发展，其目的

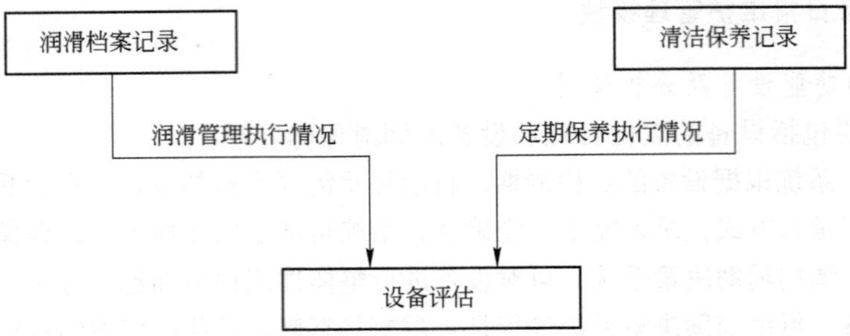

图 10-12　日常维护模块管理流程

是为了使生产得以合理安排，并避免和减少设备故障停机，有效提高设备管理水平。但是在预防维修方式下，设备状态的要素提取不全面，过多强调设备的周期检修，容易造成过度维修，造成维修资金和生产的浪费。如果将以时间为基准的预防性维修改为以状态为基准的响应性维修，就会延长检修间隔避免过度维修。然而，状态维修是建立在准确的状态诊断基础上的，尤其是实时在线监测。这样，就需要企业初期有大量的投入，而企业往往无力承担。针对这一情况，提出优化检修的概念，即状态检修、计划检修和故障检修相结合的检修方法。企业可根据自身情况，结合政府规定行业标准以及制造厂建议等对不同设备进行不同的检修方式。一般来说，限制重要生产线产量的关键设备以及投资大、易出问题的大型设备，应采用状态检修模式。

本模块就是以优化检修为基础进行的设计。

系统对于纳入计划检修和状态检修管理的两类设备可根据检修周期和状态报告自动生成检修计划。检修计划在检修资源完备的前提下，经资金和成本的确认，传送至生产管理部门，批准后系统自动生成维修工单，并可实时传送至检修部门。检修部门可利用系统编制网络进度计划绘制网络图，并可调用辅助决策系统对其维修费用、工时进行优化，找出关键路线，指明关键任务。对于多个相关维修项目，还可实现材料、备件、人员等维修资源的统一调度和管理。

检修任务完成后，验收记录、维修记录等相关的文件系统均进行集成化统一管理。

设备管理人员还可随时利用系统的查询、统计功能对计划执行情况，工期、费用等进行查询、分析，发现问题迅速响应。

B　设备维修管理模块的系统构成（图 10-13）

C　各模块与其他模块的关系（图 10-14）

D　设备维修管理模块的管理流程（图 10-15）

10.2.4.7　辅助决策管理模块

A　模块的功能设计及分析说明

辅助决策管理又称为决策支持系统 DSS（Decision Support Systems），它主要由数据库、模型库和人机交互界面三大部分构成，主要解决半结构化和非结构化问题。人工智能和专家系统 AI/ES（Artificial Intelligence and Expert System）与 DSS 结合后成为智能决策支持系统 IDSS。IDSS 与 DSS 的主要区别在于它包含一个知识库，从而能像专家一样从模

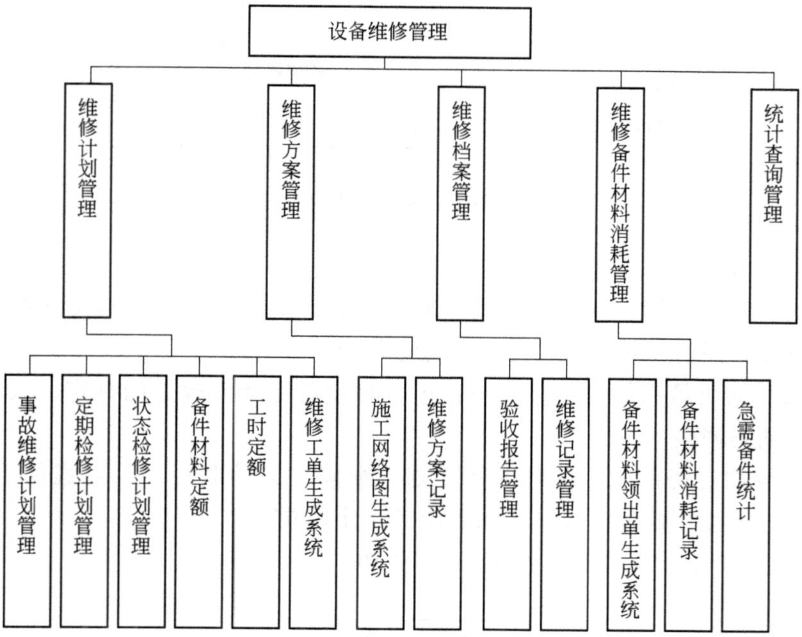

图 10-13 设备维修管理模块的系统构成

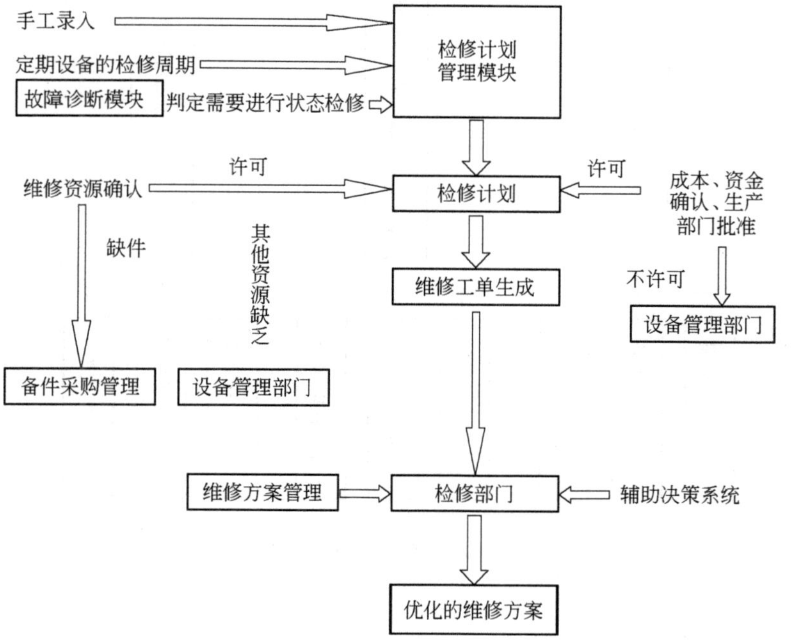

图 10-14 维修管理各模块之间的关系

型库中选择合适的模型。

本模块的设计主要考虑应用已有的一些决策系统作为设备管理信息系统的子系统，从PMIS 中获取数据进行分析决策。

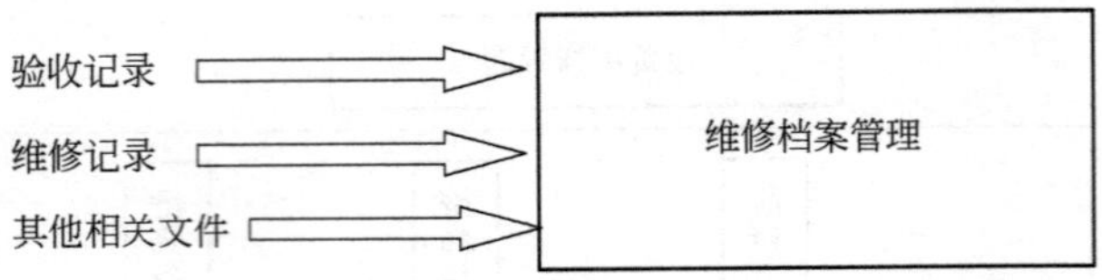

图 10-15　维修管理流程

本模块主要由三大部分构成：

(1) 状态评估及故障诊断系统：用于对设备状态的监测评估及故障诊断，对设备的总体性能进行综合评估，对设备状态进行趋势分析。

(2) 设备更新决策和最佳库存系统：用于对设备更新或改造的判定，及不同备件的合理库存进行动态调整。

(3) 维修管理支持系统：在对维修计划、维修方案的制订中，对维修工时、费用、资源、调配等进行优化处理，找出利润最佳工期计划方案。

B　辅助决策管理模块的系统构成（图 10-16）

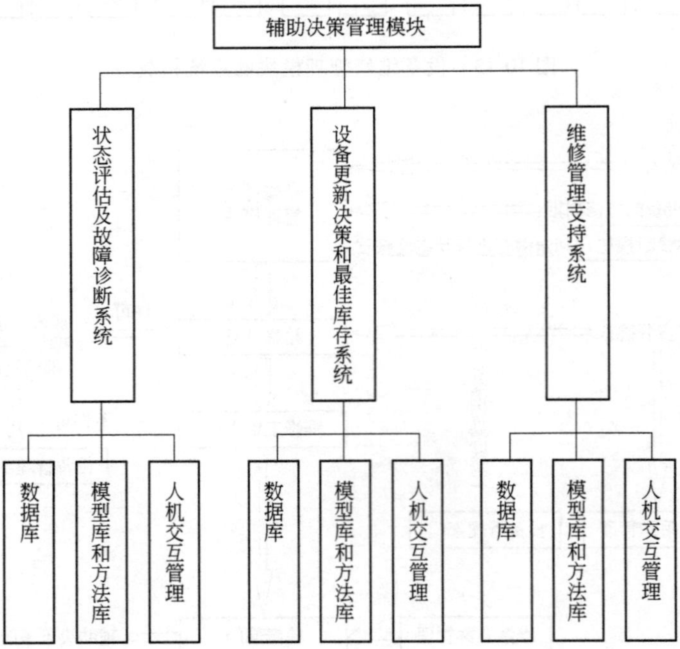

图 10-16　辅助决策管理模块的系统构成

10.2.4.8　知识共享管理模块

A　模块的功能设计及分析说明

ERP 的另一个突出特点是知识共享，由于系统本身的开放性特点可获得来源于本企业、同行业的其他企业、制造厂商等的经验技术，充分利用这些经验技术及先进的管理思想对提高企业的设备管理水平大有好处。

本模块主要由三大部分构成：

（1）设备及零部件信息：主要包括设备及备件的升级、替代信息；设备及备件的改进经验，对不同制造厂的备件评价等为设备、备件的采购提供参考。

（2）维修技巧与经验：包括维修方案好经验、好方法、设备维修的注意事项及制造厂的维修建议等。

（3）设备管理信息：包括在设备管理中遇到的问题和解决方法，维修管理与生产管理的协调方案，设备管理的新方式等。

本模块的功能主要是提供一个经验交流平台，使设备管理人员可以充分享用已有的成熟经验、技巧、少走弯路，提高设备管理水平。

B　知识共享模块的系统构成（图 10-17）

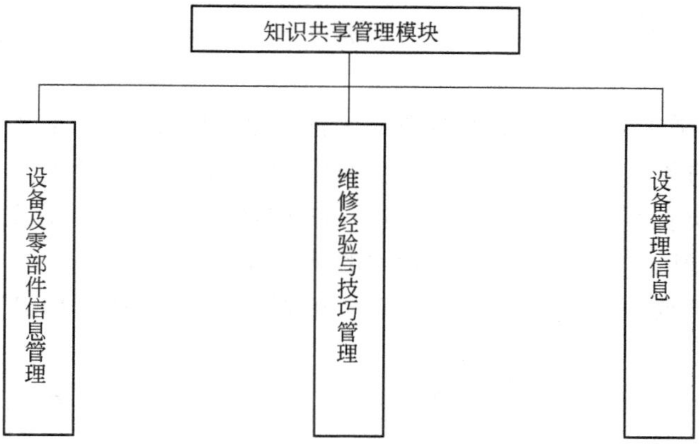

图 10-17　知识共享模块的系统构成

10.2.4.9　设备信息查询管理模块——模块的功能设计及分析说明

设备管理工作中会产生大量的信息，对于设备管理人员来说，需要获得及时、准确、完整的所用信息。同时，设备管理工作还需要大量的数据报表，这都需要利用设备信息查询管理模块。来实现数据的统计汇总，并打印输出所需要的数据报表。

10.2.4.10　系统维护管理模块——模块的功能设计及分析说明

整个设备管理工作所涉及的数据量十分巨大，准确、及时的数据管理是系统运行的关键。同时，由于本系统是一个开放的系统，系统的安全机制就显得十分重要。

本模块的主要功能是及时对数据进行备份、删改和清空等维护工作。同时，采用严格的授权机制和防火墙技术，确保系统的数据安全。

10.3　设备管理信息系统的特点

10.3.1　ERP 及 PMIS 在我国企业实施情况

由于 ERP 是一种新型的管理模式，而作为一种管理工具，它同时又是一套先进的计算机管理系统，是信息时代企业实现现代化、科学化管理的有力工具，从某种意义上说是衡量企业管理现代化的一个标尺，因此，它很快被人们认同和接受。在我国约有1100万家使用ERP，而我国的一些财务软件商也开发了一些适合中国企业需求的ERP软件，如用友、金蝶、浪潮等，并为许多企业带来了丰厚的收益。其中，较有代表性是用友ERP系统在酒泉钢铁公司、西安车辆厂的实施；金蝶K_3ERP系统在青岛双桃精细化工有限公司的实施及浪潮通软ERP在华泰集团的成功应用等。

同样设备管理信息系统（PMIS）作为企业管理信息系统（MIS）的一部分，也在我国的许多企业中得到了广泛的应用，并取得了良好的效果。

10.3.2 存在问题及其解决途径

传统的设备管理信息系统在应用中主要存在以下几个问题：

（1）部分传统的设备管理信息系统，只是实施了打印报表功能，未能充分体现PMIS的价值和功能。

（2）设计时受限于本企业的管理体制，未能实现ERP的核心理念——供应链管理。

（3）PMIS中的各个功能模块之间未达到真正的数据共享，形成“信息孤岛”。

（4）PMIS的功能不全，只解决了设备管理中部分问题，缺少对设备从购进、安装使用、报废的全程管理，只是侧重于设备管理的某些方面。

（5）把PMIS系统设计成了一个完全单独的系统，未考虑与ERP软件其他模块的接口与数据共享。

（6）把重点放在了企业内部，大多采用C/S（Client/Server）模式，未考虑供应链上各节点企业的资源共享。

（7）设计时受企业的管理体制所束缚，流程上存在非增值的重复工作。

（8）系统设计中未考虑知识共享。

（9）现阶段ERP软件中的设备管理子系统侧重于对物流和现金流的管理，忽视了设备管理以技术管理和现场管理为重点的特点。

要想彻底解决上述问题，根本途径就是要运用ERP的核心管理思想——集成化供应链管理来指导、设计实施设备管理信息系统，使其成为ERP软件的一个功能强大的子系统，同时充分考虑设备管理以技术和现场管理为重点的特点，让其在企业管理中发挥重要的作用。

思 考 题

1. 设备管理信息系统应该同时具备哪些特性？
2. PMIS系统的主要功能和模块有哪些？
3. ERP环境下设备管理信息系统的设计理念是什么？
4. PMIS在我国企业中的使用及其发展？
5. 试分析当前管理信息系统应用的问题和可能的解决对策。

11 计算设备剩余寿命的几种方法

设备的剩余寿命就是设备的当前状态还能正常运行，即距离大修或报废的大概时间。它反映了设备何时更换的问题。设备发生故障后设备是大修还是更新，采取哪种决策取决于采用该决策后设备是否满足可靠性要求，能否完成规定功能，同时还要考虑技术经济问题。本章研究的设备剩余寿命是指各种损伤达到允许值的剩余时间。只有不断监测设备的工作状态变化，进行故障状态的预报并及时采取措施，才能减少设备意外停机，尽可能延长设备服役的时间；减少各种事故，杜绝灾难性事故，以达到减少维修时间和费用的目的。

11.1 基于神经网络方法的疲劳剩余寿命预测

11.1.1 神经网络的基本理论

从神经网络本身来看，它分为人工神经网络（artificial neural network，ANN）、生物神经网络（biological neural network，BNN）和计算神经网络（computational neural network，CNN）。ANN 偏重于逻辑推理，而 CNN 则偏重于数值计算。这里主要介绍人工神经网络 ANN。

人工神经网络是对生物神经系统的某种抽象、简化与模拟，是由许多并行互联的相同神经元模型组成。网络的信息处理由神经元之间的相互作用来实现，知识与信息存储在处理单元相互间的物理连接上，网络的学习和识别决定于各神经元连接权系数的动态演化过程。一个神经网络模型描述了一个网络如何将它的输入矢量转化为输出矢量的过程。

神经网络获得计算能力，一是通过它的大规模并行分布式结构；二是通过它的学习能力与泛化能力（泛化能力指即使当前的输入在训练阶段没有被采用过，神经网络仍然能产生期望的输出）。这两方面信息处理的能力使得神经网络可能解决目前难以对付的复杂问题。神经网络在应用中已经表现了如下有用的特性与能力：

（1）非线性映射能力。一个神经元从根本上说就是一个非线性元件，自然地，由这些神经元互相连接组成的神经网络也是非线性的，而且这种非线性是分布在整个网络中。非线性是个非常重要的特性，尤其当产生输入信号（比如声音信号）的物理机制固有地为非线性的时候。

（2）泛化能力。泛化能力使得神经网络具有真正的实用性，并且使得它能够处理那些有噪声或不完全的数据。

（3）学习能力。神经网络具有十分强的学习功能，连接权和连接的结构都可通过学习得到。

（4）自适应能力。在冯·诺依曼计算机中，知识是静态地存储在编有地址的记忆单元中，新的信息破坏老的信息。而在神经网络中，知识存储在神经元之间的连接关系中，新的知识用来调整这种连接关系，而不是破坏这种连接关系。也就是说，知识在神经网络中具有适应性，而在传统计算机中只是严格的替换关系。

（5）容错能力。硬件实现的神经网络具有固有的容错性能，在不利的工作条件下，神经网络只是性能下降，但工作仍然可靠。例如，如果一个神经元或它的连接权损坏了，存储模式的回忆质量降低，然而，由于信息在网络中分布式存储，所以只有当损坏是大范围的时候，网络的整个响应才会严重下降。原则上，局部范围的损坏使得神经网络性能下降，但工作仍可靠，而不会造成灾难性的故障。

（6）VLSI 实现。神经网络的大规模并行特性使得它在计算特定任务时可能非常快速，这个特性也使得神经网络非常适用于用超大规模集成电路 VLSI（very large scaled integrated）技术实现。

目前神经网络模型有：感知器、线性网络、BP 网络、径向基网络、自组织网络和反馈网络。而这些神经网络模型都有各自的特点和应用范围，只有根据网络模型的各自特点和实际情况相结合，采用不同的模型，才能充分发挥各种网络模型的作用，更好地解决实际问题。

11.1.2　BP 神经网络

11.1.2.1　BP 神经网络基础

误差反向传播（error back propagation）网络简称 BP 网络。BP 神经网络是当前应用最为广泛的一种人工神经网络，其结构简单，工作状态稳定，易于硬件实现，广泛应用于识别分类、非线性映射、复杂系统仿真等方面。BP 网络是典型的多层结构，它不仅有输入层节点和输出层节点，而且有隐层节点（可以是一层或多层），且层与层之间多采用全互联方式，但同层单元之间不存在连接。对于输入信号，一般要先向前传播到隐节点，经过作用函数后，再把隐节点的输出信息传播到输出节点，最后得到输出结果。其网络模型如图 11-1 所示。

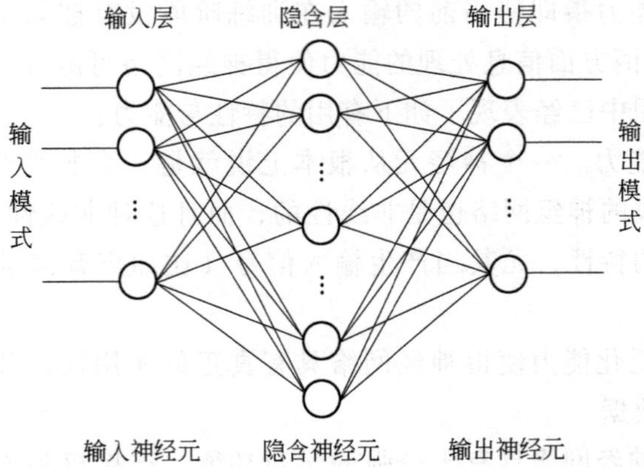

图 11-1　BP 神经网络模型图

神经元的作用函数一般选用 Sigmoid 型函数：

$$f(x) = \frac{1}{1 + e^{-x}}$$

式中 x——神经元的总输入。

其网络基本拓扑结构如图 11-2 和图 11-3 所示。

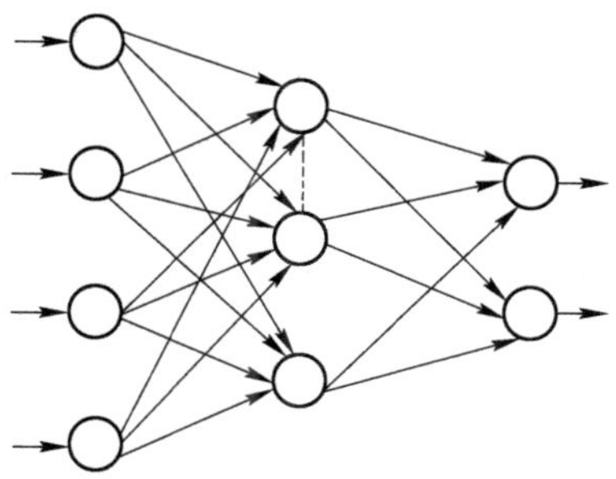

图 11-2 三层 BP 神经网络结构

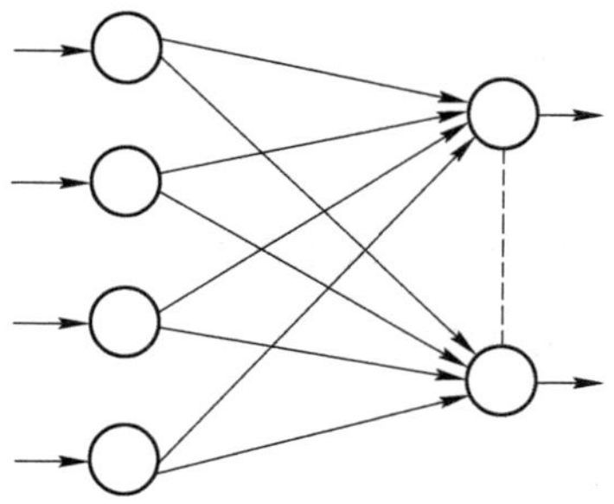

图 11-3 二层 BP 神经网络结构

11.1.2.2 BP 网络的算法

BP 网络的学习过程包括两个阶段：正向传播和反向传播。在正向传播过程中，输入信息从输入层经隐单元层逐层处理，并传向输出层，每一层神经元的状态只影响下一层神经元的状态。如果在输出层不能得到期望的输出，则转入反向传播，此时误差信号从输出层向输入层传播，并沿途调整各层神经元间的连接权值和阈值，两个过程反复交替，以使误差逐渐减小，直到达到精度要求。该算法实际上是求误差函数的极小值，它通过多个样本的反复训练，并采用梯度下降法使得权值沿着误差函数负梯度方向改变，并收敛于最小点。

以三层 BP 网络为例，BP 算法描述如下：

BP 网络三层节点表示为：输入节点 x_j，隐节点 y_i，输出节点 O_l，输入节点与隐节点间的网络权值为 w_{ij}，隐节点与输出节点间的网络权值为 T_{ij}，输出节点的期望输出为 t_l，BP 模型的计算公式为：

隐节点的输出 $$y_i = f(\sum_j w_{ij}x_j - \theta) = f(net_l)$$

输出节点的输出 $$O_l = f(\sum_j T_{ij}y_i - \theta_i) = f(net_l)$$

输出节点的误差 $$E = \frac{1}{2}\sum_l (t_l - O_l)^2$$

(1) 输出节点的公式：

$$\frac{\partial E}{\partial T_{ij}} = -(t_l - O_l)f'(net_l)y_i$$

定义输出节点误差 $\delta_i = (t_l - O_l)f'(net_l)$，则 $\frac{\partial E}{\partial T_{ij}} = -\delta_i y_i$。权值修正 ΔT_{li} 正比于误差函数沿负梯度下降，则有：

$$\Delta T_{li} = -\eta \frac{\partial E}{\partial T_{li}} = \eta \delta_i y_i$$

（2）隐节点的公式：

$$\frac{\partial E}{\partial w_{ij}} = -\sum_l (t_l - O_l) f'(net_l) T_{li} f'(net_i) x_j = -\sum_l \delta_l T_{li} f'(net_i) x_j$$

定义隐节点误差 $\delta_i = f'(net_i)\sum_j \delta_i T_{li}$，则 $\frac{\partial E}{\partial w_{ij}} = -\delta_i x_j$。权值修正 Δw_{ij} 正比于误差函数沿负梯度下降，则有：

$$\Delta w_{ij} = -\eta \frac{\partial E}{\partial w_{li}} = \eta \delta_i x_j$$

同理可以获得阈值的修正。

对输出节点　　$\Delta\theta_l = \eta \frac{\partial E}{\partial \theta_l} = \eta \delta_l$

对隐节点　　$\Delta\theta_i = \eta \frac{\partial E}{\partial \theta_i} = \eta \delta_i$

对于常用的神经元作用函数 Sigmoid 函数，存在关系 $f'(x) = f(x)(1 - f(x))$，则：

对输出节点　　$O_l = f(net_l)$　　$f'(net_l) = O_l(1 - O_l)$

对隐节点　　$y_i = f(net_i)$　　$f'(net_i) = y_i(1 - y_i)$

11.1.2.3　BP 神经网络参数改进

BP 网络误差曲面有以下三个特点：（1）有很多局部的最小解；（2）存在一些平坦区，在此区内误差改变很小，这些平坦区多数发生在神经元的输出接近于 0 或 1 的情况下；（3）存在不少局部最小点，使算法不收敛。因此，基于误差梯度下降思想的 BP 算法，往往存在难以收敛、收敛速度慢或收敛精度不高的问题。一般从以下方面来改进 BP 网络参数：

（1）初始学习率的选取。在 BP 网络的研究中，学习率的选取是一个重要的研究方向，不同的学习率对于同一训练集、学习速度和收敛程度的影响是不一样的。有研究表明，学习率的取值与网络的节点数有关，网络规模越大，学习率应越小，一般学习率的初始值常用如下公式选取：

$$\eta = \frac{2}{n+1} \quad 或 \quad \eta = \frac{1}{\mathrm{sqrt}(n)}$$

式中　n——隐层节点数。

（2）学习样本归一化。网络的激励函数常采用 Sigmoid 函数：$f(x) = \frac{1}{1 + e^{-x}}$。由于 S 型函数输出范围在 0（抑制）和 1（激活）之间，输入/输出模式也应在响应的范围内为宜。而从传感器采集到的特征参数往往不在此范围内，因此，需对网络的输入数据进行归一化处理。

不失一般性，设样本数据为 $x_p(p = 1,2,\cdots,p)$，定义 $x_{\max} = \max\{x_p\}$，$x_{\min} = \min\{x_p\}$，按下式进行归一化处理计算可将样本数据转换为 0 ~ 1 区间的数据：$\frac{x_p - x_{\min}}{x_{\max} - x_{\min}} \Rightarrow x_p$。

但是当 $x_p = x_{\min}$（或 $x_p = x_{\max}$）时，归一化值为 0（或 1），而 0 或 1 都是激励 S 型函

数的上下极限值，不宜作为输入输出的实际使用。因此，采用下式加以限制：$\frac{x_p - x_{\min} + a}{x_{\max} - x_{\min} + a} \Rightarrow x_p$（$a = 0.9$ 或 0.85）。

相应地网络输出数据也应做归一化处理，这样可以取较小的数作为网络的连接权，使网络计算不会发生计算溢出问题。

网络学习后，再将网络输出的数据进行还原，即归一化反变换：$\frac{x_p(x_{\max} - x_{\min}) + x_{\min} - a}{a} \Rightarrow x_p$，通过调整参数 a 的值，改变学习样本中自变量的归一化值、神经元的输入值，从而影响到网络的学习过程。在实际应用中，对网络进行训练以获取满意的结果。

（3）BP 网络结构的优化（即隐节点的选取）。设计神经网络的拓扑结构是非常重要的问题。前已述及三层的 BP 网络能够足以模拟任何输入输出之间的非线性映射关系，输入输出层可由待求解问题本身所确定，而隐层神经元的个数不能直接确定。隐节点过少，学习过程可能不收敛，而隐节点过多，则会长时间不收敛，还有可能由于过拟合造成网络的容错性和泛化能力下降。关于网络拓扑结构的确定主要有两大类方法：静态构造法和动态构造法。但这些方法算法复杂、所花时间也较长，还不能从根本上解决网络拓扑结构的确定问题。建议用的隐层单元数确定规则：

$$m \leqslant \sqrt{n(l+3)+1}$$

式中 m——隐层单元数；

n——输入层单元数；

l——输出层单元数。

11.1.3 剩余寿命预测步骤

使用神经网络来预测设备剩余寿命步骤如下：

（1）确定评估指标。设备的剩余寿命取决于工作、维修保养等情况。

（2）构造训练集。根据设备的工作状况和使用寿命建立数据文件。

（3）网络的结果设计。BP 神经网络采取三层网络结构。

（4）网络的学习。将因素值作为输入，剩余寿命作为结果输出，网络通过学习算法反复向例子或样本集学习，修改权重，使网络输出逼近期望输出，最终使网络能量最小，网络收敛，学习过程结束。

根据上述过程编制计算程序，逻辑结构如图 11-4 所示。

11.1.4 计算带缺陷压力管道的疲劳寿命

用三层 BP 网络，结构为 $N^3(8,8,1)$。然后按照上述步骤编程。从实验和有关参考资料中选取一定数量的实验样本数据，如表 11-1 所示。输入相应的实验参数和结果，对所建的神经网络模型进行训练。通过对样本数据的学习，神经网络确定了诸如材料、裂纹类型、裂纹尺寸、工作压力等参数与疲劳寿命之间的非线性映射。最后，将训练好的网络模型用于带缺陷压力管道的疲劳寿命计算。通过与实验值、理论值和有限元法的结果进行比

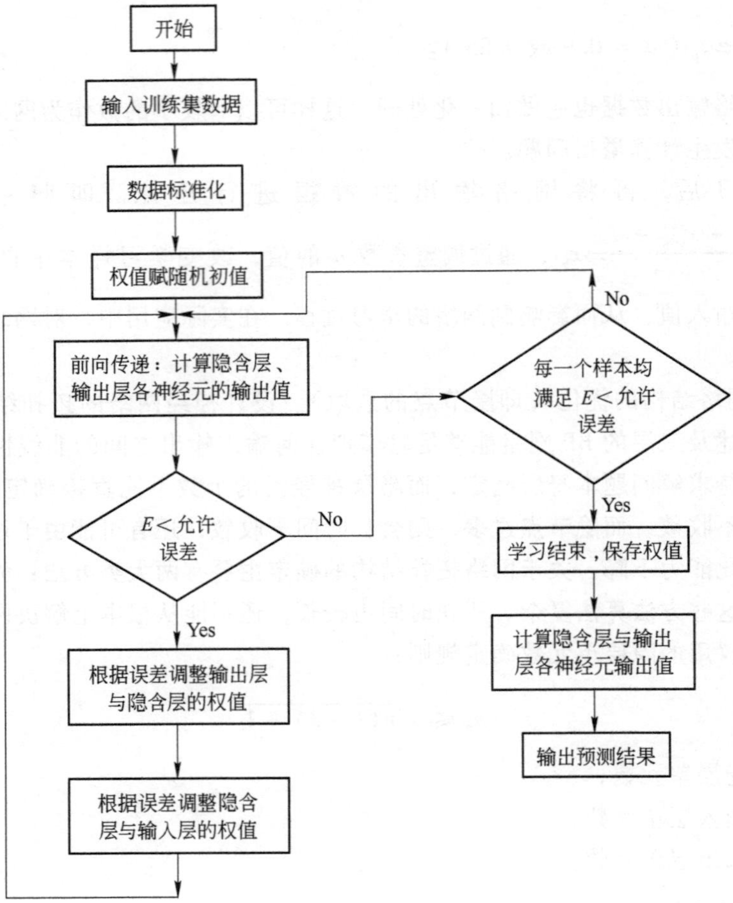

图 11-4 BP 网络预测设备剩余寿命逻辑结构框图

较和误差分析，如表 11-2 和表 11-3 所示。

表 11-1 试验样本参数和结果

样本号	材 料	管子外径 /mm	壁厚 /mm	缺陷类型	缺陷尺寸		温度/℃	压力/MPa	疲劳寿命 /次
					深度 /mm	长度 /mm			
1	20MnMoNi55	798	48	贯穿裂纹	47.2	20	130	0	142000
2	20MnMoNi55	798	48	表面裂纹	26.0	20	250	15.5	134000
3	20MnMoNi55	798	48	贯穿裂纹	47.2	60	20	0	96500
4	20MnMoNi55	798	48	贯穿裂纹	47.2	60	20	15	88000
5	20MnMoNi55	798	48	表面裂纹	39.4	60	250	15	74000
6	20MnMoNi55	798	48	表面裂纹	20.0	60	250	15	105000
7	20MnMoNi55	798	48	内埋裂纹	20.0	60	250	15	106000
8	20MnMoNi55	798	48	表面裂纹	20.0	90	270	15	90000

续表 11-1

样本号	材　料	管子外径 /mm	壁厚 /mm	缺陷类型	缺陷尺寸		温度/℃	压力/MPa	疲劳寿命 /次
					深度 /mm	长度 /mm			
9	20MnMoNi55	798	48	表面裂纹	20.0	120	250	15	86500
10	NiMoCr	794	48	表面裂纹	20.0	20	230	15	110000
11	NiMoCr	794	48	表面裂纹	36.0	20	250	15	85500
12	NiMoCr	794	48	贯穿裂纹	47.2	60	150	15	55000
13	NiMoCr	794	48	表面裂纹	20.0	60	250	15	65000
14	NiMoCr	794	48	表面裂纹	20.0	120	280	15	57000
15	20MnMoNi55	797.9	48	贯穿裂纹	47.2	20	20	0	129500
16	20MnMoNi55	797.9	48	表面裂纹	20.0	70	160	15	100700
17	20MnMoNi55	797.9	48	表面裂纹	34.0	120	300	15	58500
18	NiMoCr	793.9	48	贯穿裂纹	47.2	70	160	0	85500
19	NiMoCr	793.9	48	表面裂纹	20.0	120	300	5	93800
20	NiMoCr	793.9	48	表面裂纹	34.0	20	300	15	114700

表 11-2　各种计算方法结果比较

样本号	实验值 (M_e)	理论值 (M_t)	有限元法 (M_f)	神经网络法 (M_n)	$\frac{M_t}{M_e}$	$\frac{M_f}{M_e}$	$\frac{M_n}{M_e}$
1	142000	101510	132670	131420	0.7149	0.9343	0.926
2	134000	97800	132220	125190	0.7366	0.9867	0.934
3	96500	76200	109880	104180	0.7896	1.1387	1.080
4	88000	64500	102730	79450	0.7330	1.1674	0.903
5	74000	69200	102880	85730	0.9351	1.3903	1.159
6	105000	87700	122200	111870	0.8352	1.1638	1.065
7	106000	87200	122200	111790	0.8226	1.1528	1.055
8	90000	78600	112310	95130	0.8733	1.2479	1.052
9	86500	69900	106390	84070	0.8081	1.2299	0.972
10	110000	104000	133390	104420	0.9455	1.2126	0.949
11	85500	95100	128380	83030	1.1123	1.5015	0.971
12	55000	64500	96240	58040	1.1727	1.7498	1.055
13	65000	89600	121410	81450	1.3785	1.8678	1.253
14	57000	71500	104240	58920	1.2544	1.8288	1.034

表 11-3　误差比较

误差统计	M_t/M_e	M_f/M_e	M_n/M_e
平均值	0.936555	1.326599	1.029438
标准方差	0.211034	0.300539	0.096707

因此，用神经网络方法计算压力管道的疲劳寿命，比理论法、实验法、有限元法更准确，只要能够获得适当数量的学习样本即实验研究数据，基于神经网络的疲劳寿命计算方法不失为一种有效的方法。

11.2　考虑维修影响的机械设备剩余寿命模型

11.2.1　设备寿命

设备寿命指设备从开始投入使用时起，一直到因设备功能完全丧失而最终退出使用的总的时间长度。设备的寿命可按不同准则分为自然寿命、经济寿命和技术寿命3种。

设备的自然寿命是指设备在规定的使用条件下，从投入使用开始到因有形磨损导致设备不能保持规定功能而中止使用的时间。因此，设备的自然寿命主要受有形磨损的影响，由其使用可靠性和（或）储存可靠性决定。设备在使用过程中，由于受到外力的作用，其零部件会发生摩擦、振动、疲劳、蠕变、腐蚀、生锈等现象，使设备实体产生磨损，如果继续使用，将影响设备使用功能的实现，形成设备故障。通过维修，虽然可以使设备恢复一定的精度、性能和状态，但是随着设备使用年限的增加、磨损的加剧，设备的故障率越来越大，单位时间内的故障次数也越来越多，设备已不能保持规定功能，即使通过维修仍不能将其故障率降低到可接受水平，满足其使用可靠性和安全性要求，这种情况下对设备进行局部更换已没有意义，最好的维修策略就是更新设备。因此，设备发生这种故障时就可认为已经到达其自然寿命。由此可以看出，设备故障率函数是确定其自然寿命的重要依据。

设备的技术寿命（又称有效寿命）是指设备从投入使用到因技术落后而被淘汰所延续的时间。由此可见，技术寿命主要是由设备的无形磨损所决定的，它一般比自然寿命要短，而且科学技术进步越快，技术寿命越短。因此，在估算设备寿命时，必须考虑设备技术寿命期限的变化特点及其使用的制约或影响。

设备的经济寿命是指设备从投入使用开始，到因继续使用在经济上不合理而被更新所经历的时间。它是由维护费用的提高和使用价值的降低决定的。设备的经济寿命就是从经济观点（即成本观点或收益观点）确立的设备更新的最佳时刻。

对于一个寿命分布函数已知的单元，其平均剩余寿命用下式计算：

$$m(t) = \frac{1}{1 - F(x)}\left\{u - \int_0^t [1 - F(x)]\,\mathrm{d}x\right\}$$

式中　u——单元的平均寿命；

$F(x)$——单元的寿命分布函数。

对于一台可修复的复杂设备，由多个单元构成的复杂系统，具有故障模式多、故障发生时间和故障间隙时间不同的特点，因此，计算其剩余寿命不能简单搬用单元的算法，应根据设备的故障特点，建立设备的故障率模型，计算其剩余寿命。

设备的剩余寿命反映在工程中就是何时更换设备的问题。设备发生故障后，是修理还是更新，采取哪种决策取决于采用该决策后设备是否满足可靠性要求，能否完成规定功能。根据所推导出的设备故障率模型，当设备各单元的故障率均比较高时，设备的故障率就会很高，可靠性和安全性降低，频繁发生故障，影响设备的正常使用，即使经过修理或更新个别故障单元仍不能把故障率降低到可接受的水平，无法恢复设备的规定功能满足工程需要，此时就可对设备进行报废，更换新设备。

根据规定的使用可靠性要求，可选定一个合适的故障率限度 $r(t)$ 。当设备的故障率达到此限度或在限度以上发生故障，就可报废，并整体更换新设备，此时的时刻 T 就是设备的自然寿命。

11.2.2 设备故障率曲线

故障率曲线反映的是故障率随使用时间变化的宏观统计规律，它是确定拆卸更换的重要依据。20 世纪 60 年代，人们曾认为设备都有初期故障期、偶发故障期和耗损故障期，浴盆曲线（图 11-5）适用于一切设备。但美国联合航空公司对飞机设备的研究表明，除了典型的浴盆曲线外，另外还有故障率增加、故障率不变和故障率减小 3 类。下面简单介绍浴盆曲线：

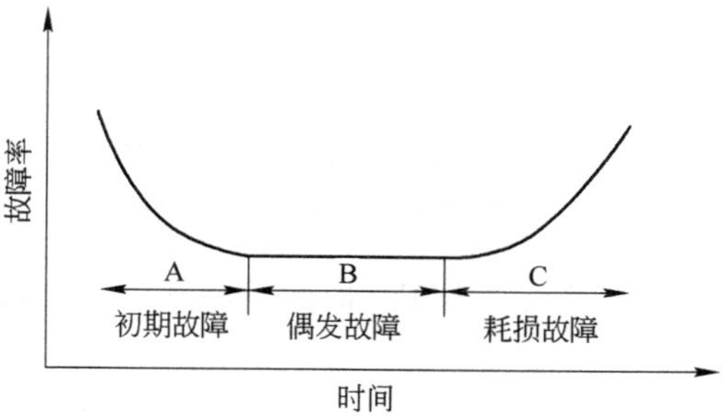

图 11-5 设备故障率曲线

（1）初期故障期。在设备开始使用的 A 阶段，一般故障率较高，但随着设备使用时间的延续，故障率将明显降低，此阶段称初期故障期，又称磨合期。这个期间的长短随设备系统的设计与制造质量而异。在初期故障期（A 段）发生的故障，主要是由设计、制造上的缺陷，安装、调整或使用环境的不当所造成的。此期间出现的故障，一般都是不可预见的，但它对日后设备的维护、维修等工作起着重要的作用。

（2）偶发故障期。设备使用进入 B 阶段，故障率大致趋于稳定状态，趋于一个较低的定值，表明设备进入稳定的使用阶段。在此期间，故障发生一般是随机突发的，并无一定规律，故称此阶段为偶发故障期。在偶发故障期（B 段），设备系统都保持稳定的、较低的故障率，这也是设备与系统的最佳状态期和正常工作期。偶发故障期的故障多起因于可靠性设计中的隐患、使用不当以及维修保养不力。

（3）耗损故障期。虽然良好的设备通过定期维护保养可降低一段时间内的故障率、延长设备稳定运行的时间，但随着使用时间的延长，设备使用不可避免地进入后期 C 阶段，经过长期使用，故障率再一次上升，且故障带有普遍性和规模性，设备的使用寿命接近终了，此阶段称损耗故障期。在此期间，设备零部件经长时间的频繁使用，逐渐出现老化、磨损以及疲劳现象，设备寿命逐渐衰竭，因而处于故障频发状态。

11.2.3 设备故障模型

1960 年 12 月，美国贝尔电话实验室的德雷尼克首次发表了复杂设备的故障定律，认为：对于复杂的可修复设备，当设备中没有支配性故障模式时，无论其零部件的寿命服从何种分布（如指数分布、正态分布、威布尔分布等），如果设备每次故障均对故障件进行

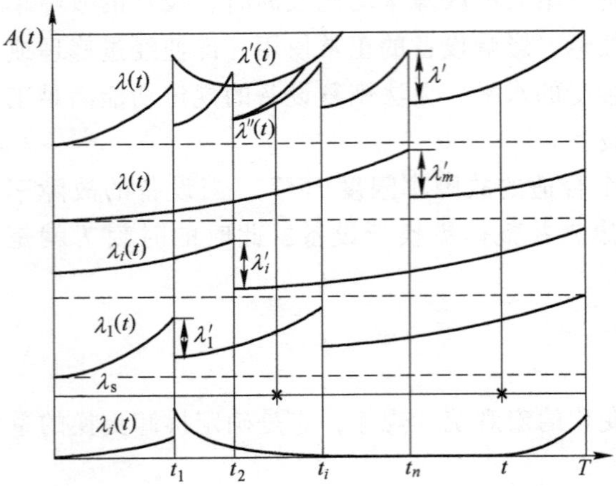

图 11-6　单元与设备的故障率曲线
×—服从指数分布的单元故障点

更换，那么，经过长时间的故障与更换后，设备的故障将服从指数分布。这个定律也归纳了复杂可修复设备的寿命特点。但是，德雷尼克定律的前提是设备中没有支配性故障模式，并且是对设备一般故障规律的表述，不能反映一台具体设备，在特定使用与维修环境下（例如大修后）的实际故障规律。因此，要确定设备的剩余寿命必须根据设备实际故障与维修情况研究其故障率模型。

大量实践证明，设备通常是串联结构，因为往往一个单元发生故障就导致整个设备故障，所以设备故障率为各单元故障率之和，如图 11-6 所示。

由 n 个单元机构的设备，$\lambda_i(t)$ 为第 i 个单元由新品工作到 t 时的故障率，当设备未经任何更换时，其故障率 $\lambda(t)$ 为：

$$\lambda(t) = \sum_{i=1}^{n} \lambda_i(t)$$

若设备第 $i(i = 1,\cdots,n)$ 单元最近一次更换时刻为 t_{mi}，则设备的故障率为：

$$\lambda(t) = \sum_{i=1}^{n} \lambda_i(t - t_{mi})$$

若在 t_1 时刻，第 j 单元发生故障并更新，此时设备故障率为：

$$\lambda(t_1) = \sum_{\substack{i=1 \\ j=1}}^{n} \lambda_i(t_1 - t_{mi}) + \lambda_j(0), \quad j \in [1,n]$$

当设备工作到 $t_2(t_2 > t_1)$ 时刻时，若没有单元发生故障，则设备故障率为：

$$\lambda(t_2) = \sum_{\substack{i=1 \\ j=1}}^{n} \lambda_i(t_2 - t_{mi}) + \lambda_j(t_2 - t_1), \quad j \in [1,n]$$

因此，在每个单元都有可能发生故障并更换的情况下，设备在任意时刻 t 的故障期望值为：

$$\lambda(t) = \sum_{i=1}^{n} \lambda_i(t_i)$$

其中：

$$t_i = t - \left[\frac{t}{E(T_i)}\right] \cdot E(T_i)$$

式中　$E(T_i)$—— 第 i 个单元的平均寿命；

　　　$[\ \cdot\ ]$ ——向下取正算法。

设第 i 个单元经修复后，其故障率改变 $\lambda_i' = \lambda_i(t_i) - \lambda_i(0)$，若 t 时刻修复的单元有 k 个，则此时该设备的故障率为：

$$\lambda(t) = \sum_{i=1}^{n} \lambda_i(t_i) - \sum_{i=1}^{k} \lambda_i'$$

因此，经更换使单元故障率改变后，设备故障率也随之改变，改变的幅度是所有故障率改变幅度之和，即 $\lambda' = \sum_{i=1}^{k} \lambda_i'$。

由以上分析可以得出以下结论：

(1) 若第 k 个单元其故障率符合浴盆曲线，当该单元故障更换后，设备的故障率随单元的故障率变高，然后逐渐降低，如图 11-6 中 $\lambda'(t)$ 所示。

(2) 若所更换的单元质量较差，故障率比原来的高，那么设备的故障率就会比原先高，故障率曲线就如图 11-6 中 $\lambda''(t)$ 所示。

(3) 若单元的故障率服从指数分布（如图 11-6 中 λ_s 所示），那么修复该单元后其故障率不变，设备的故障率也不变。

对一台具体设备，根据其管理文书和履历，可计算出设备在当前状态下的故障率 $\lambda(t)$，根据设备规定的使用可靠性要求选定一个合适的故障率限度 $r(t)$，此时对应的时刻 T 就可认为是设备的自然寿命，t 和 T 之间的时间段就是所要求的设备的剩余寿命。

11.3　基于状态监测的设备寿命预测系统

11.3.1　设备剩余寿命预测的基本方法

设备的状态监测可以显示设备的运行状态，及早发现机械的隐患和异常，跟踪及预测其变化，为制定设备维修计划提供依据；找出设备故障原因和可能的部位，制定维修方案。基于设备状态监测和故障诊断的预测维修体制，可以减少停机损失、降低维修成本、提高经济效益和社会效益。

根据预测原理不同，目前设备剩余寿命预测主要有两种方法：累积损伤跟踪法和特征参数跟踪法。

11.3.1.1　累积损伤跟踪法

累积损伤跟踪法主要是根据损伤物理学原理，对机械受到的损伤进行累积，根据各种破坏因子对设备损伤率和允许的损伤值确定设备剩余寿命。

11.3.1.2　特征参数跟踪法

特征参数跟踪法主要是选择最能够反映设备技术状态参数（指纹参数）作为状态监测的技术指标，根据这些技术指标的发展趋势和事先规定的极限值实现设备的剩余寿命预测。根据所采用的数学方法不同，特征参数跟踪法又可分为四种：

(1) 曲线回归拟合的方法。即将历史数据通过回归分析，应用最小二乘法或其他数学方法，拟合一条与历史数据最符合的曲线，通过曲线外推的方法进行预报。该方法原理简单、实施方便，常用于一些简单装置的监控系统中。缺点是预报误差较大。

（2）时间序列参数建模的方法。根据历史数据系列，建立 ARMA（p，q）模型，利用 ARMA（p，q）模型预报下一时刻机器的状态。时间序列方法能有效地提取设备的工作状态信息，但是 ARMA（p，q）模型是建立在平稳随机过程假设的基础上，用于状态预测有一定的局限性。

（3）基于灰色理论的方法。用灰色理论中的 GM（I，N）模型，对历史数据建模，根据 GM（I，N）模型生成的微分方程进行预报。但是对于多步预报，GM（I，N）模型的精度不高。

（4）基于人工神经网络的方法。人工神经网络具有较强的函数逼近能力，因此能较好地反映出设备的实际工作状态和状态信号之间的关系。同时，人工神经网络方法能进行多因素、多步预测，所以人工神经网络预测是一种很有前途的方法。利用人工神经网络预测作为预测模型的状态参数跟踪方法，可以实现设备监测技术指标的多步预测。如果某一技术指标和多个因素有关，还可以建立多个因素和预测指标相对应的神经元网络结构，实现设备状态预测。

美国近来开发了并行工程环境，它综合了 CAD-CAM-CALS（计算机辅助采办与后勤保障）等功能，利用该环境可以使设备在设计阶段即预先统筹安排故障监测与诊断，延长设备的使用寿命等事项。

11.3.2 剩余寿命预测的主要内容

对设备进行剩余寿命的预测，通过对设备的运行特征参数进行监测，通过设备的当前状态来判断其距离大修或报废的时间。因此，基于状态监测的剩余寿命分析与预测，主要涉及两个方面的工作：一是对设备的工作状态进行监测；二是进行趋势分析。

11.3.2.1 状态监测

对设备进行状态监测，首先必须根据设备特点合理地选择测点位置，一般选择易劣化部位和设备的关键部件为测点位置。其次，通过对设备劣化速度的分析研究，确定信号测试的周期。再次，根据测点信号频率，确定测试的具体参数并选择传感器的类型。

另外，设备状态监测可以采用在线方式或是离线方式对所得的信号进行劣化趋势分析。在线状态监测由传感器、数据采集器、计算机和分析软件组成，不影响设备工作，随时测量、分析和给出结果。对单机设备价值较高、影响面较广的关键机械，可以减少停机故障，提高自身和相关设备的利用率和经济效益。离线状态监测定期或不定期地巡检、现场采集数据，然后由室内计算机监测软件进行分析。离线状态监测对突发机械故障虽然无能为力，但是比在线状态监测分析更精确。配备一台监测分析仪可以在多台机械上使用，降低了监测成本。对关键机械实行在线状态监测，可减少停机故障、保证连续生产；对一般机械实行离线状态监测，可以进行复杂分析。

11.3.2.2 趋势分析

趋势分析是根据设备的征兆信息来识别设备运行状态的优劣以及预测其未来，这也是故障诊断中普遍采用的方法。将趋势分析与各类诊断参考标准相结合，可以做出多种状态趋势分析图，能用于评判设备运行状态的优劣和故障的早期预报。目前，趋势分析的研究手段主要是最小二乘拟合、时序模型、卡尔曼滤波等方法。可用于设备趋势分析的征兆信息的种类很多，采用最为普遍的基于振动信号能量及其分布的比较判别法，即建立在基于振动信号能量谱分析基础之上。

11.3.3 软件系统设计

11.3.3.1 模块设计

设备剩余寿命分析与预测系统模块主要完成设备趋势分析、寿命预算等功能。软件的工作主要分为三类：数据库管理模块、趋势分析和寿命预测模块、用户输入/输出模块。再加上主控界面模块以及其他的辅助模块构成整个寿命预测软件系统。

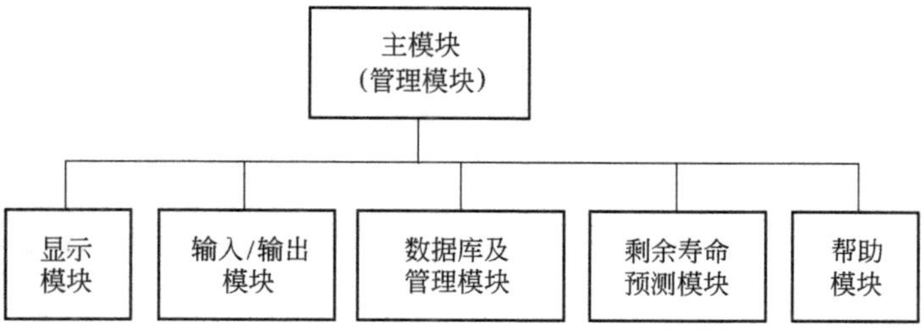

图 11-7 系统功能结构框图

主模块：对整个软件系统进行组织和管理，使各模块按照剩余寿命预测的工作流程协调运行；需要完成模块间的调用、模块间参数传递、提供总体界面等。

显示模块：为用户提供有关设备状态信号的基本信息。

输入/输出模块：用于数据库管理，向数据库中添加、更新数据；在寿命预测分析过程中输入必要的参数；并完成分析结果报表的生成、报表存取以及打印功能。

数据库及管理模块：除完成数据的管理与数据更新（包括插入、修改、删除）的功能，还对数据进行处理，实现数据的报表打印与曲线图输出。为了数据库的安全与维护，还应有数据库维护的功能。

剩余寿命预测模块：完成设备整体劣化趋势分析、剩余寿命预测，该模块是系统的核心部分。

帮助模块：实现系统的在线使用帮助。

11.3.3.2 软件的设计平台与运行环境

操作系统要求是 Windows 95 以上中文平台，包括 Windows 98、WinNT、Win 2000 等。程序开发语言及工具使用 Visual C ++6.0 版本。数据库设计采用 SQL Server 7.0 版本的数据库管理系统。应用程序与数据库的接口技术采用 ADO（Activex Data Object）技术。运用以上开发工具，实现了软件的各个模块及其他一些附属功能。软件系统要求界面美观、操作方便简单；各模块之间界面清晰；同一部件分析模块中设备选项及分析内容界定清晰、各按钮之间具有互锁功能，安全可靠；与诊断操作没有直接关系的部分如数据库的结构对用户是不可见的，但数据库系统又是开放的，便于维护和备份。因此，系统的使用既适合于对计算机较专业的人员，又适合于对计算机不很熟悉的一般操作人员。技术人员只需根据分析诊断结果的打印报表确定检修方案即可，如哪些设备需要马上修理、哪些设备可以继续使用但需要观察等，对感兴趣的设备也可以单独进行分析，以便做出进一步判断。

11.3.4 设备状态监测实践的总结

该系统采取趋势分析技术，通过对机械设备的运行状态参数进行监测，及时分析所获取的特征数据，确定设备的状态及未来的发展趋势，从而实现设备剩余寿命的预测，在生产实践中产生了极大的经济效益，有着十分广泛的应用前景。

（1）要进行状态监测，首先必须了解设备结构、原理以及工艺条件，熟悉设备故障的机理和特征，这样才可能对采集到的数据进行合理、准确的判断。

（2）对采集的数据应做到持续记录和及时总结，获得各个设备正常振动值所在区间，从而可以和新数据进行比较来判断设备所处的状态，做到对设备的运行心中有数。

（3）更新测量仪器，提高测量精度。

（4）加强监测人员的业务学习和技术培训。加强业务学习和经验总结，以求数据的准确和结论的合理。

（5）对于在什么时候进行维修是运用状态监测的难点，什么时候维修、维修什么部位均是根据故障性质及其发展趋势来判断，不能只根据一个部件的故障而定，而是要结合全体部件的状况，按照设备的重要程度，故障性质及部件以及生产安排等方面的情况综合考虑。

11.4 基于可靠度理论的剩余寿命预测

11.4.1 可靠度的计算

目前，工程设备在生产运行中，由于荷载、材料内部及环境作用等因素的影响，随着使用年限的增长，老化问题日益突出，这就需要对它们进行安全评估及寿命预测。传统的做法是利用现有的检测手段，应用数学、机械及力学理论对现役生产设备进行安全评估及寿命预测。这种方法本质上是半经验半理论的，其结果过多依赖专家经验，缺乏足够充分的理论依据。

而采用可靠度理论评估现役生产设备安全度及寿命预测，正成为设备工程领域研究的热点问题。为此，提出了基于可靠度理论的现役生产设备结构构件最低可靠度标准的设置方法及寿命预测算法，为我国生产设备结构采用基于可靠度理论的安全评估技术标准做理论上的准备和探讨。

可靠性是指系统、设备、零件、部件在规定的时间内，在规定的条件下完成规定功能的能力。可靠性包含两个方面的内容：一是生产的成品可靠、成品率高；二是运行可靠，事故和故障少。规定条件是指使用条件与环境条件，具体条件如负荷、温度、湿度、压力、振动、冲击、噪声、电磁场等，此外还包括使用、操作、维修方式以及维修水平等有关方面。规定时间是指系统失效的经济寿命期，即在考虑到陈旧老化期和经济磨损期的条件下，能正常发挥功能的总时间。在实际中，规定的时间可指某一时间段或使用的次数等。规定功能是指设备系统的预期功能，即设备所应实现的使用目的。衡量可靠性的标准是可靠度，是指系统、设备、零件、部件在规定的条件下，在规定的时间内能毫无故障地完成规定功能的概率。它是时间函数。用概率表示抽象的可靠度后，设备可靠性的测量、管理、控制、保证才有计量的尺度。

要预测生产设备的剩余寿命，首先要考虑如何确定生产设备结构寿命评估准则，即寿命终止的确切定义。当以可靠度作为结构剩余寿命的评估指标时，生产设备寿命终止定义为：生产设备可靠度低于某一水平时，就认为生产设备达到了寿命的终点。为了通过衡量生产设备的可靠指标来预测构件的剩余寿命，则应首先确定出最低可靠指标。由生产设备设计使用寿命的定义：生产设备在正常维护条件下，不需大修即可按其设计预定目的正常使用的时间。

11.4.2 可靠度理论在剩余寿命预测中的应用

从可靠度理论角度讲，剩余寿命函数（RLF）是指：在寿命试验情形中，一个部件在 t 时间未失效，则它从 t 时刻起的生存时间。更特别的，如 X 表示部件的寿命，则随机变量 $Xt = X - t \mid X > t$ 叫做剩余寿命函数（RLF）。

11.4.2.1 剩余寿命方差函数

设 X 为设备部件寿命的非负随机变量，X 的剩余寿命方差函数定义为 $\sigma_F^2 = \mathrm{Var}(X - t \mid X > t)$。如果 $\sigma_F^2(t)$ 在（0，∞）是 t 的不增（不减）函数，可以验证 $\sigma_F^2 = \frac{2}{\overline{F}(x)}\int_t^{\infty} \mu_F(x)\mathrm{d}x - \mu_F^2(t)$ 及 $\frac{\mathrm{d}}{\mathrm{d}t}\sigma_F^2(t) = r_F(t)(\sigma_F^2(t) - \mu_F^2(t))$。用 $r_F(t)$ 来表示剩余变差系数 $s_F(t) / m_F(t)$，可以得出以下结论：

（1）$\sigma_F^2(t) = c^2 Z\mu_F(t) = cZF$ 是指数型的。如果 $r_F(t) \geqslant 1$，则 $\sigma_F^2(t)$ 是递增的；如果 $r_F(t) \leqslant 1$，则 $\sigma_F^2(t)$ 是递减的。

（2）假设 F 是严格递增寿命分布，如果 $E((X - t)^2 \mid X > t)/\mu_F(t)$ 是 t 的递增（递减）函数，那么 F 是递增（递减）的。

（3）假设 F 是严格递增寿命分布，如果对应于 F 的诱导分布是递增（递减）的，那么 F 也是递增（递减）的。

（4）假设 F 是严格递增剩余寿命分布，使得 $E(X^n) < \infty$，如果 F 是递增（递减）的，则：

$$E(X^n) \leqslant (\geqslant) \frac{n!u_2^{n-1}}{2^{n-1}u^{n-2}} \quad (n = 2,3,\cdots)$$

11.4.2.2 剩余寿命函数的一般矩

剩余寿命函数（RLF）的一般矩定义为 $\phi_r(t) = E((X-r)^r|X-t) = \int_t^{\infty} r(x-t)^{r-1}\overline{F}(x)\mathrm{d}x/\overline{F}(t)$，根据该定义可以得出以下结论：

对于一个连续随机变量 X，剩余寿命矩满足：$\phi'_{r-1}(t) = -(r-1)\phi_{r-2}(t) + \dfrac{\phi'_r(t)}{\phi_r(t)}\phi_{r-1}(t) + \dfrac{r\phi^2_{r-1}(t)}{\phi_r(t)}$，由一般矩表明，两个相邻剩余矩的比率可以确定分布函数。可以得出以下结论：

（1）如果 $\dfrac{\phi_r(t)}{\phi_{r-1}(t)} = g(t) = c$（对于特定整数），$X$ 的分布是指数分布。

（2）由 $r^2_{\mathrm{F}}(t)$ 可确定分布。如果 $r^2_{\mathrm{F}}(t) = 1$，那么 X 是指数分布；如果 $r^2_{\mathrm{F}}(t) =$ 常数 $\neq 1$，那么 X 是幂分布。

（3）如果对于任意正实数 r，X 的 r^{th} 剩余矩是常数，那么在适当条件下，X 具有指数分布且相反。定义偏矩如下：$\varphi_r(t) = E[((X-t)^+)^r] = \int_r^{\infty}(x-t)^{r-1}\overline{F}(x)\mathrm{d}x$，注意到 $\overline{F}(t)\phi_r(t) = \varphi_r(t)$。

（4）假设 X 是具有概率密度函数 $f(x)$ 的连续性随机变量，则 $\varphi^3_{\mu-1}(s) = \dfrac{\Gamma(\mu)\Gamma(s)}{\Gamma(\mu+s)}f^3(s+\mu)$，$f^3(s) = \int_0^{\infty} x^{s-1}f(x)\mathrm{d}x$ 是 s 处的 f 的梅林（Mellin）变换，且 μ 是正实数。

11.4.3 威布尔分布的应用

威布尔分布是一种具有广泛适应性的分布，常用来描述各种物理现象，使用范围较广。当 $m=1$ 时为指数分布；当 $m=3.5$ 时为近似正态分布。$m<1$ 时，表示故障率递减；$m=1$ 时，表示故障率不变；$m>1$ 时，表示故障率递增。应用威布尔分布，结合极大似然法和设备的实际使用情况，可进行工程设备寿命预测。

假设有服从威布尔分布类型的相同产品 n 个，投入使用后，先后出现了 r 次故障，各个未出故障产品的累计工作时间分别为 $t_1 < t_2 < \cdots < t_{n-r}$；各个出故障产品的累计工作时间分别为 $t_{n-r+1} < t_{n-r+2} < \cdots < t_n$。

构造如下的似然函数：

$$L(m,n;t_1,t_2,\cdots,t_n) = \frac{(n-r)!}{n!} \times R(t_1) \times R(t_2) \times \cdots \times R(t_{n-r}) \times f(t_{n-r+1}) \times f(t_{n-r+2}) \times \cdots \times f(t_n)$$

$$= \frac{(n-r)!}{n!} \times \exp\left[-\sum_{i=1}^{n}\left(\frac{t_i}{\eta}\right)^m\right] \times \left(\frac{m}{\eta}\right)^r \times \prod_{i=n-r+1}^{n}\left(\frac{t_i}{\eta}\right)^{m-1}$$

两边取对数，变换形式：

$$\ln L(m,n;t_1,t_2,\cdots,t_n) = r\ln\left(\frac{m}{n}\right) + (m-1)\sum_{i=n-r+1}^{n}\ln\left(\frac{t_i}{\eta}\right) - \sum_{i=1}^{n}\left(\frac{t_i}{\eta}\right)^m$$

根据极大似然准则 $\dfrac{\partial\ln L(m,n;t_1,t_2,\cdots,t_n)}{\partial\eta} = 0$， $\eta > 0$ ，可得：

$$\eta^m = \frac{\sum_{i=1}^{n} t_i^m}{r}$$

同理可得：

$$\sum_{i=1}^{n}\left(\frac{t_i}{\eta}\right)^m\ln\left(\frac{t_i}{\eta}\right) - \sum_{i=n-r+1}^{n}\ln\left(\frac{t_i}{\eta}\right) - \frac{r}{m} = 0$$

化简得：

$$\frac{\sum_{i=1}^{n} t_i^m \ln t_i}{\sum_{i=1}^{n} t_i^m} - \frac{1}{r}\sum_{i=n-r+1}^{n}\ln t_i - \frac{1}{m} = 0$$

式中，$\sum_{i=1}^{n}$ 表示对所有产品累加；$\sum_{i=n-r+1}^{n}$ 仅对故障产品累加。通过上面计算可以求得设备的特征寿命 η 和形状参数 m 的极大似然点估算数值。

【例】 假设发射场某设备的寿命服从威布尔分布，根据以往的经验，其 m 大于 1.0 并且小于 10.0。现获得 4 台该设备的使用寿命数据，其中，3 台未失效设备的累计工作时间分别为 360h、420h、480h；1 台设备失效前累计工作时间为 400h。试求该设备特征寿命 η 和形状参数 m 的极大似然点估计。

解： 已知 $n = 4, r = 1, t_1 = 360, t_2 = 420, t_3 = 480, t_4 = 400$。先求形状参数 m 的极大似然点估计：

$$f(m) = \frac{\sum_{i=1}^{n} t_i^m \ln t_i}{\sum_{i=1}^{n} t_i^m} - \frac{1}{r}\sum_{i=n-r+1}^{n}\ln t_i - \frac{1}{m} = 0$$

编程进行迭代计算，m 的初值取为 $m_0 = 1.0$，迭代步长 $\Delta m = 0.005$，迭代结束条件假设为 $f(m) \leqslant 1.0\times10^{-4}$ 。由此可得，当 $m = 8.55$ 时，$f(m) = -7.806\times10^{-5}$ 。则：

$$\eta^m = \frac{\sum_{i=1}^{n} t_i^m}{r} = \sum_{i=1}^{4} t_i^{8.55} \approx 507.68^{8.55}$$

计算表明，该设备特征寿命 η 的极大似然点估计约为 507.68h，形状参数 m 的极大似然点估计值为 8.55。

11.4.4　常用剩余寿命预测思路（图 11-8）

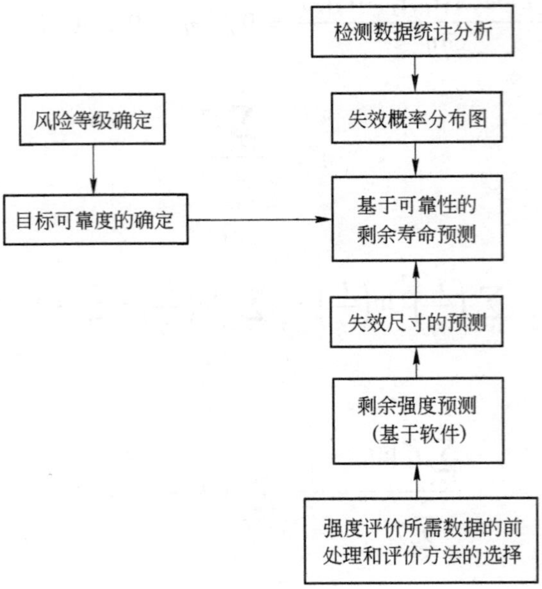

图 11-8　考虑可靠性的寿命预测思路

11.5　从经济角度考虑设备寿命周期预测

11.5.1　设备的寿命周期费用

设备周期费用是指设备使用周期的总费用，即设备费和维持费。设备费包括研究费、设计费、制造费、安装调试费及试运行费等，是设备前期一次性投入费用。维持费包括运行费、维修费、后勤支持费、报废费用等，是设备使用过程中分期投入的。

在一般情况下，设备的总费用在计划—设计—制造过程中所花费用率是递增的，到安装阶段开始下降，其后运行阶段基本保持一定的费用水平，此阶段持续时间要比前一段时间长得多。当费用率再度上升时，是考虑设备更新的时候了。

设备的寿命是指设备从开始使用到淘汰的整个过程。设备的寿命可分为自然寿命、技术寿命和经济寿命。

自然寿命也称物理寿命，是指设备在规定的使用条件下，从开始使用到报废所经历的时间。以摩擦损耗为主的设备，其自然寿命是根据磨损寿命确定的。对设备的正确使用、维护和修理，可以延长其自然寿命；反之，会缩短设备的自然寿命。

技术寿命是指设备投入使用到因技术性能落后而被淘汰所经历的时间。设备在技术上陈旧和落后产生的无形磨损会缩短技术寿命。因此，设备更要通过现代化改造延长技术寿命。

经济寿命是指设备从投入使用到因继续使用不经济而退出使用所经历的时间。经济寿命受有形磨损和无形磨损共同影响。依据设备的维持费用来决定设备的更新周期即为设备的经济寿命。

11.5.2 经济寿命算法

经济寿命既考虑了有形磨损，又考虑了无形磨损，它是确定设备最优更新周期的依据，是从成本观点确定设备更新的最佳时机，其计算方法如下。

11.5.2.1 低劣化数值法

设备投入使用之后，使用时间越长，设备的有形磨损越大，其维护修理费用及燃料、动力消耗等（运行费用）越高，称为设备的低劣化。

以 K_0 表示设备的原始价值，L_t 表示 t 年末的残值，t 为已使用的年数，则每年的设备分摊费为（$K_0 - L_t$），随着 t 的增长，按年平均的设备分摊费用不断减少。假定设备在初始投入使用（即第一年）的年运行费用为 C_0，若设备的低劣化值呈线性变化，例如运行费用按等差序列逐年递增，则设备运行费用的低劣化程度可用低劣化值 λ 来表示，即第 t 年的运行费用为 $C_0 + (t-1)\lambda$，t 年内运行费用的平均值为 $C_0 + \frac{t-1}{2}\lambda$。

设备的年平均总费用为：

$$AC = C_0 + \frac{\lambda(t-1)}{2} + \frac{K_0 + L_t}{t}$$

令 $\frac{\mathrm{d}(AC)}{\mathrm{d}t} = 0$，则有经济寿命为：

$$T^* = \sqrt{\frac{2(K_0 - L_t)}{\lambda}}$$

如果运行费用的低劣化值不呈线性增长，各年不同，且无规律可循，则应采用最小年费用法计算经济寿命。

11.5.2.2 最小年费用法

计算设备在不同使用年限 t 内的年平均费用 $AC_{(t)}$，当 $AC_{(t)}$ 值最小时所对应的 t 即为经济寿命。年平均费用的计算公式如下：

$$AC_{(t)} = \frac{\sum_{j=1}^{t} C_j + K_0 - L_t}{t}$$

如果考虑资金的时间价值，则有：

$$AC_{(t)} = \left[K_0 + \sum_{j=1}^{t} C_j(1+i)^{-j} - L_t(1+i)^{-t}\right]\frac{i(1+i)^t}{(1+i)^t - 1}$$

式中 $AC_{(t)}$ ——设备使用 t 年的年平均费用；

K_0 ——设备的初始投资；

C_j ——设备使用到第 j 年的运行费用；

L_t ——设备在 t 年末的残值。

11.5.2.3　最低总成本法（总费用现值法）

分别计算各更新方案在不同工作年限内的总费用现值，主要包括设备购置费用和经营费，并加以比较，然后根据工作所需年数，选择总费用现值最低的方案为最佳方案。各种方案总费用现值的计算公式如下：

（1）旧设备继续使用：

$$PC_1 = \frac{1}{\beta_1}\left[\sum_{j=1}^{t} C_{1j}(1+i)^{-j} + L_0 - L_{1t}(1+i)^{-t}\right] \qquad (1 \leqslant t \leqslant n_1)$$

（2）大修理：

$$PC_2 = \frac{1}{\beta_2}\left[K_2 + \sum_{j=1}^{t} C_{2j}(1+i)^{-j} + L_0 - L_{2t}(1+i)^{-t}\right] \qquad (1 \leqslant t \leqslant n_2)$$

（3）原型更新：

$$PC_3 = \frac{1}{\beta_3}\left[K_3 + \sum_{j=1}^{t} C_{3j}(1+i)^{-j} - L_0 - L_{3t}(1+i)^{-t}\right] \qquad (1 \leqslant t \leqslant n_3)$$

（4）技术更新：

$$PC_4 = \frac{1}{\beta_4}\left[K_4 + \sum_{j=1}^{t} C_{4j}(1+i)^{-j} - L_0 - L_{4t}(1+i)^{-t}\right] \qquad (1 \leqslant t \leqslant n_4)$$

（5）设备现代化改装：

$$PC_5 = \frac{1}{\beta_5}\left[K_5 + \sum_{j=1}^{t} C_{5j}(1+i)^{-j} + L_0 - L_{5t}(1+i)^{-t}\right] \qquad (1 \leqslant t \leqslant n_5)$$

式中　$PC_1 \sim PC_5$——相应方案的总费用现值；
$K_2 \sim K_5$——相应方案中的设备初始投资现值；
$C_{1j} \sim C_{5j}$——相应方案中设备使用到第 j 年的经营费用；
$L_{1t} \sim L_{5t}$——相应方案中设备使用到第 t 年的残值；
$\beta_1 \sim \beta_5$——相应方案中设备的劳动生产率系数；
$n_1 \sim n_5$——相应方案中设备的使用年数；
L_0——旧设备在更新决策年份的残值的现值；
t——设备的使用年限。

11.5.2.4　差额投资回收期法

通过比较设备大修、设备更新和设备现代化改装等更新方案的设备基本投资、单位产品成本和年生产率，然后做出决策。在一般情况下，设备大修、现代化改装与更新的关系为：

$$K_r < K_m < K_n;\quad C_r < C_m < C_n;\quad Q_r < Q_m < Q_n$$

式中　K_r, K_m, K_n——设备大修、现代化改装和更新的基本投资；
C_r, C_m, C_n——设备大修、现代化改装和更新的单位产品成本；
Q_r, Q_m, Q_n——设备大修、现代化改装和更新的年产量。

因此，在考虑设备更新方案时，可按下列标准进行决策：

（1）当 $\frac{K_i}{Q_i} < \frac{K_j}{Q_j}$，且 $C_i > C_j(i,j = r,m,n)$ 时，第 j 种方案具有较好的经济效果，不仅节约了经营费用，也节约了基本投资，但这种情况较少。

（2）当 $\frac{K_i}{Q_i} < \frac{K_j}{Q_j}$，但 $C_i > C_j(i,j = r,m,n)$ 时，用差额投资回收期指标进行决策：

$$P_a = \frac{\frac{K_j}{Q_j} - \frac{K_i}{Q_i}}{C_i - C_j}$$

式中 P_a——差额投资回收期，年。

设 P_c 为企业或部门规定的标准投资回收期，如果 $P_a \leqslant P_c$，那么第 j 种方案好，否则，第 i 种方案好。

11.5.3 设备周期使用寿命

以最低的成本（包括机械成本）获取最大的利润，是设备管理的根本目标。

11.5.3.1 对机械设备寿命的控制

现行设备报废的标准，是按平均年限折旧法，基本是按自然寿命考虑的。在市场经济中，按经济寿命来控制设备的使用是更合理的。

11.5.3.2 对设备配置选型的控制

设备的费用主要包括购置费和使用费。在购买设备时，通常考虑的因素有生产率、价格、可靠性、性能和售后服务等。按照周期寿命费用的概念，选用设备时应综合考虑，不能将购置费作为决定一切的因素。另外，在设备购置时，首要是考虑设备的生产能力和配套性；其次是根据工程的具体情况，选用合适的设备，衡量的标准是基本满负荷运转为宜，避免大马拉小车和小马拉大车的现象。

11.5.3.3 对机械设备磨损规律与费用关系的控制

按周期寿命费用理论，研究现有设备磨损规律和费用的关系，既有利于控制机械费的合理使用，也有利于机械设备的管理。

（1）对磨合期设备使用的控制，一要减负工作，二要按规定保养。如果使用不当，将会缩短正常磨损期限，甚至直接造成破坏，额外加大使用费。

（2）正常磨损期的设备，应基本满负荷工作，同时按规定及时进行维护。如需连续作业，应一方面加强维护，防止磨损加剧；另一方面适当间歇，减轻设备疲劳程度，避免早期损坏。租赁的设备最好是进行正常磨损期不久的设备，如汽车类在 1 万 km 左右为好。

（3）如发现设备动力明显下降，油耗明显上升，维修频次增加，此时意味着设备磨损加剧，该大修了。如果设备已进行过两次以上的大修，或正常使用已 5 ~6 年，应认真对设备的技术状况进行评估，再定是大修后继续使用合适还是更新合适。

（4）按现行折旧制度报废的机械设备中的大多数到后期是投入大于产出，成为施工单位的包袱，因此及早把它变卖还能够产生一些经济效益。

（5）对功能落后或生产能力不能满足要求的设备，能够通过技术改造（要通过技术论证和经济效益分析）满足施工需要的可继续使用，不能改造或不适宜改造的要及早更新。

11.5.3.4　设备经济寿命的估算——最小费用平均法

在假定某台设备年贡献是一样的前提下，其年平均费用由年均运行维护费和年均折旧费组成，即：

$$C_i = (\Sigma V + \Sigma B)/T$$

式中　C_i —— i 年的平均费用；

ΣV ——设备累计运行维护费；

ΣB ——设备累计折旧费（递减折旧）；

T ——使用年份。

通过观察各种费用的变化发现，随着设备使用年限的增加，运行维护费逐年上升，年折旧费逐年减少，根据年均费用最小，可以确定设备的最佳更新期，取得最佳的经济效益。

思　考　题

1. 试说明人工神经网络的特点？
2. 说明 BP 神经网络的结构特点以及说明预测的基本过程。
3. 简要说明可靠度理论及其在剩余寿命预测中的应用。
4. 说明设备周期费用的概念。
5. 常用经济寿命算法有哪些？

12 GMDH 建模技术及其设备寿命预测方法

建立在一般统计建模思想基础上的预测方法，是明显地带有人为偏见的“被动式”的建模方式。由于建模者事先无法发现或猜测出一个复杂系统的因变量和自变量之间所应该满足或近似满足的函数关系；或虽然可以确定所构造模型的函数关系，但无法根据资料来建模，或所建立的模型根本就不具有实用价值，所建立的模型有时根本无法用来进行预测。Ivakhnenko 提出了一种所谓的 GMDH（数据处理的组合方法），所建立的模型不带有人为偏见，而只根据数据来客观地建立模型。该方法是用来对非线性复杂系统进行数据分析的一种比较有效的方法，特别是当所分析的数据不足的时候。GMDH 方法最主要的优点是能够根据输入/输出变量间的原始信息对所构造的系统模型结构（非线性度）进行自选择。虽然这种适用于多变量之间的建模的数学思想基础仍然是回归方法，但与传统的回归建模方法有所不同的是，GMDH 回归方程的阶数是根据某些判断而自动给出，而不是事先人为地给出，因此它是一种“主动式”的建模方法。该方法具有仿照生物有机体演化的遗传选择特点。本章给出了使用 GMDH 进行设备寿命预测的基本原理，并结合实例介绍了该方法的具体应用。

12.1 GMDH 方法的简介

12.1.1 自组织理论简介

12.1.1.1 自组织的概念

20 世纪 70 年代以来，当代自然科学前沿出现了一大批新兴学科，像“耗散结构理论”（Dissipative Structure Theory）、“协同学”（Synergetics）、“突变论”（Morphogensis）、“超循环论”（Hypercycle Theory）、“混沌理论”（Chaotic Theory）和“分形理论”（Fractal Theory）等。这些学科研究的对象虽然不尽相同，但它们都有一个共同的特征：它们研究的都是非线性的复杂系统，或复杂的自组织形成过程。所谓自组织系统，指无需外界特定指令而能自行组织、自行创生、自行演化，能够自主地从无序走向有序，形成有结构的系统。与自组织对应的是他组织系统，即不能自行组织、自行创生、自行演化，不能自主地从无序走向有序，而只能依靠外界特定的指令来推动组织向有序的方向演化，从而被动地从无序走向有序。

自组织是在一定条件下，由于系统内各子系统的相互作用，使系统形成具有一定功能、结构的过程。自组织的演化过程主要包括三类过程：

（1）由非组织到自组织的过程演化；

（2）由组织程度低到组织程度高的过程演化；

（3）在相同组织层次上由简单到复杂的过程演化。

这三个过程之间是有本质区别的。第一个过程，由非组织到自组织的过程演化，是指从混乱的无序状态到有序状态的演化。它意味着组织的起源，研究对象是组织起点和临界问题。第二个过程，是一个组织层次跃升的过程。在这个过程中，系统的有序程度通过跃升得到提高，该过程主要研究组织复杂性的问题。第三个过程，标志着组织结构与功能在相同组织层次上从简单到复杂的水平增长。这三个过程形成了组织化的连续统一体，其关系可以用图 12-1 表示。

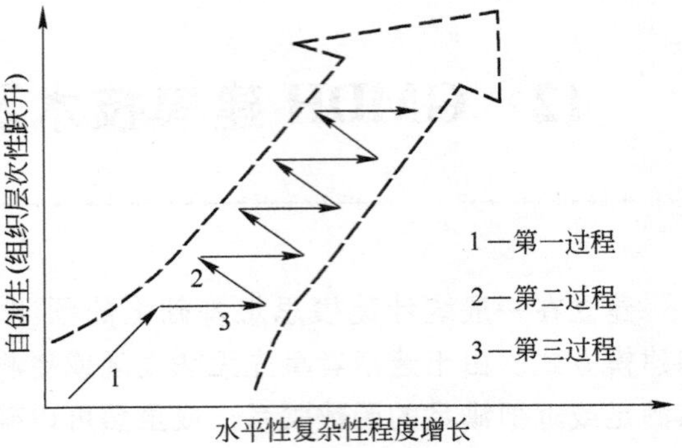

图 12-1　自组织的演化过程

12.1.1.2　自组织的分类

比利时物理化学家普利高津（I. Prigogine）于 1969 年提出了耗散结构理论。他认为热力学第二定律以及统计力学所建立的是孤立系统（和环境没有物质和能量交换）在平衡态和近平衡态条件下的规律，但在开放并且远离平衡的条件下，系统通过和环境进行物质和能量交换，一旦某个参量变化达到一定的阈值，系统就有可能从原来的无序状态自发转变到在时间、空间和功能上的有序状态。普利高津把这种在远离平衡情况下所形成的新的有序结构称为“耗散结构”。

德国物理学家哈肯（H. Haken）于 1969 年提出了协同学。哈肯发现激光是一种典型的远离平衡态时由无序转化为有序的现象，但他发现即使在平衡态时也有类似现象，如超导和铁磁现象。这就表明，一个系统从无序转变为有序的关键并不在于系统是平衡或非平衡，也不在于离平衡态有多远，而是通过系统内部各子系统之间的非线性相互作用，在一定条件下，能自发产生在时间、空间和功能上稳定的有序结构，这就是自组织（Self-organization）。哈肯还指出，系统在邻界点附近的行为仅由少数慢变量决定，系统的快变量由慢变量（序参量）支配，这就是所谓的役使原理。

耗散结构理论和协同学从宏观、微观以及两者的联系上回答了系统自己走向有序结构的基本问题，两者都被称为自组织理论。

12.1.2　GMDH 的发展

在 20 世纪 70 年代初，苏联乌克兰科学院的 A. G. Ivakhnenko 根据控制论中的自组织原理，提出了 GMDH 方法（Grouped Method of Data Handling，数据处理组合法）。利用 GMDH 方法构建的网络，具有类似于神经网络的结构。

GMDH 方法的优点是能够根据输入/输出变量间的原始信息对所构造的模型进行自选择。利用 GMDH 方法构建的网络，具有类似于神经网络的结构，用多项式作为数据处理的基本形式，并在结构上有自组织和全局优选的特性，非常适合复杂系统的建模。

同神经网络类似，GMDH 算法也是基于以下两个基本思想的：（1）以分析黑箱的方法处理系统的输入/输出关系；（2）用网络间的互联关系描述网络的功能。但相对于传统的神经网络算法，GMDH 算法有如下优点：

（1）可以得到由明确的函数解析式表达的模型结果。很多时候，我们希望建立的模型能够揭示各变量间的相互作用和依赖程度，但传统的 BP 神经网络模型难以给出实际的物理意义，特别是它无法回答“为什么”和“怎么样”的问题，限制了神经网络在系统因素分析方面的应用。而自组织的 GMDH 网络综合了神经网络和统计建模的思想，能够给出函数式表达的结果，甚至是其他建模方法难以达到的多变量高次回归方程。

（2）建模过程自组织控制，不需要任何初始假设。统计学模型和通常的神经网络建模过程，往往需要根据经验对模型输入变量和模型结构做一些事先假定，然后反复验证，找出满意的模型。GMDH 网络则允许上百的输入变量，再以大量的变量逐层产生大量待选模型，算法根据数据驱动找寻对被解释变量有实质影响的输入项，自组织生成最优网络结构，尽量减少建模者主观因素的影响。

（3）最优复杂度以及高预测精度。在小样本或者数据噪声较大的情况下，通常的神经网络会产生对噪声的过拟合，降低泛化功能，而 GMDH 网络的最优复杂特性保证了其能从近似的、不确定的，甚至是相互矛盾的知识环境中做出决策，也因其同时避免了模型结构的过拟合和不足拟合，模型更加接近系统的真实情况，从而具有更高的预测可靠性。

12.2 GMDH 算法和网络构建

12.2.1 GMDH 算法

传统的统计预测方法，尽管在拟合历史数据时，具有较好的拟合效果，但当把所建立的模型用于具体预测时，则往往出现较大的误差。究其原因，主要是传统的统计预测方法，总是把预测对象随时间推移呈动态变化的时变参数系统看成为非时变参数系统，预测中采用固定参数的缘故。也就是说，建模之前建模者必须事先确定或者假设模式里的因变量和变量之间的函数 f，然后根据有关数据或资料去确定该函数 f 里的参数或系数，所以这种建模方式明显地带有人为的偏见，是一种“被动式”的建模方式。因此，统计建模方式都有这样一个缺点：当建模者事先无法发现或猜测出一个复杂系统的因变量和变量之间所应该满足或近似满足的函数关系，或虽然可以确定所构造模型的函数关系，但是赖以建模的数据太少，我们则无法根据资料来建模，或所建立的模型根本就不具有实用价值，所建立的模型是根本无法用来进行预测的。

为此，Ivakhnenko 提出了一种新的建模思想：即所建立的模型不应该带有任何人为偏见，而应该只根据数据来客观地建立模型。Ivakhnenko 于 1968 年始创了 GMDH 方法（数据处理的组合方法），该方法是用来对非线性复杂系统进行数据分析的一种有效方法，尤其是当所分析的数据不足的时候。GMDH 方法最主要的优点是能够根据输入/输出变量间的原始信息对所构造的系统模型结构（非线性度）进行自选择。这种适用于多变量之间的建模的数学思想基础仍然是回归方法，即找出模型因变量 y 和变量 $x_i(i=1,2,\cdots,m)$ 之间的函数关系。但与传统的回归建模方法有所不同的是，GMDH 回归方程的阶数是根据某些判断而自动给出，而不是事先人为地给出，因此它是一种“主动式”的建模方法。该方法具有仿照生物有机体演化的遗传选择特点。

对 n 个数据，$x_1, x_2, \cdots, x_n$，称为输入变量，我们若要建立一个高阶回归模型：

$$y = f(x_1, x_2, \cdots, x_n) \tag{12-1}$$

其中，y 叫输出变量。GMDH 方法不是直接建立式（12-1），而是首先对输入变量中的每一对 x_i 和 x_j 以及输出变量之间建立一个二元二次回归方程。

设系统的输入为 x，输出为 y，数据点数为 n，变量数为 m，把数据分为训练样本和检验样本，设训练样本的数目为 nt，系统输入输出变量矩阵如下：

	y	x			
(A)	y_1	x_{11}	x_{12}	…	x_{1m}
	y_2	x_{21}	x_{22}	…	x_{2m}
	…	…	…	…	…
	…	…	…	…	…
	y_{nt}	$x_{nt,1}$	$x_{nt,2}$	…	$x_{nt,m}$
(B)	…	…	…	…	…
	y_n	$x_{n,1}$	$x_{n,2}$	…	$x_{n,m}$
	(a)	(b)			

(12-2)

整个建模过程如下所述：

第一步　回归计算。

矩阵中，(a) 表示因变量的取值，即系统的输出；(b) 表示变量的取值，即系统的输入；(A) 和 (B) 部分分别为训练矩阵和检验矩阵。对矩阵输入变量中的每一对 x_i 和 x_j 与输出变量 y 进行如下的多项式回归：

$$y = A + Bx_i + Cx_j + Dx_i^2 + Ex_j^2 + Fx_ix_j \tag{12-3}$$

$$i \neq j, 1 \leqslant (i,j) \leqslant m$$

回归后，就可以从原始数据产生 $k = \binom{m}{2} = m(m-1)/2$ 个较高阶回归多项式，令：

$$z = a_0 + b_0x_i + c_0x_j + d_0x_i^2 + e_0x_j^2 + f_0x_ix_j \tag{12-4}$$

则可以从矩阵（12-2）的（b）部分里算出以下的新矩阵：

z_1	z_2	…	z_k
$z_{11}(x_{11}, x_{12})$	$z_{12}(x_{11}, x_{13})$	…	$z_{1k}(x_{1(m-1)}, x_{1m})$
$z_{21}(x_{21}, x_{22})$	$z_{22}(x_{21}, x_{23})$	…	$z_{2k}(x_{2(m-1)}, x_{2m})$
⋮	⋮		⋮
$z_{nt1}(x_{nt1}, x_{nt2})$	$z_{nt2}(x_{nt1}, x_{nt3})$	…	$z_{ntk}(x_{nt(m-1)}, x_{ntm})$

(12-5)

第二步　优化选择。

这一步是用 z 所对应的列（新变量）代替 x 所对应的列（老变量），以评价它与检验矩阵中 y 的关系。具体方法如下：

用矩阵中的检验矩阵（B）里的因变量 y 的矩阵元值，与矩阵（12-5）里的对应元素值按列计算以下的均方根值：

$$r_j = \left[\frac{\sum_{i=nt+1}^{n} (y_i - z_{ij})^2}{\sum_{i=nt+1}^{n} y_i^2} \right]^{1/2} \quad j = 1,2,\cdots,k \tag{12-6}$$

这里根据矩阵取检验矩阵（B）的序号从 $nt+1$ 至 n。

根据调试或经验取一个 L 值，从矩阵中去掉那些 $r_j \geq L$ 的列。设有 k' 列满足 $r_j < L$ 这一条件，将这 k' 列所组成的新矩阵计为 $z_{k'}$，用 $z_{k'}$ 取代矩阵中的（b）部分作为新变量，从而组成新的矩阵（其中 $k' < m$）：

	y	$z_1 z_2 \cdots z_{k'}$
(A)		
(B)		
	(a)	(b)

（12-7）

第三步　优化检验计算。

从第二步，我们可以找出最小的 r_j，记为 $R_{\min}$。再以 z 为变量，重复上述 1 ~ 2 步的过程，求出 $R_{\min}$，如果产生的 $R_{\min}$ 比上次产生的 $R_{\min}$ 小，再重复 1 ~ 2 步的计算过程，直至产生的 $R_{\min}$ 比上一次产生的要大，就可以停止计算。

实验证明，计算过程中产生的 $R_{\min}$ 如图 12-2 所示。从图上可以看出，对于该 $R_{\min}$ 曲线，在迭代 4 次后就可以停止计算。矩阵 z 的第一列将包含由如下 Ivakhnenko 多项式产生的 $\overline{y}_l$ 值：

$$\begin{aligned} \overline{y}_1 &= a + \sum_{i=1}^{m} b_i x_{1i} + \sum_{i=1}^{m}\sum_{j=1}^{m} c_{ij} x_{1i} x_{1j} + \cdots \\ \overline{y}_2 &= a + \sum_{i=1}^{m} b_i x_{2i} + \sum_{i=1}^{m}\sum_{j=1}^{m} c_{ij} x_{2i} x_{2j} + \cdots \\ &\vdots \\ \overline{y}_n &= a + \sum_{i=1}^{m} b_i x_{ni} + \sum_{i=1}^{m}\sum_{j=1}^{m} c_{ij} x_{ni} x_{nj} + \cdots \end{aligned} \tag{12-8}$$

这些值将由原始的 n 个数据点得到。也就是说，矩阵 z 的第一列是由变量求得的预测结果。为了从原始数据序列变量 $x_1, x_2, \cdots, x_m$ 中找到这些 Ivakhnenko 多项式的回归系数 $a, b_i, c_{ij}, d_{ijk}, \cdots$，我们在每一次迭代过程当中必须保存多项式 $y = A + Bu + Cv + Du^2 + Ev^2 + Fuv$ 的回归系数，并且系统地评价二次项式树，直至达到一个高阶方程。由于计算机的高速发展，我们可以把所有二次多项式的回归系数存储在计算机里面，最后可以从这些二次多项式求出预测值。

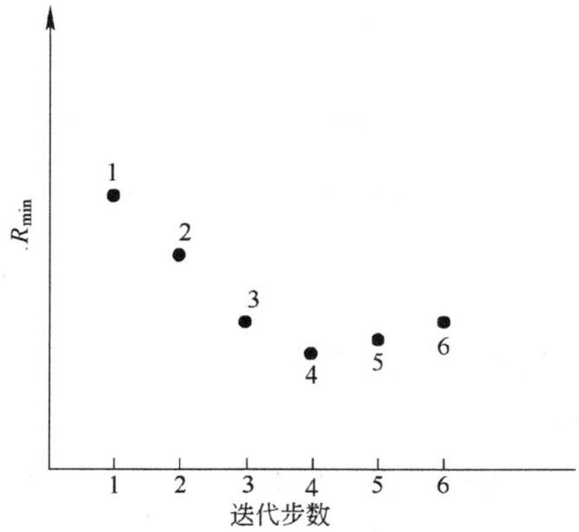

图 12-2　迭代步数判断标准

GMDH 多项式树如图 12-3 所示。图 12-4 所示为多项式中所含的变量数为 4，则多项式方程为：

$$y = 1 + u + 2v + 2u^2 + 4v^2 + 2uv \tag{12-9}$$

其中：

$$u = 2 + 6x_1 + x_2 + 3x_1^2 + 2x_2^2 + x_1 x_2 \tag{12-10}$$

$$u = 1 + x_4 + 2x_3^2 + 3x_4^2 + x_3 x_4 \tag{12-11}$$

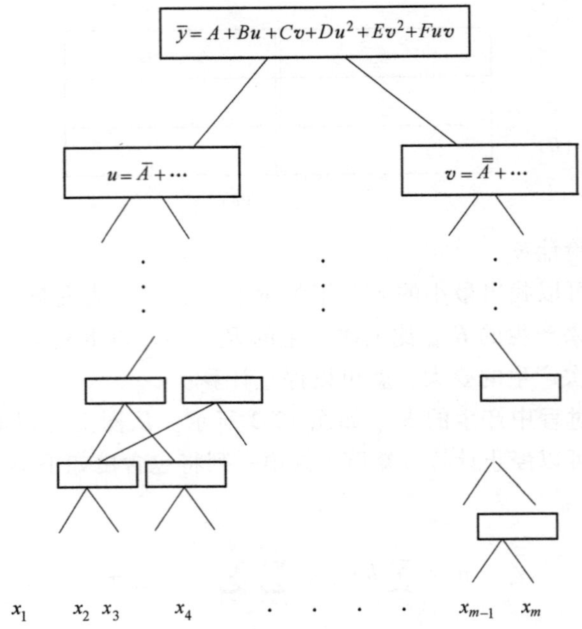

图 12-3　GMDH 多项式树示意图

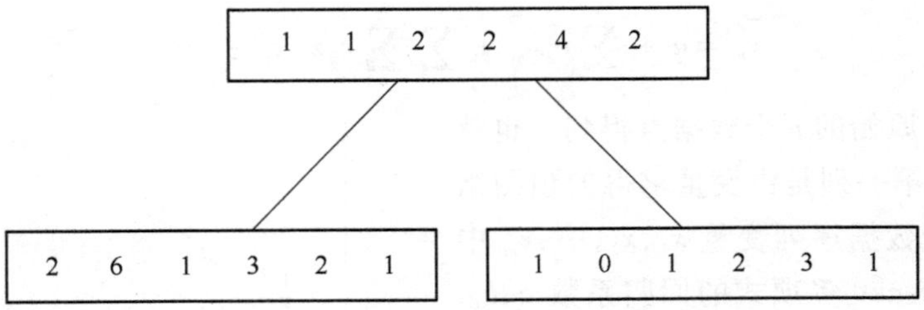

图 12-4　GMDH 多项式树示意图（$m=4$）

多项式包含 m 个变量中的 4 个变量 $x_1, x_2, x_3, x_4, m \geqslant 4$。到底保留哪些变量由程序自动判别。

由此可以看出，GMDH 方法是一种主动式的高阶非线性回归建模方法，与传统的回归方法相比，它具有如下的特点：

（1）它通过简单的二元二次回归原理来构造出下一代较为复杂的次级回归方程，并且利用“优选原理”淘汰掉次级回归方程中的那些不理想的项。

（2）通过不断迭代，可以较轻易地获得能较客观描写复杂非线性系统的非线性模式，并避免求解进行标准高阶非线性回归所要求解的“病态”高阶回归方程。

（3）最终的回归模式的幂次是根据资料和有关的判据客观、自动地给出，而不是像标准的回归方法那样是事先人为地给出回归方程的形式。

由于 GMDH 方法具有上述特点，它广泛应用于天气预报、洪流预报、地震预报等的分析，取得了较好的效果。

12.2.2 GMDH 网络构建

GMDH 网络的结构如图 12-5 所示，其中 $x_i(i = 1,2,\cdots,m)$ 表示输入变量，y 表示输出变量。GMDH 网络的连接是在建模过程中自组织确定的，因此网络的层数和单元之间的连接并不确定，图 12-5 仅仅是一个示意图。

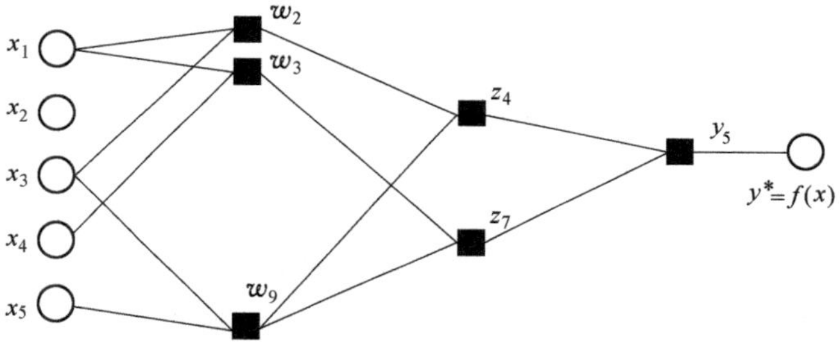

图 12-5 GMDH 网络结构示意图

图 12-6 为 GMDH 网络基本处理单元的示意图。这是一种双输入单输出的结构，其关系可以用下式表示：

$$z = a + bx_i + cx_j + dx_i^2 + ex_j^2 + fx_ix_j + \cdots \tag{12-12}$$

由图 12-6 所示的基本处理单元得到图 12-5 的最终的网络结构，就是 GMDH 网络的构造过程，其步骤如下：

（1）数据预处理与样本划分。GMDH 网络的输入数据形如 $[x_1,x_2,\cdots,x_m,y]$，是多输入单输出的结构。而对机械设备监测所得到的通常都是单变量的时间序列，是仅与时间相关的一维数据，不能直接通过 GMDH 网络进行处理。首先研究一下得到时间序列中是否存在混沌，这可以通过计算时间序列的分维数、Lyapunov 指数、信息熵等特征参量来判断。如果该时间序列中存在混沌，我们可以利用相空间重构理论将原始数据转化为多自变量单因变量的形式，以适应 GMDH 网络的处理要求。关于相空间重构理论，可以参考 12.3 节的内容。

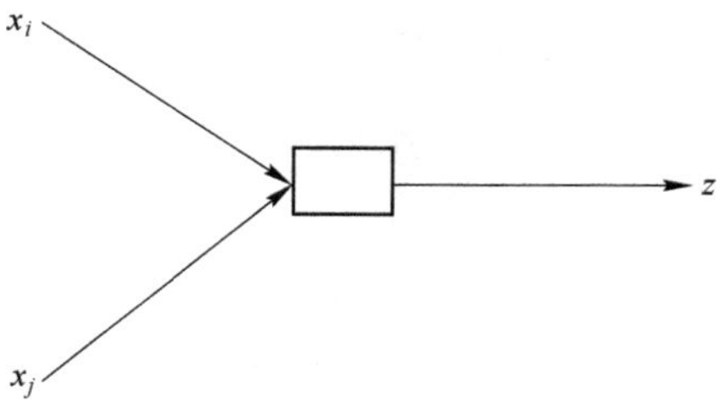

图 12-6 GMDH 网络的基本处理单元

接下来需要将样本数据划分为学习样本和检验样本。学习样本又叫训练样本，用来产生大量的待选模型；而检验样本用来对产生的模型进行评价和筛选。在总数为 n 的数据样本中，取出 n_1 个样本作为学习样本 $\left(n_1 < n, 一般可以取 n_1 = \frac{2}{3}n\right)$，余下的 n_2 个样本（$n_2 = n - n_1$）作为检验样本。

（2）建立第一层基本处理单元。从学习样本的 m 个变量中任取两个 x_i, x_j($i, j = 1,2,\cdots,m, i \neq j$)，以 y 为输出，用最小二乘法建立如式（12-12）的基本处理单元，这样就可以得到 $\frac{m(m-1)}{2}$ 个基本单元。图 12-5 中的 GMDH 网络具有 5 个输入变量和 1 个输出变量，其第一层基本处理单元共有 $\frac{5(5-1)}{2} = 10$ 个，即 $y_1, y_2, \cdots, y_{10}$，如图 12-7 所示。每个处理单元是关于输入变量 x_i 和 x_j 的函数关系式，例如可能有：

$$y_1 = b_1x_1 + c_1x_2;$$

$$y_3 = a_3 + b_3x_1 + c_3x_4;$$

$$y_6 = a_6 + b_6x_2 + c_6x_4 + e_6x_4^2;$$

$$\cdots\cdots$$

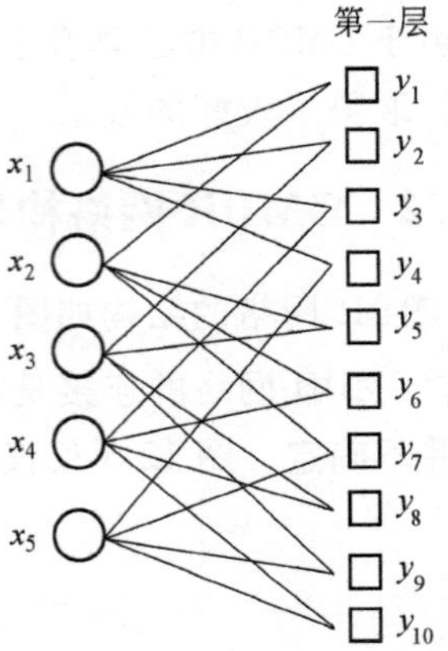

图 12-7　GMDH 网络第一层的构造

（3）对第一层基本处理单元进行筛选。首先确定一个阈值 E_g，将 n_2 个检验样本（$n_2 = n - n_1$）中的相应变量分别代入式（12-12）中得到的处理单元，算出处理单元的期望输出与实际输出的方差 E，将各单元的方差同 E_g 作比较，保留那些方差小于阈值的单元（设共有 u_1 个），记录这些单元中的最小方差 $E_m^{(1)}$，如图 12-8 所示。这样就完成了对第一层处理单元的筛选。保留下来的处理单元继续参与产生下一层处理单元，而没有被选中的处理单元则被淘汰。

（4）再产生与再选择。重复步骤（2），以第一层保留下来的处理单元的输出作为输入变量，继续构造出第二层处理单元（图 12-9）。重复步骤（3），对第二层处理单元进行

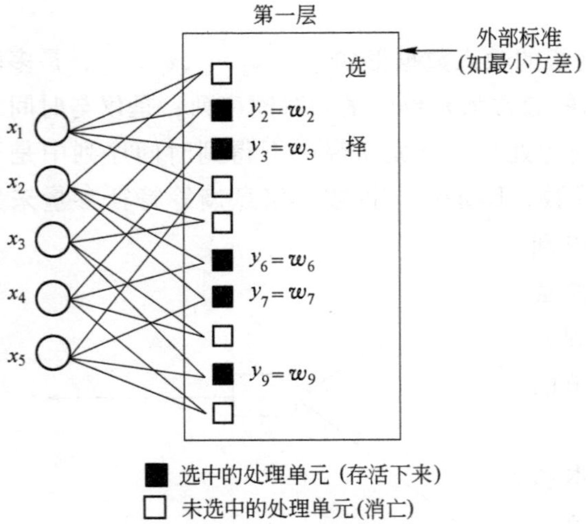

图 12-8　用外部标准对第一层进行选择

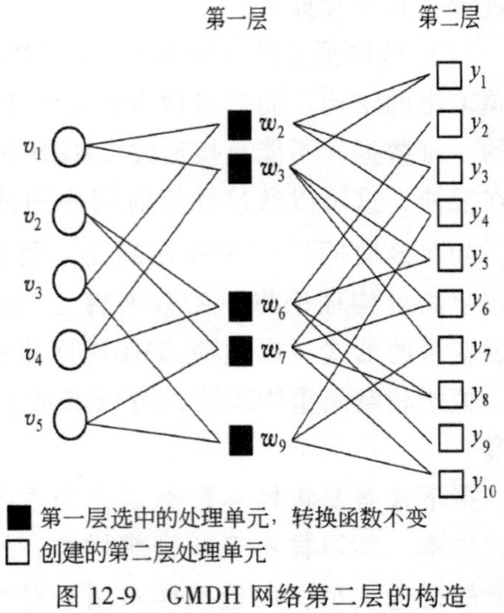

图 12-9　GMDH 网络第二层的构造

筛选，保留下来的单元继续进行下一层的构造（图 12-10）。

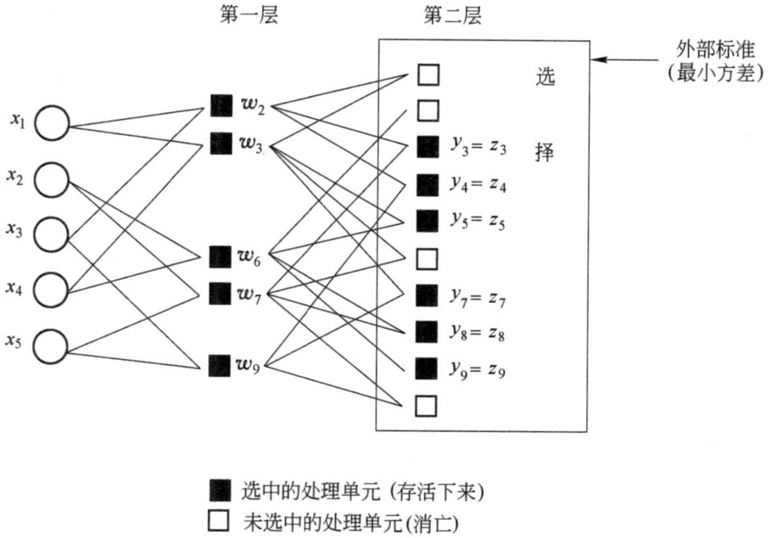

图 12-10　对第二层处理单元进行选择

（5）得到最终的网络结构。设进行到第 $k+1$ 层时，发现该层的最小方差 $E_m^{(k+1)} > E_m^{(k)}$，则停止构造，并将第 k 层中方差最小的那个单元作为输出单元。最后，将与输出单元相关的上层单元逐层连接，而其余的无关单元就不被包含在网络结构中，至此，得到了以样本为基础的 GMDH 网络。例如图 12-11 是一个具有两个中间层的网络结构。将相应的样本输入网络模型，就可以进行预测了。

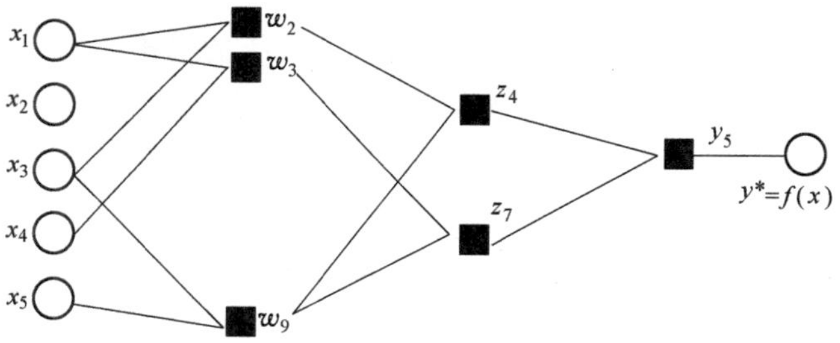

图 12-11　最终得到的网络结构

12.3　基于相空间重构的 GMDH 方法在复杂机械系统状态预测中的应用

12.3.1　相空间重构

在时间序列分析中，无论是研究其分形特征或混沌特征，首先要利用数据资料重构相空间提取系统物理特征量，即相空间重构。

由于目前我们对所研究对象的动力因素、性质以及内在关系几乎一无所知，故若能利用时间序列反演出某些能够近似描写系统运动的动力模式是很有意义的。通过相空间重构，可以把原时间序列所对应的系统在吸引子上的行为用相轨迹加以描述，从而对系统的演化行为做出模拟。

对时间序列 $\{x(t_i)\}(i=1,2,\cdots,n)$ 所表征的吸引子，设嵌入维数为 d，延迟时间为 τ，将该时间序列进行相空间重构：

$$\begin{matrix} x(t_n) & x(t_{n-1}) & \cdots & x(t_1+(d-1)\tau) \\ x(t_n-\tau) & x(t_{n-1}-\tau) & \cdots & x(t_1+(d-2)\tau) \\ \vdots & \vdots & \vdots & \vdots \\ x(t_n-(d-1)\tau) & x(t_{n-1}-(d-1)\tau) & \cdots & x(t_1) \end{matrix} \tag{12-13}$$

12.3.2　基于相空间重构的 GMDH 方法

将 GMDH 方法应用于 d 维相空间，就构成了所谓的基于相空间重构的 GMDH 方法。将矩阵（12-13）重新写成如下的形式：

	$y=x_1$	x_2	$\cdots$	x_{d-1}	x_d
	$x(t_n)$	$x(t_n-\tau)$	$\cdots$	$x(t_n-(d-2)\tau)$	$x(t_n-(d-1)\tau)$
(B)	$x(t_{n-1})$	$x(t_{n-1}-\tau)$	$\cdots$	$x(t_{n-1}-(d-2)\tau)$	$x(t_{n-1}-(d-1)\tau)$
	$\vdots$	$\vdots$	$\vdots$	$\vdots$	$\vdots$
	$x(t_m)$	$x(t_m-\tau)$	$\cdots$	$x(t_m-(d-2)\tau)$	$x(t_m-(d-1)\tau)$
	$x(t_{m-1})$	$x(t_{m-1}-\tau)$	$\cdots$	$x(t_{m-1}-(d-2)\tau)$	$x(t_{m-1}-(d-1)\tau)$
(A)	$\vdots$	$\vdots$	$\vdots$	$\vdots$	$\vdots$
	$x(t_1+(d-1)\tau)$	$x(t_1+(d-2)\tau)$	$\cdots$	$x(t_1+\tau)$	$x(t_1)$
	(a)		(b)		

（12-14）

矩阵（12-14）中，(a) 表示因变量的取值，即系统的输出；(b) 表示变量的取值，即系统的输入；(A) 和 (B) 部分分别为训练矩阵和检验矩阵。对矩阵输入变量中的每一对 x_i 和 x_j 与输出变量 y 进行如下的多项式回归：

$$y=a_0+b_0x_i+c_0x_j+d_0x_i^2+e_0x_j^2+f_0x_ix_j \tag{12-15}$$

$$i\neq j,2\leqslant(i,j)\leqslant d$$

这将产生 $(d-1)(d-2)/2$ 个较高阶变量 z_i，令：

$$z=a_0+b_0x_i+c_0x_j+d_0x_i^2+e_0x_j^2+f_0x_ix_j \tag{12-16}$$

则可以从矩阵（12-14）的 (b) 部分里算出以下的新矩阵：

z_1	z_2	$\cdots$	$z_{k'}$
$z_{11}(x_2,x_3)$	$z_{12}(x_2,x_4)$	$\cdots$	$z_{1k'}(x_{d-1},x_d)$
$z_{21}(x_2,x_3)$	$z_{22}(x_2,x_4)$	$\cdots$	$z_{2k'}(x_{d-1},x_d)$
$\vdots$	$\vdots$	$\vdots$	$\vdots$
$z_{n'1}(x_2,x_3)$	$z_{n'2}(x_2,x_4)$	$\cdots$	$z_{n'k'}(x_{d-1},x_d)$

（12-17）

其中：

$$k'=(d-1)(d-2)/2;n'=n-(d-1)\tau/\Delta t$$

这里的 Δt 为间隔时间，而延迟时间 τ 通常取为 Δt。

用矩阵（12-14）中的检验矩阵（B）里的因变量 $y = x_1$ 的矩阵元值，与矩阵（12-17）里的对应元素值按列计算以下的均方根值：

$$r_j = \left[\frac{\sum_{i=m+1}^{n'}(x_{1i} - z_{ij})^2}{\sum_{i=m+1}^{n'} x_{1i}^2}\right]^{1/2} \quad j = 1,2,\cdots,k' \tag{12-18}$$

这里根据矩阵（12-14）取检验矩阵（B）的序号从 $m+1$ 至 n'。

根据调试或经验取一 L 值，从矩阵中去掉那些 $r_j \geqslant L$ 的列。设有 k'' 列满足 $r_j < L$ 条件，将这 k'' 列所组成的新矩阵计为 $z_{k''}$，用 $z_{k''}$ 取代矩阵（12-14）中的（b）部分，从而组成新的矩阵：

	$y = x_1$	$z_1 z_2 \cdots z_{k''}$
(A)		
(B)		
	(a)	(b)

(12-19)

由于已经运用了优选法（去掉 $r_i \geqslant L$ 的列），故可认为矩阵（12-19）里的 z 是比矩阵（12-14）里的 $x_2,\cdots,x_d$ 具有更好预报能力的变量。我们把 z 称为系统自组织的第二代产物，记 r_j 的最小值为 $R_{\min}$。

对矩阵（12-19）进行如下运算：

（1）回归：

$$y = a_1 + b_1 z_i + c_1 z_j + d_1 z_i^2 + e_1 z_j^2 + f_1 z_i z_j \tag{12-20}$$

$$i \neq j, 1 \leqslant (i,j) \leqslant k''$$

（2）计算：

$$u_{i,j} = a_1 + b_1 z_i + c_1 z_j + d_1 z_i^2 + e_1 z_j^2 + f_1 z_i z_j \tag{12-21}$$

（3）计算：

$$r_j^{(2)} = \left[\frac{\sum_{i=m+1}^{n'}(y_i - u_{ij})^2}{\sum_{i=m+1}^{n'} y_i^2}\right]^{1/2} \tag{12-22}$$

并求出其最小的 $r_j^{(2)}$ 值，记为 $R_{\min}$。

（4）去掉矩阵 $u_{i,j}^{(2)}$ 中 $r_j^{(2)} \geqslant L$ 的那些列，用所余下的那些列所组成的矩阵取代矩阵 $u_{i,j}$，从而产生第三变量 u。

（5）重复（1）~（4）步骤，直至 $R_{\min}$ 从下降变为上升，我们便认为 $R_{\min}$ 曲线降到了它的最低点。记最小的 $R_{\min}$ 所对应的迭代次数为 W，与其对应的回归方程为：

$$y = A^W + B^W Q + C^W V + D^W Q^2 + E^W V^2 + F^W QV \tag{12-23}$$

综上所述，我们可知预测模式的形式为：

$$y_{预测} = A + \sum_{i=2}^{d-1} B_i x_i + \sum_{i=2}^{d-1}\sum_{j=2}^{d-1} C_{ij} x_i x_j + \cdots \tag{12-24}$$

12.3.3 机械设备状态预测的动力学模式

对机械设备的状态进行预测，就是根据某时刻之前设备的状态历程，来预测该时刻之后设备状态的发展趋势。在传统的机械设备故障诊断中，是将设备在使用过程中某一时间所处的状态作为一个静态点，研究其状态性质和特征（故障模式）。但从机械设备的整个使用过程来说，我们可以发现机械设备的状态是一个不断变化的过程。因此，这一节我们将机械设备看做一个动态系统，利用时间序列的相空间重构来恢复原动力系统，然后利用 GMDH 方法进行预测，其过程如下：

（1）获得机械设备状态的时间序列。由于机械设备本身的复杂性，以及其状态影响因素的多样性，通常采用表现于某些现象上的数据来代表设备本身的状态。

设状态矢量 $X_i(S_{i,1},S_{i,2},\cdots,S_{i,L})$ 代表了机械设备的一种状态，其中状态参数 $S_{i,1},S_{i,2},\cdots,S_{i,L}$ 是机械设备的表现参数。研究表明，要用足够多的表现参数才能较全面地反映机械设备的状态。例如对于发动机来说，可以选择功率、扭矩、转速、进气压力、进气温度、水温、燃油压力、机油压力、曲轴箱窜气压力等可测量参量来作为发动机工作状态的表现参数。从发动机出厂或大修结束时开始，每隔一段时间（如每 5 天）对发动机进行一次测试，将每次测试结果记录下来，就得到了发动机的状态时间序列。

（2）数据预处理。机械设备的状态参数大多是通过传感器采集得到的，在现场采集的过程中会受到各种噪声的干扰，另外测量设备本身的精度、数据传输的质量也会对数据的精度产生影响。数据预处理是通过对测得的数据进行一些必要的变换来除去数据中的干扰成分，使采样数据尽可能地接近真实值，以提高预测精度。

对于某一组数据 u_i，可以对它进行如下的规范化处理：

$$u_i^* = \frac{u_i - \overline{u}}{\sigma_u} \tag{12-25}$$

式中　$\overline{u}$—— u_i 的平均值，$\overline{u} = \frac{1}{n}\sum_{i=1}^{n} u_i$；

σ_u—— u_i 的标准偏差，$\sigma_u = \sqrt{\frac{1}{n-1}\sum_{i=1}^{n}(u_i - \overline{u})^2}$。

（3）一维时间序列的相空间重构。如果机械设备运行的多个状态参数不容易获得，我们可以只对某一参数进行监测，然后根据相空间重构理论，用该参数重构出原动力系统的模型。其理论依据是：在动力系统中，任何一个分量的演化都是由与之相互作用的其他分量所决定的，相应地，这个分量的演化也反映了其他分量的相关信息。

（4）构造 GMDH 网络并用于预测。划分学习样本和检验样本，按照上一节的方法来构造 GMDH 网络并用于预测。

图 12-12 为基于相空间重构的 GMDH 预测算法的程序流程图。

基于相空间重构的 GMDH 预测算法的程序设计见本章附录。

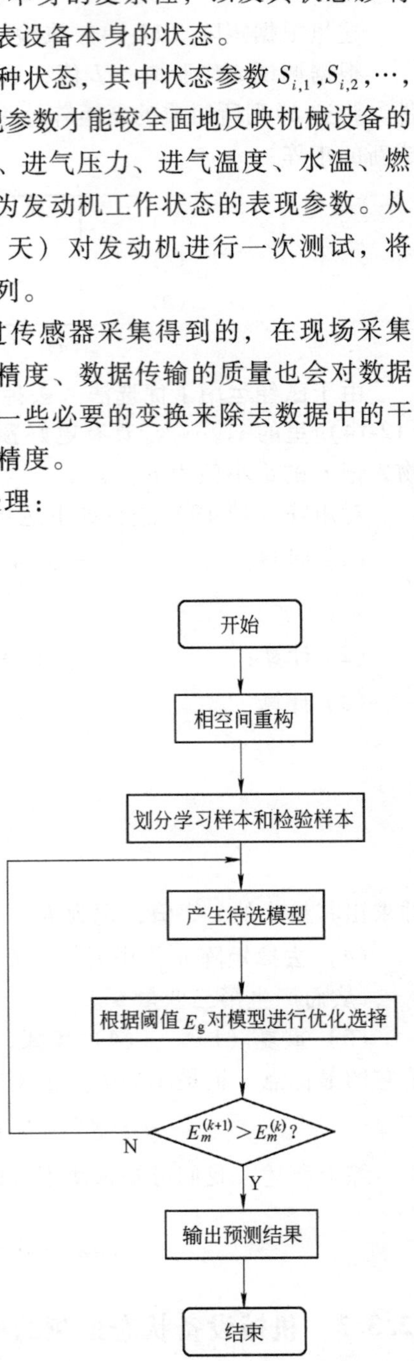

图 12-12　GMDH 预测程序的程序框图

12.4 GMDH 方法在机械设备状态预测的实例

现场测取某发动机燃烧振动信号，利用指数平滑、滑动平均、自回归和基于相空间重构的 GMDH 方法对发动机燃烧振动信号进行预测，以便对利用不同的建模方法所预测出来的结果进行比较，最后结果如图 12-13 ~ 图 12-18 所示。

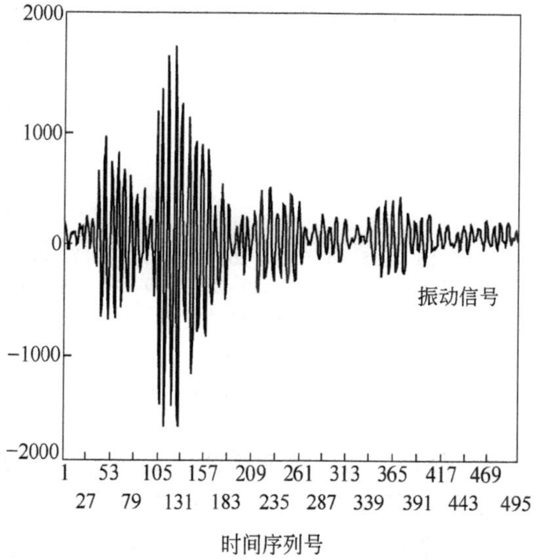

图 12-13 实测发动机燃烧振动信号

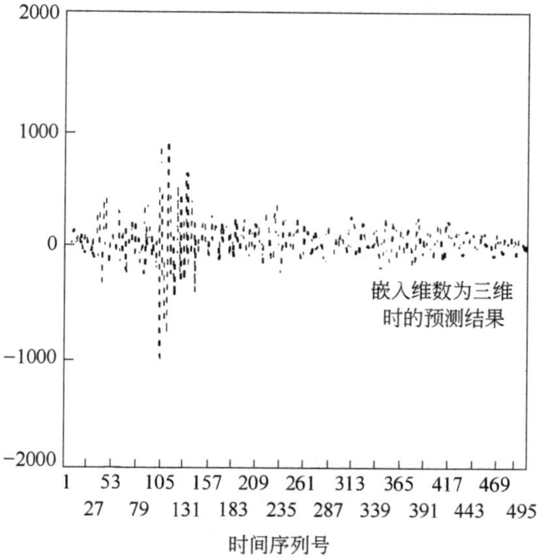

图 12-14 嵌入三维时预测结果

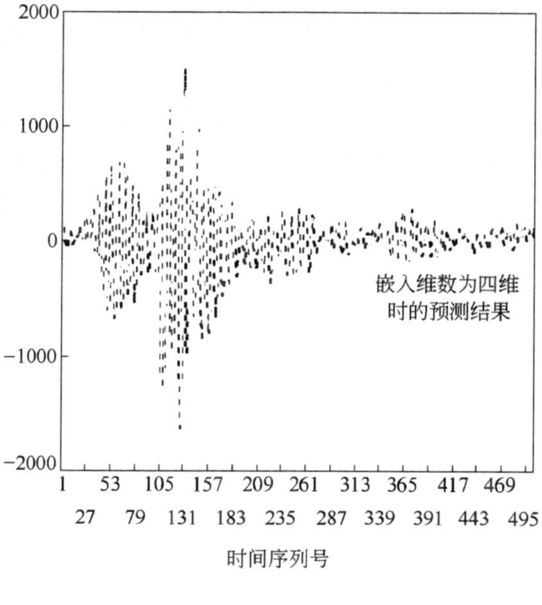

图 12-15 嵌入四维时预测结果

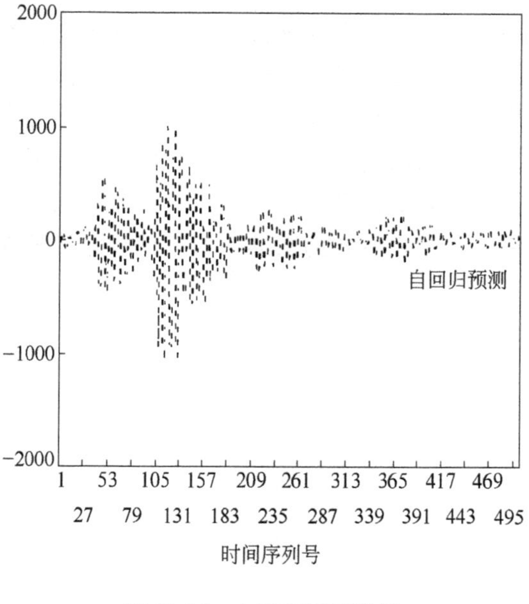

图 12-16 自回归预测结果

本章所采用的预测技术是一种基于相空间重构的“自组织”主动式高阶非线性回归建模方法，并且把它运用于复杂机械系统（本章以汽车发动机为研究对象）的状态预测，

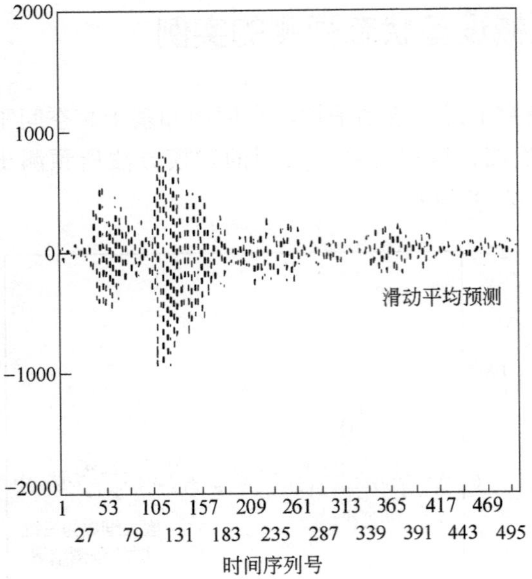

图 12-17　滑动平均预测结果

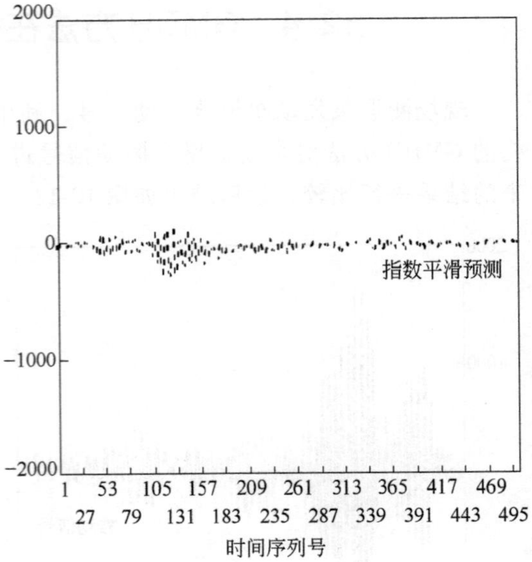

图 12-18　指数平滑预测结果

并对发动机的燃烧振动信号和曲轴箱窜气压力进行了分析。与传统的预测方法相比，该方法所建立的模式系统具有较好的客观性，并且不会出现高阶“病态”回归方程，所需的数据样本量也比较少。同时，该方法具有较好的动力学特性（GMDH 方法只具有统计学性质，不具有动力学性质）。另外，从所得的模式系统来看，它对实测资料有较好的拟合能力，所得预测结果也比较理想。同时，发现随着相空间嵌入维数的增加，预测值的精度随之提高，当嵌入维数达到饱和维数时，预测精度不会明显增加，这表明该时间序列将收缩于某一吸引子，这也在一定程度上反映了发动机的混沌特性，这里取 $d = 3$ 或 $d = 4$ 来进行分析。在对发动机的燃烧振动信号进行分析时，利用基于相空间重构的 GMDH 方法构造出来的动力学模型对振动信号进行拟合时，比利用指数平滑、滑动平均、自回归方法构造出来的模型要好。随着研究的深入，我们认为该方法将为复杂机械系统的状态预测提供一个行之有效的工具，为机械故障诊断提供了新思路、新方法。

附录　基于相空间重构的 GMDH 预测算法的程序设计

syms tao d x L m % tao 为延迟时间，d 为嵌入维数，x 为输入的时间序列，L 为判断 ri 的一个经验值，m 为训练矩阵的行数，在此程序中最大嵌入

```
维数< =30
n = length(x);
for j = 1 : d - 1
for i = 1 : d
t = abs(n - j + 1);
ii = abs(d - i + 1);
y(i,j) = x(t - (d - ii) * tao);
end
end
for i = 1 : d
y(i,d) = x(1 + (d - i) * tao);
end
y = y';
yy = y( : ,1);
y( : ,1) = [ ];
z = y;
zhi = sym('[X1 X2 X3 X4 X5 X6 X7 X8 X9 X10 X11 X12 X13 X14 X15 X16 X17 X18 X19
X20 X21 X22 X23 X24 X25 X26 X27 X28 X29]');
changdu1 = size(z);
changdu = changdu1( : ,2);
warning off all
for i = 1 : 1 : changdu
zz(1,i) = zhi(1,i);
end
Rmin1 = Inf;
bb = [ ];
kk = 0;
for cc = 2 : 1 : Inf
x = z;
z = [ ];
changdu = size(x);
n = changdu( : ,2);
ii = 0;
```

```
for i = 1 : 1 : n - 1
for j = 2 : 1 : n
if i == j
continue
end
if i > j
continue
end
x1 = x( : ,i);
x2 = x( : ,j);
x3 = [ones(length(yy),1),x1,x2,x1.^2,x2.^2,x1.*x2];
s = regress(yy,x3);
a = s(1, : );
b = s(2, : );
c = s(3, : );
dd = s(4, : );
e = s(5, : );
f = s(6, : );
z1 = a + b*x1 + c*x2 + dd*x1.^2 + e*x2.^2 + f*x1.*x2;
ii = ii + 1;
zz(cc,ii) = a + b*zz(cc - 1,i) + c*zz(cc - 1,j) + dd*zz(cc - 1,i)^2 + e*zz(cc - 1,j)^2 + f*
zz(cc - 1,i)*zz(cc - 1,j);
z = [z,z1];
end
end
uu = size(z);
OO = uu(1,2);
AA1 = 0;
BB1 = 0;
rj = [ ];
for j = OO: -1 : 1
for i = m + 1 : 1 : d
yi = yy(i,1);
zij = z(i,j);
AA = (yi - zij)^2;
BB = yi^2;
AA = AA1 + AA;
AA1 = AA;
BB = BB1 + BB;
```

```
BB1 = BB;
end
ri = (AA/BB)^(1/2);
if ri > L
z( : ,j) = [];
end
if ri == 0
y1 = zz(cc,j);
kk = 1;
break
end
rj = [rj,ri];
AA1 = 0;
BB1 = 0;
Rmin = min(rj);
end
[vv,bb1] = find(rj == Rmin);
bb2 = bb1(1,1);
bb = [bb;bb2];
if Rmin > = Rmin1
break
end
Rmin1 = Rmin;
end
Li = length(bb);
dd = bb(Li - 1,1);
y = zz(cc - 1,dd);
if kk == 1
y = y1;
end
y
```

思　考　题

1. 简要说明自组织理论包括的内容。
2. 简要说明 GMDH 算法原理和过程。
3. 如何构建 GMDH 网络？
4. GMDH 在复杂机械系统状态预测中有哪些应用？
5. 试编写 GMDH 的算法程序。

13 支持向量机建模技术及其设备寿命预测方法

在设备状态监测与故障诊断领域，状态预测主要用于估计故障的传播、发展，并对设备的劣化趋势做出预报，是进行事故预防和进行无破坏性检测的主要手段，能帮助维修人员早期发现异常，迅速查明故障原因，预测故障影响，从而有针对性地进行状态或视情维修，延长检修周期，缩短检修时间。因此，研究开发有效的早期故障，智能预示理论与技术，具有重要的科学意义和应用价值。

支持向量机（SVM）是在统计学习理论和结构风险最小化原则基础上发展出的新型学习机器，也是统计学习理论中最年轻、最实用的部分。SVM 是一种新的非常有发展前景的分类和回归技术，可以替代多层感知机、RBF 神经网络和多项式神经网络等已有的学习算法。其核心内容是在 1992 ~ 1995 年间提出的，目前仍处在不断发展阶段。下面首先讨论 SVM 分类问题。

13.1 支持向量机模型

13.1.1 最优分类超平面的构造

假如有两类线性可分数据：

$$(x_i, y_i), x_i \in R^n, y_i \in \{-1, +1\}, i = 1,2,\cdots,N$$

可用如下超平面进行分离：

$$w \cdot x + b = 0 \tag{13-1}$$

参数 w, b 的约束条件为：

$$\min | w \cdot x + b | = 1$$

超平面的约束条件为：

$$y_i[(w \cdot x_i) + b] - 1 \geqslant 0 \tag{13-2}$$

样本点到超平面的距离为：

$$d = \frac{| w \cdot x + b |}{\| w \|}$$

所谓最优超平面就是要求分类面不但能将两类正确分开，而且使分类间隔最大，如图 13-1 所示。图中，圆点和方块分别代表两类训练样本。对于一般分类算法，只要求能将两类正确分开；而在支持向量机方法（SVM 算法）中，H 为超平面，H_1, H_2 分别为与 H 平行且过两类样本中离 H 最近的点的超平面，它们之间的距离叫做分类间隔（margin）。图中分类面不但能将两类正确分开（训练错误率为 0），而且使分类间隔最大。这里就体现了统计学习理论的基本思想：要求分类面能将两类样本正确分开就是保证经验风险最小

（此时为 0）；而要求使分类间隔（margin）最大，就是要保证推广性的界中的置信范围最小，由这两个方面就可以使真实风险达到最小。

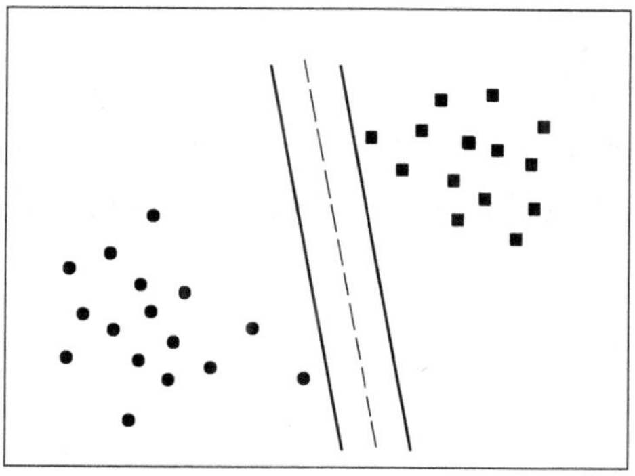

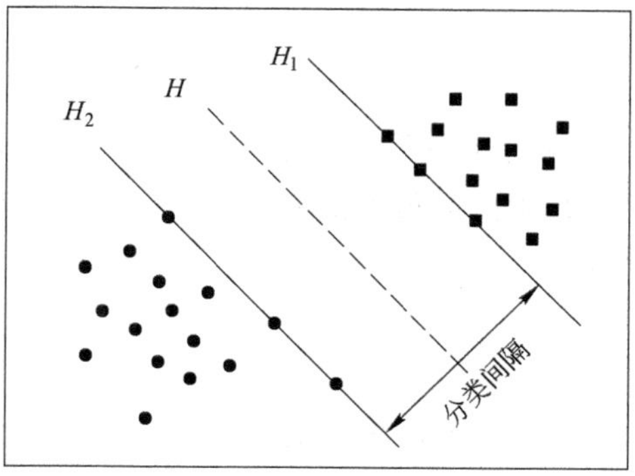

图 13-1 普通与最优分类面示意图

13.1.2 最优分类面和判别函数

通过以上的分析，我们知道构造最优分类面，就是要同时满足两个条件：一是使经验风险最小化的条件；二是满足置信范围最小的条件。两个条件统一可表示为如下的约束优化问题，即在式（13-2）的约束下，求函数：

$$\phi(w) = \frac{1}{2}\|w\|^2 = \frac{1}{2}(w \cdot w) \tag{13-3}$$

的最小值。

这个约束优化问题可以通过构造 Lagrange 函数求解，构造 Lagrange 函数如下：

$$L(w,b,\alpha) = \frac{1}{2}(w \cdot w) - \sum_{i=1}^{n} \alpha_i \{y_i[(w \cdot x_i) + b] - 1\} \tag{13-4}$$

式中，$\alpha_i \geqslant 0$，为 Lagrange 乘子。求解上式的最小值，可以令该泛函对 w 和 b 的导数分别为零，可以得到最优分类面的下列特性：

（1）最优超平面的系数 α_i^* 满足约束：

$$\sum_{i=1}^{n} y_i \alpha_i^* = 0, \quad \alpha_i^* \geqslant 0, \quad i = 1,2,\cdots,n \tag{13-5}$$

（2）最优超平面的向量 w^* 是训练集中向量的线性组合：

$$w^* = \sum_{i=1}^{n} y_i \alpha_i^* x_i, \quad \alpha_i^* \geqslant 0, \quad i = 1,2,\cdots,n \tag{13-6}$$

在式（13-6）中，非支持向量对应的系数 $\alpha_i^* = 0$ 可以舍去，只有支持向量对应的系数 $\alpha_i^* \geqslant 0$，在计算中才起作用，所以式（13-6）又可写为：

$$w^* = \sum_{\text{支持向量}} y_i \alpha_i^* x_i \tag{13-7}$$

由此可见，只有支持向量才决定了最优超平面，而其他学习样本不会影响最优超平面。

将式（13-5）和式（13-6）代入到式（13-4）得到：

$$L(w,b,\alpha) = \sum_{i=1}^{n}\alpha_i - \frac{1}{2}\sum_{i,j=1}^{n}\alpha_i\alpha_j y_i y_j (x_i x_j) \tag{13-8}$$

根据式（13-7），最优超平面是由 Lagrange 乘子 α_i^* 和支持向量决定的，α_i^* 可以通过求式（13-8）的最大值而得到。求出 α_i^* 和对应的支持向量后，参数 b^* 可以很容易地由下式求出：

$$b^* = \frac{1}{2}[w^* \cdot x^*(1) + w^* \cdot x^*(-1)] \tag{13-9}$$

式中，$x^*(1)$ 表示属于第一类（即对应于 $y=1$）的任意一个支持向量；$x^*(-1)$ 表示属于另一类（即对应于 $y=-1$）的任意一个支持向量。至此，构建超平面的参数都已求出。基于以上这些最优分类超平面的参数，建立如下的分类判别函数：

$$\begin{aligned} f(x) &= \mathrm{sgn}(w^* \cdot x + b^*) \\ &= \mathrm{sgn}[\sum_{\text{支持向量}} y_i\alpha_i^*(x_i \cdot x) + b^*] \end{aligned} \tag{13-10}$$

式中，sgn 为符号函数。根据 $f(x)$ 的值，就可以判断 x 所属类别。

对于线性不可分的情况，可以通过引入松弛因子 ξ_i 将约束条件从式（13-2）变成如下形式：

$$y_i[(w \cdot x_i) + b] - 1 + \xi_i \geqslant 0,\quad i = 1,2,\cdots,n \tag{13-11}$$

式中，$\xi_i \geqslant 0$ 为松弛因子，表示容许一定的错分情况。这样得到的线性不可分情况下的最优分类面，称为广义最优分类面（也称为软间隔最优超平面）。

这样求下列函数的极小值：

$$\phi(w,\xi) = \frac{1}{2}(w \cdot w) + C(\sum_{i=1}^{n}\xi_i) \tag{13-12}$$

其中，$C>0$ 是一个指定的常数，起着控制对错分样本的惩罚程度的作用，即折中考虑最少错分样本和实现最大分类间隔，也就是在最小经验风险与推广性能之间寻求折中。如果 C 取值较大，则可得到较小的经验风险（较小的错分误差）；C 取值较小，则可得到较好的推广性能（较大的分类间隔）。求解这个二次优化问题与求解在线性可分情况下的优化问题类似，就是要找到广义最优超平面的系数：

$$w^* = \sum_{\text{支持向量}} y_i\alpha_i^* x_i \tag{13-13}$$

为了最大化分类间隔，还必须找到一系列参数 α_i，$i=1$，2，…，n，使下列的二次型最大：

$$L(w,b,\alpha) = \sum_{i=1}^{n}\alpha_i - \frac{1}{2}\sum_{i,j=1}^{n}y_i y_j\alpha_i\alpha_j(x_i \cdot x_j) \tag{13-14}$$

约束条件与线性可分情况稍有不同：

$$0 \leqslant \alpha_i \leqslant C,\quad i = 1,2,\cdots,n \tag{13-15}$$

$$\sum_{i=1}^{n} y_i\alpha_i = 0 \tag{13-16}$$

如同在线性可分情况下一样，这里也只有少部分系数 $\alpha_i, i = 1,2,\cdots,n$ 不为0，它们所对应的样本就是支持向量，是它们决定了广义最优分类面。

13.1.3　非线性可分情况的推广

前面介绍如何在线性分类下，求解最优超平面。实际中往往是非线性问题，支持向量机处理非线性的方法是，首先将训练数据从原始模式空间经过特定核函数的非线性变换，映射到高维特征空间。然后，在特征空间中，寻找最优分类超平面，该超平面实际上对应着原始模式空间中的非线性分类面。因此，支持向量机在处理非线性情况时，仅比线性情况多了一个非线性映射环节。假定该非线性映射为：

$$\phi: x \Rightarrow \phi(x),\quad X \Rightarrow F \tag{13-17}$$

把输入向量 x 由原数据空间 X 映射到一个高维的特征空间 F，在特征空间 F，样本向量为 $\phi(x)$，如图 13-2 所示。从而使原空间的非线性分类问题转换为高维空间的线性分类问题，再在特征空间 F 建立最优分类超平面。在特征空间建立最优分类面的寻优目标函数（13-8）和分类函数（13-10）分别变为：

$$L_F(w,b,\alpha) = \sum_{i=1}^{n}\alpha_i - \frac{1}{2}\sum_{i,j=1}^{n} y_i y_j \alpha_i \alpha_j (\phi(x_i)\cdot\phi(x_j)) \tag{13-18}$$

$$f_F(x) = \mathrm{sgn}\Big[\sum_{\text{支持向量}} y_i\alpha_i^* (\phi(x_i)\cdot\phi(x_j)) + b^*\Big] \tag{13-19}$$

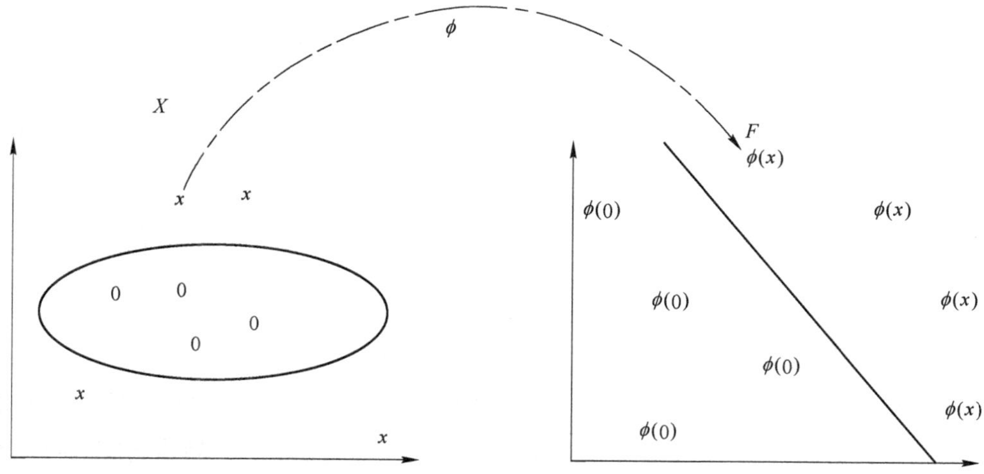

图 13-2　输入空间的非线性分类映射到特征空间的线性分类

由上面的分析中我们看到，无论是寻优的目标函数式（13-18）还是分类的判别函数式（13-19）都是只涉及到样本之间的内积运算 $(x_i \cdot x)$，这样，在变换后的高维空间实际上也只需要做内积运算 $\phi(x_i)\cdot\phi(x)$。如果 F 空间的维数很高，那么这样的内积计算也是很困难、很费时的。Vipnik 指出，在满足 Mercer 条件下，通过使用核函数 $K(x_i,x_j)$，就可以用原输入空间的核函数运算来代替高维特征空间的内积运算，这样运算的复杂度只与样本数目有关，而与特征空间的维数无关，从而巧妙地避开了维数灾难的问题：

$$K(x,z) = \phi(x) \cdot \phi(z) \tag{13-20}$$

用核函数在高维特征空间构造最优分类面时的优化目标函数为：

$$L_F(w,b,\alpha) = \sum_{i=1}^{n} \alpha_i - \frac{1}{2}\sum_{i,j=1}^{n} y_i y_j \alpha_i \alpha_j K(x_i, x_j) \tag{13-21}$$

相应的分类决策函数为：

$$f_F(x) = \mathrm{sgn}\left[\sum_{\text{支持向量}} y_i \alpha_i^* K(x_i, x_j) + b^*\right] \tag{13-22}$$

支持向量机的结构可以描述如下：首先借助于适当的核函数，将输入空间向量（通常是非线性可分）变换到一个高维的特征空间（线性可分），然后在这个新空间求最优线性分类面。这样求得的分类函数形式上类似于一个神经网络，其输出是若干个中间层结点的线性组合，而每一个中间层结点对应于输入样本与一个支持向量的内积，其结构如图 13-3 所示。

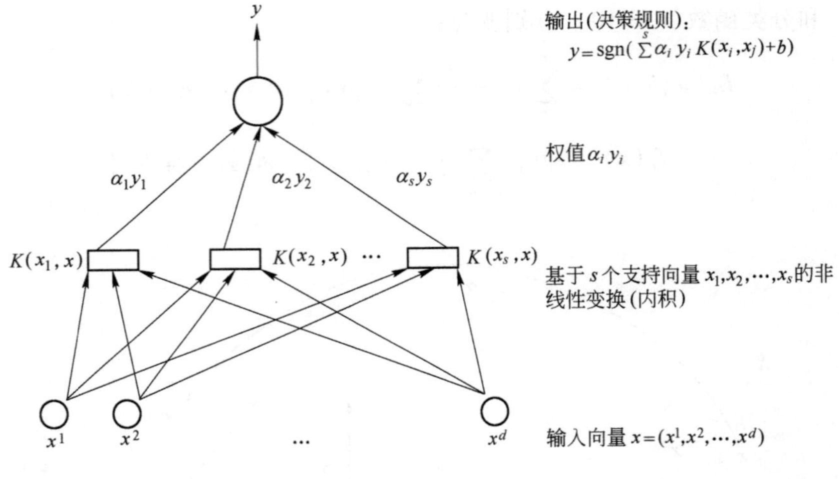

图 13-3　支持向量机结构示意图

13.1.4　核函数

在最优超平面的构造中，采用适当的核函数 $K(x_i, x_j)$ 就可以实现低维输入空间的非线性到高维特征空间中的线性分类，而计算量却没有明显增加。这一特点为算法可能导致的“维数灾难”问题提供了解决方法。根据 Hilbert-Schmidt 理论，核函数可以是满足 Mercer 条件的任意对称函数。

选用不同的核函数会产生不同的支持向量机算法，目前常用的核函数有如下几种：

(1) 阶次为 d 的多项式核函数：

$$K(x_i, x_j) = [(x_i \cdot x_j) + 1]^d \tag{13-23}$$

(2) 宽度为 σ 的高斯径向基核函数：

$$K(x_i,x_j) = \exp\left[-\frac{|x_i - x_j|^2}{\sigma^2}\right] \tag{13-24}$$

（3）比例因子为 b，偏移因子为 c 的 Sigmoid 核函数：

$$K(x_i,x_j) = \tanh[b(x_i \cdot x_j) - c] \tag{13-25}$$

它构成多层感知器神经网络。

13.2 支持向量机回归

13.2.1 支持向量机回归方法

如果我们把估计指示函数（模式识别分类）中得到的结论推广到估计实函数（回归）中，就变成了支持向量机回归。

对于非线性支持向量机回归，其基本思想是通过一个非线性映射 φ 将数据 x 映射到高维特征空间中，并在这个空间进行线性回归。这样，在高维特征空间的线性回归就对应于低维输入空间的非线性回归。其具体实现是通过核函数 $K(x_i,x_j) = \phi(x_i) \cdot \phi(x_j)$ 来实现的，从而免去了在高维空间复杂的点积运算。

给定一数据点集 $G = \{x_i,d_i\},i = 1,2,\cdots,n$，其中 x_i 为输入向量，d_i 为期望值，n 为数据点的总数。支持向量机采用下式来估计函数：

$$y = f(x) = w \cdot \varphi(x) + b \tag{13-26}$$

其中，$\varphi(x)$ 为从输入空间到高维空间的非线性映射，系数 w 和 b 由下式来估计：

$$R_{\mathrm{SVM}}(c) = c\frac{1}{n}\sum_{i=1}^{n} L(d_i,y_i) + \frac{1}{2}\|w\|^2 \tag{13-27}$$

在式（13-27）中，$L(d_i,y_i)$ 为损失函数，常用的损失函数有：二次损失函数、Huber 损失函数、Laplace 损失函数和 ε-不敏感损失函数，前三个损失函数不会使支持向量的数目很少，为了解决这个问题，Vapnik 提出了 ε-不敏感损失函数作为 Huber 损失函数的近似，它能够取得支持向量稀少的优点，因此，得到了广泛的应用。ε-不敏感损失函数回归示意如图 13-4 所示。

ε-不敏感损失函数定义为：

$$L_\varepsilon(d,y) = \begin{cases} |d-y| - \varepsilon, & |d-y| > \varepsilon \\ 0, & \text{其他} \end{cases} \tag{13-28}$$

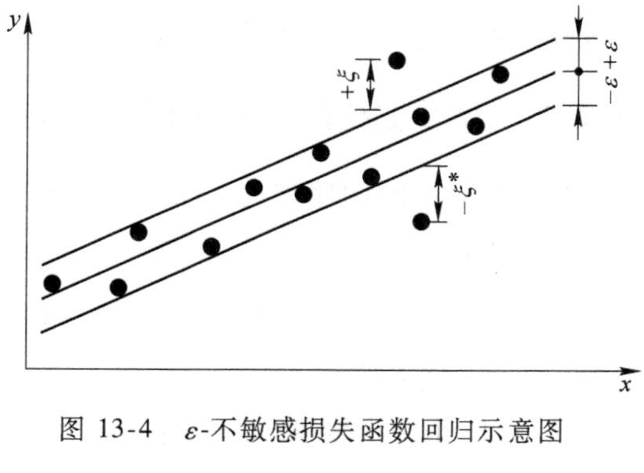

图 13-4 ε-不敏感损失函数回归示意图

在式（13-27）给出的正则化风险泛函中，第一部分 $c\frac{1}{n}\sum_{i=1}^{n} L(d_i,y_i)$ 是经验风险，它们由式（13-28）给出的 ε-不敏感损失函数来度量。损失函数的用途在于，它能够用稀疏数据点来表现由式（13-26）给出的决

策函数。第二部分 $\frac{1}{2}\|w\|^2$ 是正则化部分，c 是正常数，它决定着经验风险与正则化参数之间的平衡。为了寻找系数 w 和 b，就需要引入 ξ_i 和 ξ_i^*，使下式最小化：

$$R_{\mathrm{SVM}}(w,\xi) = \frac{1}{2}(w \cdot w) + C\sum_{i=1}^{n} |\xi_i + \xi_i^*|_{\varepsilon} \tag{13-29}$$

约束条件为：

$$\begin{cases} w \cdot \varphi(x) + b - d_i \leqslant \varepsilon + \xi_i \\ d_i - w \cdot \varphi(x) - b \leqslant \varepsilon + \xi_i \\ \xi_i \geqslant 0, \quad \xi_i^* \geqslant 0 \end{cases} \tag{13-30}$$

最后，引入 Lagrange 函数：

$$L = \frac{1}{2}(w \cdot w) + C\sum_{i=1}^{n}(\xi_i + \xi_i^*) - \sum_{i=1}^{n}\alpha_i(\varepsilon + \xi_i - d_i + w \cdot x + b) - \sum_{i=1}^{n}\alpha_i^*(\varepsilon + \xi_i^* + d_i - w \cdot x - b) - \sum_{i=1}^{n}(\gamma_i\xi_i + \gamma_i^*\xi_i^*) \tag{13-31}$$

其中，α_i 和 α_i^* 为 Lagrange 因子。采用优化方法可以得到其对偶问题：

$$Q(\alpha,\alpha^*) = -\varepsilon\sum_{i=1}^{n}(\alpha_i^* + \alpha_i) + \sum_{i=1}^{n}d_i(\alpha_i^* - \alpha_i) - \frac{1}{2}\sum_{i,j=1}^{n}(\alpha_i^* - \alpha_i)(\alpha_j^* - \alpha_j)K(x_i \cdot x_j) \tag{13-32}$$

$$\sum_{i=1}^{n}(\alpha_i^* - \alpha_i) = 0$$

约束条件为：

$$0 \leqslant \alpha_i^* \leqslant C \quad i = 1,2,\cdots,n \tag{13-33}$$

$$0 \leqslant \alpha_i \leqslant C$$

通过求解上式的最大值而求得参数 α_i,α_i^*，得到如下对未来样本 x 的预测函数：

$$f(x,\alpha_i,\alpha_i^*) = \sum_{i=1}^{n}(\alpha_i - \alpha_i^*)K(x_i,x_j) + b \tag{13-34}$$

其中，α_i,α_i^* 只有小部分不为 0，它们对应的样本就是支持向量，一般是在函数变化比较剧烈的位置上的样本。这里的核函数 $K(x_i,x_j)$ 和分类中的核函数是一样的。

13.2.2 基于支持向量机的时间序列预测原理

假设得到的时间序列为 $\{x_1,x_2,\cdots,x_n\}$，由 t 时刻前的 m 个数据预测 t 时刻的逼近值可以表达为：

$$x(t) = f[x(t-1),x(t-2),\cdots,x(t-m)] \tag{13-35}$$

式中 m——嵌入维数。

LS-SVM 是个多输入单输出结构，预测器的结构如表 13-1 所示。

表 13-1 预测的输入输出结构

输 入	输 出	输 入	输 出
$x(1),x(2),\cdots,x(m)$	$x(m+1)$	⋮	⋮
$x(2),x(3),\cdots,x(m+1)$	$x(m+2)$	$x(l-m),x(l-m),\cdots,x(l-1)$	$x(l)$

13.3 支持向量机回归的应用举例

电铲是露天矿山的主要生产设备，承担 90% 以上的矿岩挖掘、装车任务。在生产过程中，这些设备一旦出现故障，不仅可能造成设备本身的损失，而且可能导致生产中断，造成更大的停机损失，有时还可能引起严重的安全事故。交流电动机—直流发电机组供电系统是电铲的动力设备，具有机械故障率高、维护费用高等缺点，这些都直接或间接给矿山企业带来较大的经济损失。应用故障早期诊断可以在电铲出现故障之前提前进行停机检修，防止突发事故，维持正常生产秩序，减少过剩维修，较大幅度降低维修费用。电铲供电系统的故障多数可引起振动信号的改变，因此一般选用其振动时间序列信号预测供电机组的未来状态。由于电铲结构复杂，生产条件恶劣，使得信号具有复杂、非线性和非平稳特征。一般的预测方法存在建模复杂、适用性窄、预测精度较低、泛化性能较差等缺陷，而且对非线性信号预测效果较差。针对电铲故障发生时振动信号的非线性、非平稳性、复杂性和故障样本少等特点，本章针对最小二乘支持向量机（LS-SVM）有较强泛化能力的优势，建立了一种基于最小二乘支持向量机的预测模型。应用结果表明，该方法能够很好地对电铲供电机组的振动时间序列信号进行预测，从而合理地指导企业安排维修时间，减少维护费用。

对某矿山 295B 型电铲，隔天测得其 38 个振动速度时间序列信号作为训练和测试样本 $\{x(t)\}$，如图 13-5 所示。采用前面的 30 个数据作为训练和建模样本，后面的 8 个数据作为预测的检验样本。预测模型采用嵌入维数 $m=8$，惩罚系数 $\gamma=468.75$，核函数宽度系数 $\sigma^2=23.484$ 预测得到后面 8 天的预测值，如图 13-6 所示，预测值与真实值之间的误差如图 13-7 所示，它们之间的平均相对百分比误差（MAPE）为 3.25%。

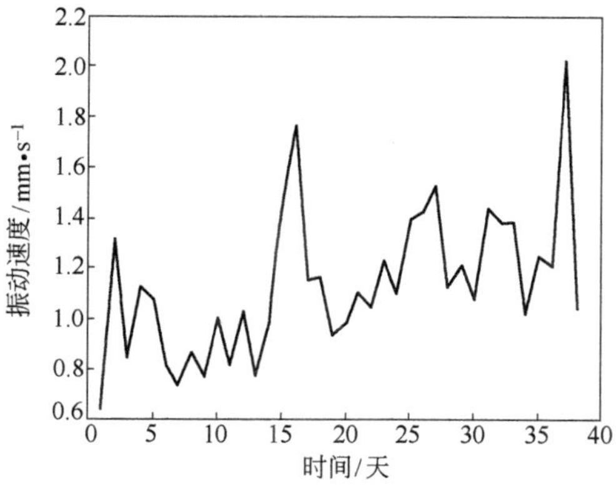

图 13-5 原始时间序列

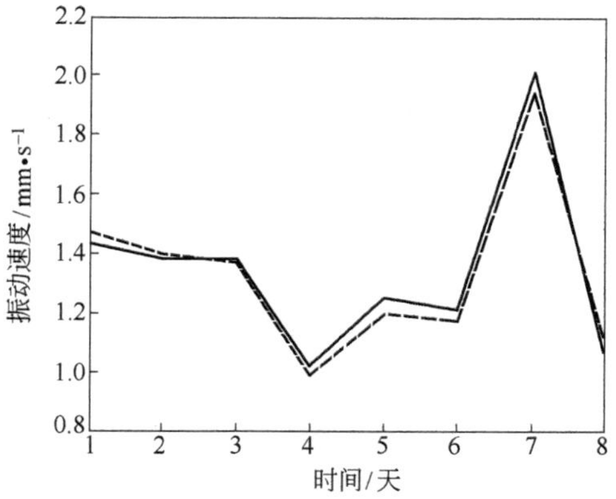

图 13-6 预测结果

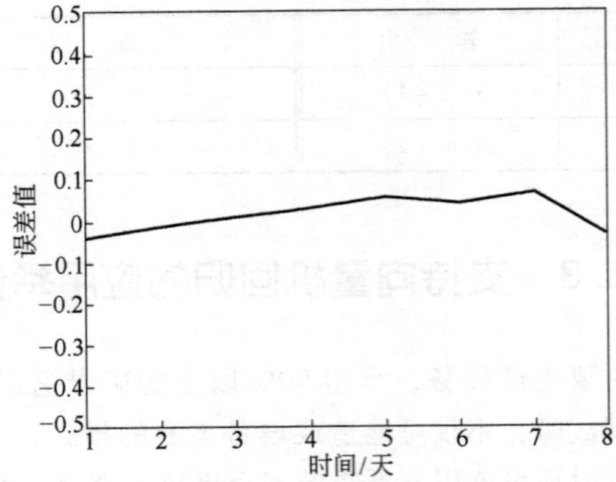

图 13-7　预测误差

思　考　题

1. 什么是最优分类超平面？
2. 说明基于支持向量机的时间序列预测原理。
3. 回归支持向量机应用有哪些？

附录　设备管理常用文件与表格实例

在本附录给出了某单位的一个车间的《岗位作业标准》、《岗位点检标准》、《岗位维修标准》、《岗位给油脂标准》及一些其他设备管理常用表格。

附录1　岗位作业标准实例

鞍钢集团齐大山铁矿采矿分厂企业标准

QJ/AGXG 0210 05 401 2004

汽运车间汽车司机
岗位作业标准

2004-12-31 发布　　　　2005－01－01 实施

鞍钢集团齐大山铁矿发布

前　言

为适应鞍钢内部质量管理和实现外部质量体系认证的需要，特修订本标准，本标准在制定过程中，参照引用 GB/T 1.1—2000《标准化工作导则第一部分：标准结构和编写规则》，参照 QB/AG 01 05—2000《作业标准编写的基本规定》。强调了作业标准的操作方法，要应用“工业工程”科学理论和方法对作业程序和理论进行分析和优化，将优化后结果写进标准。

在编写标准时，将工艺技术规程、安全技术规程、设备检修维护规程和岗位责任制中涉及操作者本人的规定写进标准中，特别是将程序文件中涉及的质量职责、质量活动、质量记录写进标准中，并做好承接，使操作者同时贯彻三大规程又执行了程序文件。

本标准的编写格式应符合 QG/AG XG 01 05—2000 的规定。

本标准的 A 是标准的附录。

本标准由齐大山铁矿提出。

本标准由齐大山铁矿生产部归口。

本标准起草单位：汽运车间

本标准主要起草人：陈雷

目　　次

齐大山铁矿采矿分厂企业标准
汽车司机岗位作业标准

1　适用范围

本标准规定了汽车司机的基本任务、职责与权限、人员素质要求，作业前准备，作业内容、方法及要求、工作关系与信息传递，检查与考核、质量记录。

本标准适用于汽车司机工作标准。

2　引用标准及文件

下列标准包含的条文，通过在本标准中引用构成标准的条文。在本标准出版时，所示版本均为有效。所有标准都会被修订，使用本标准的各方应探讨，使用下列标准最新版本的可能性。(略)

3　名词术语

3.1　点火开关：顺时针扭转即可起动发动机。

3.2　水温表：用来显示冷却水温度。

3.3　气压表：用来显示储气缸储气压力。

3.4　油压表：用于显示发动机润滑油压力。

3.5　电源总开关：用于控制汽车电路系统的开关。

3.6　油门踏板：用于控制发动机转速的油量踏板。

3.7　离合器踏板：用于汽车行驶变速时分离和结合的踏板。

3.8　操纵手柄（变速杆）：用于汽车行驶方向和变换速度。

3.9　制动踏板：用于汽车行驶变速时紧急制动（刹车）降速、停车的踏板。

3.10　手制动操纵杆：用于停车后稳车、防止溜车或行车时紧急情况辅助制动。

4　岗位责任与权限

4.1　司机的职责

4.1.1　司机在行政上受班长的领导，负责执行有关文秘工作指令，完成工作任务。

4.1.2　精心维护保养车辆，对所驾驶的车辆完好负责。

4.1.3　对行驶中的车辆及所载人员的安全负责。

4.2　司机的权限

4.2.1　对手续不全（所载货物与车票不符）有权拒绝运输。

4.2.2　对安全装置存在隐患的带病车辆有权拒绝驾驶。

4.2.3　对违章指挥和违反操作规程，有碍安全行车，又无安全措施的指令有权拒绝执行。

4.2.4 对新检修的车辆（包括新大修的车辆）发现安全设施不完整或作用不良、项目漏修等隐患有碍行车安全时，有权拒绝接车。

5 人员素质要求

5.1 年龄在18~55岁之间，身高在1.60米以上，具有高中文化水平。
5.2 遵纪守法，劳动态度好，热爱本职工作，工作责任心强，职业道德好。
5.3 具有较强的安全意识和质量意识，对设备的更新换代有适应性。路面驾驶反应敏捷，有较强的应变能力。
5.4 具有本岗位初级以上应知应会知识。
5.5 身体健康，符合汽车驾驶员身体要求，并持有公安交通管理部门核发的驾驶证，方可上岗。

6 工作前准备与接班检查

6.1 班前准备

6.1.1 上班前要充分休息好，严禁酒后上岗。
6.1.2 提前25分钟上岗，穿戴好劳动保护用品，开好班前会。
6.1.3 听班长传达调度指令，下达安全行车任务。
6.1.4 驾驶员首先做到日检查（内容有执照齐全，灯光、转向、制动、油、水、电、灭火器必须完好有效），明确当天的工作任务，按行车作业单位规定的时间、地点、行驶路线和货物的品种数量完成运输任务。
6.1.5 驾驶员必须熟知《辽宁省道路交通管理办法》，掌握汽车运输设施及现场作业环境，并了解起重设备技术状况，不得盲目行车和作业。
6.1.6 驾驶员必须熟练掌握所驾车型的构造性能和驾驶要领。
6.1.7 不准驾驶与准驾车型不相符合的车辆，不准无证驾车。
6.1.8 不准转借，涂改，伪造驾驶证。
6.1.9 不准驾驶安全设施不全或机件失灵的车辆。
6.1.10 未经规定审验和审验不合格的司机，不准继续驾驶车辆。
6.1.11 不准驾驶不符合装载规定的车辆。
6.1.12 患有妨碍行车安全的疾病或过度疲劳时不准驾驶车辆。
6.1.13 车门没有关好及车斗未落靠时，不准行车。
6.1.14 不准穿拖鞋驾驶车辆。
6.1.15 不准在驾驶车辆时吸烟、饮食、闲谈或有碍行车安全的举动行为。
6.1.16 在车辆检修试车时，司机和检修人员必须彻底联系好，做到呼唤应答。
6.1.17 除了必须在发动运转状态中需进行的检修项目和分析诊断故障外，不准在发动机运转中进行检修作业。

6.2 接班检查（当班司机）

6.2.1 听取交班者介绍设备运转情况、工作环境、安全情况。
6.2.2 清点好随车所用工具。
6.2.3 对运行中出现的异常现象及事故处理情况，轮胎是否完好或损坏及更换情况。

6.3　接班后应做到的事项

6.3.1　对驾驶员班前检点卡项检查。

6.3.2　对车辆重点部位转向系统、制动系统、举升系统及发动机等详细检查确认无误后方可起动。

6.3.3　接班后，在首次运行中，发现设备有异常现象应立即停止运行，向班长报告，严禁带隐患作业。

7　作业程序、方法与要求

7.1　汽车驾驶员作业程序

操作序号	操作名称	操作人员	操作内容与方法
1	发动机的起动和停熄	司机	1. 起动发动机 常温起动。接通电源，观察电流表表针摆动正常，踏下离合器踏板，变速操纵杆置于空挡位置，拉紧手制动，踏下油门踏板，起动发动机 冷车低温起动。先加热水后，用手摇转发动机轴，升高发动机温度，使润滑油各机件摩擦表面，观察油压表油压上升，打点火开关起动发动机，应用手摇柄起动，但要注意电不足时，不可强行使用起动机，应用手摇柄起动，但要注意防止点火定时过早发生反击伤人，柴油机起动前要先预热，后起动。没有电热预热装置的，只需开启排气制动器即可 若遇几次起动不着，应进行检查，将故障排除后再起动，禁止用拖、推、溜坡、倒车等方法起动发动机。这会使车辆的机件受到严重的损害 2. 发动机起动后的升温和检视 冷发动机起动后，应暂缓开启百叶窗和保温帘布，用略高的怠速均匀运转，逐渐提高发动机温度，绝不可猛踏油门踏板，避免使发动机受严重磨损。发动机升温50～60℃，然后经低、中、高各种转速检查，听发动机无异常声响，机油压力表和充电量正常，无焦味与漏水、漏气等，气压表压力符合规定方可准备起步。水温表、电流表及压力表、机油压力不正常不能起步 3. 发动机的停熄 只需关闭点火开关，察看电流表指针摆动情况，电路是否已经切断。在关闭点火开关前，不应猛踏油门轰车。若发动机温度过高时，停火前应怠速运转发动机1～2分钟，待各部件均匀冷却后，再关闭点火开关 柴油发动机需要停熄时，应先以怠速运转几分钟，使机件得到均匀冷却，然后关闭排气制动器，也就是把操纵杆推至制动阀关位置，即可停熄，柴油发动机设有专门的发动机停止按钮，拉出按钮，进入汽缸的空气被切断，发动机便立即停熄，然后再将按钮推回原位
2	车辆的起步	司机	1. 驾驶员在上车前，应绕车辆一周，察看车辆周围前后、左右、上下情况，起步的顺序是： （1）按起动的顺序及起动方法，起动发动机，观察各仪表工作是否正常 （2）踏下离合器踏板，将变速器踏板，变速器操纵杆置于适当挡位 （3）鸣喇叭同时观察车前上下左右及后视镜是否有碍起步情况 （4）放松手制动 （5）按时钟“上午九点下午三点”姿势，手把方向盘 （6）松开离合器踏板，并踏下油门起步 2. 正确的起步应是慢慢抬离合器，徐徐加油，平稳走步，而无冲击和振动，不熄火。抬离合器时先快后慢，松手制动要快，脚踏油门要慢。如果发现动力不足，发动机将要熄灭火时，应立即踏实下离合器踏板，适当加大油门重新起步

续表

操作序号	操作名称	操作人员	操作内容与方法
3	车辆的行驶与途中检查	司机	1. 遵守交通法规，听从交通管理人员指挥 2. 注意路面上的车、马、行人动态，准备随时采取相应措施 3. 注意观察仪表和汽车技术状况，发现异常，应立即停车检查并妥善处理 4. 与前车保持安全距离，以防车紧急制动，发生事故 5. 行驶时，精力集中，不饮食、吸烟和闲谈 6. 汽车运行一段路程或一定时间后，应进行停车检查，应察看发动机和底盘的工作情况是否正常，轮胎气压，有无漏水、漏气、漏油等，检查拖挂装置是否安全有效
4	变速	司机	1. 车辆起步后，车速渐增，须及时增挡，增挡时，先放松油门踏下离合器踏板，将变速操纵杆移入空挡位置，再踏实下离合器踏板，将变速操纵杆推入新增的挡位，最后抬起离合器踏板 2. 在平直，坚实路面行驶时，应选用经济车速运行，并挂最高挡位 3. 增加车速时，应逐步均匀地进行，不要猛踏油门 4. 换挡时，应依次变换挡位
5	会车超车让车	司机	1. 会车时应遵守交通规则，靠道路右边通过，会车前明确会车数量、车速和车型及道路情况，适当地选定会车地段 2. 在一般双车道公路上车辆交会，余地充裕，可以先适当减速，控制两车交会时足够的横向间距。当明确交会无碍时，便可逐渐加速，并逐渐地驶向道路中心 3. 在有障碍的路段会车时，要遵守交通规则，有障碍一方的车辆须减速，让对方先行，如果障碍一方车辆正在超越障碍时，对方车辆须减速避让。要根据来车距离，速度及道路情况决定加速成或速成等待，要躲开障碍物，避免障碍处会车 4. 在狭窄路段会车时，选定较宽一点的地段等候会车。下坡车让上坡车先行，下坡车已行至路途而上坡车未上坡时，上坡车让下坡车先行，在山旁险路会车时，靠山壁一侧的车辆让外侧车辆先行 5. 避免在桥梁、隧道、山洞、急转弯处会车，即使是双车道条件下，也要降低车速，慢慢会车，因为上述条件下高速会很容易发生碰撞事故。在阴雾天、黄昏或视线不清的情况下会车，更要降低车速，开启小灯或雾灯，注意两车的横向间距，必要时停车避让 6. 禁止在道路中央高速行驶或对方车辆行近时才突然转向避让，会车时又急速地驶向路中央，这种危险动作和不礼貌的驾驶，很容易发生碰撞和侧翻事故。 7. 超车按交通规则规定执行。超车时要选择道路直，路面宽，道路两侧均无障碍，视线良好，在交通规则允许的情况下进行 8. 超车前须认真瞭望前后，左右情况，在保证交通安全原则下，方准超车 9. 超车时，须在距离前车20米以外鸣喇叭，打开左转向灯示意，待前车减速让路后，从其左侧超越，超车后，在不妨碍被超车辆行驶的情况下，打开右转向灯示意，驶回原线 10. 若前车因故未及时避让，不准强行超车规定中第4、5、6、7款关于不准超车方面的规定 11. 在超越停放车辆时，应减速鸣喇叭，保持警惕，防止该车突然起步驶入行车道，也要防止其车门突然打开。还要注意被车遮和突然出现横穿公路的行人，在超越停车站的客车时，更要注意行人 12. 在超车时还应密切注视前车变化、动向，如前车让车不降速，等于不让，不能超车，并观察前车制动灯，转向灯批示情况 ，做好迅速停车准备，以防前车突然停车，造成事故 13. 汽车在行驶中，发现后车超车时，先明确后车的数量与车型，再估计道路及交通情况是否适宜让后车超越，在认为可以超越的条件下，选择适当的路段速靠右边行驶，必要时以手势或灯光示意，让后车超越，不得故意不让和不减速让车，确认无其他车辆接连超越，方可恢复正常行驶路线

续表

操作序号	操作名称	操作人员	操作内容与方法
6	转弯与调头	司机	1. 汽车在转弯时，要正确地判断道路宽窄和弯度的大小，才能确定合适的转向时机、转弯速度，应使车辆平稳地通过 2. 转弯时必须做到鸣喇叭，靠右行，减速可以防止离心力过大而使车辆失稳、失控，便于有效地操纵车辆，鸣喇叭可在车辆未到转弯处提前告诉弯道对方的车辆和行人，以引起注意并及时避让，靠右行驶即各行其道，双方车辆避免相撞 3. 左转弯时，如确认前方无来车和其他情况，可以适当偏左行驶，以利用拱形路面的内侧，起到增大增高的作用，可以适当提高弯道行驶的速率，并能改善车辆的稳定性 4. 右转弯时，要待车辆已驶入弯道后再把车辆完全驶向右边，不宜过早靠右。否则会使后轮偏出路外或导致车辆被迫向路中，而影响会车 5. 利用车辆经弯道的机会，扫视后照镜，可清楚地发现跟随车辆，以便及时避让 6. 车辆调头时应遵守交通规则的规定，在确保安全的前提下，选择宜于调头地方。如岔路口或平坦宽阔，路面质地坚硬的安全地段以及路旁有可利用的空地处等，调头前均须发出信号
7	车辆的停放	司机	1. 车辆需要停放时，应选择停放车的地点，车靠右，根据停放的形式，采取相应的方法把车驶入停车的部位 2. 汽车应指定地点依次停放，注意整齐一致，并保持随时可以驶出的距离 3. 在公路上停车，应选择平坦坚实，视距较长的不影响其他车辆临近停放，应保持不少于两米的车间距离，不得与其他车辆在道路两侧并停 4. 汽车发生故障时，应设法移至道路右侧，以免妨碍交通。如因故停车在弯道和隐蔽地点时，应根据情况在车前的一定距离设明显标志示意，便于两方来车引起注意，防止碰撞 5. 装载易爆或其他危险品的车辆，应停放在离建筑物较远或空旷的安全地点，不得在市或人口稠密的地方或靠近其他车辆停放。停放时须有人看管，以免发生意外 6. 除交通规则规定禁止停车处不准停车外，河溪边、悬崖下、深谷旁及道路视距短的隐蔽地段，路面有油污、腐蚀化学品等处，也应避免停车 7. 车辆停稳后，挂上低速挡，拉紧手制动，切断电源，还要视情况垫上三角木等物
8	坡道上的驾驶	司机	1. 汽车在坡道上行驶，存在上坡阻力和下坡助力，对车辆行驶很大的影响。因此，坡道行车必须认识和掌握这一特点，察看坡路的陡坦、长短，弯道的缓急，路面的宽窄，结合汽车性能及载重情况，采取恰当的操作方法，做到转向适度灵活，换挡迅速敏捷，手脚配合协调，合理使用制动 2. 上坡起步除按一般起步要领、动作、程序外还要注意手制动器、离合器的油门踏板操作的密切配合，操作方法如下： （1）踏下离合器踏板，挂上起步挡，左手握稳转向器，扫视后视镜，右手鸣号后拉紧制动杆并按下按钮，右脚放在油门踏板上 （2）踏下油门踏板，视坡道陡坦情况，提高发动机转速，同时抬离合器踏板松开制动，徐徐踏下油门踏板，放松离合器踏板，起步后不要猛加速 （3）因配合不好使车辆向后溜车，应立即踏下制动踏板和离合器踏板，等车完全停稳后再倒溜车，这样都极易损坏机件 （4）坡道上起动发动机，一定要把车停稳，在确认不溜车的情况下，再起动发动机并重新起步 3. 坡道上坡时需要有较大的牵引力，就要换入中速成挡或低速成挡；但因低速挡的耗油大，机件磨损加剧，故要求尽可能用较高的挡位行驶。为了解决这一矛盾，相对地造成了坡道上换挡的频繁 4. 换挡中注意事项

续表

操作序号	操作名称	操作人员	操作内容与方法
8	坡道上的驾驶	司机	（1）加挡的过程不能猛冲，接近坡顶更要注意，对汽车的有效推动力更有足够的估计，换不上高一挡的不要强换，但也不在低速挡时过高地提高发动机转速，这会使发动机过热，增加燃料消耗，加剧机件磨损，应掌握高速挡不硬撑，低速挡不猛冲的操作要求 （2）遇有短而不陡的坡道确无急弯和障碍，并对面无来车时，可以适当加速，利用车的行驶冲坡，减少换挡 （3）在弯曲坡路处，视线不好，必须以低速行驶，切实做到转弯不忘三件事“减速，鸣号，靠右行” 5. 下坡起步，仍可按平路要领操作，但加挡时间可以大大缩短 6. 下坡时低速换高挡，只要采用一般的两次离合法，可以换到可需要的挡位，但动作要快，否则因下坡助力作用，使变速器主被动齿的车速差急剧增大，以致进挡困难，在下坡行驶中，要根据道路的情况，尽可能控制车速避免急刹车，气压刹车的车辆不准熄火滑行，车与车的距离要适当拉长，保证安全 7. 上坡途中停车，要选好停车地点，可先踏下制动踏板把车停住，车辆在空挡时，驾驶人员不准离开驾驶室，特别是在发动机仍然怠速运转的情况下，防止手制动抖松而使车辆发生滑溜事故应当尽量避免在坡道上停放车辆，实属必要时，一定要做好三件事：挂低速挡，拉紧手制动，垫上三角木
9	复杂地段上的驾驶	司机	1. 通过桥梁的注意事项： （1）首先观察桥梁的允许载荷值。当明确车辆总重量不超过桥梁允许载荷时，方可驾驶通过 （2）对于现代化桥梁按一般驾驶要领通过 （3）对于吊桥和浮桥，匀速慢行通过，中途不准停车 （4）对于吊桥能力怀疑时，应下车检查桥面与桥墩的状况，只有已明确车辆能安全通过时，方可驾车通过 2. 对于双行隧道，则只需靠右侧缓行驶入隧道，会车时启用灯光。应了解隧洞的高度限制，当明确车辆未超高时，缓行通过 3. 穿越铁路道口要求： （1）应在铁路道口前100米处开始减速慢行 （2）穿越一、二、三类铁路道口时，应按“一慢，二看，确诊，四通过”的原则操作，路口亮红灯时禁止通过 （3）穿越铁路道口过程中，不准换挡、超车、调头、滑行、抢行和停车 4. 行驶有拱度路面要求： （1）行驶有拱度路面时，要骑路中慢速行驶 （2）路面上有辙时，应循车辙行进 （3）行驶时，握稳转向器尽量保持中、低速行驶，避免使用脚制动和中途停车 5. 当驱动轮打滑空转时，采取以下措施补救： （1）锁差速器 （2）加冲力 （3）改变轮位置 （4）绳索缠轮胎 （5）向路面垫柴草等物 6. 涉水行驶： （1）首先查清水深、流向、流速、水底情况，以及各岸边的上下条件。当水深超过所驾驶车辆允许最大涉水深度时，绝不可涉水，决定涉水行驶时，应做好防水处理 （2）涉水途中要低速行驶，一气通过。避免中途换挡、停车和急转弯 （3）行驶在漫水路面或漫水桥上的时候应循原固定路线行驶，通过急流河滩时，应顺流斜向行驶 （4）涉水行驶后，应立即拆除防水设施，擦电器受潮部分

续表

操作序号	操作名称	操作人员	操作内容与方法
9	复杂地段上的驾驶	司机	7. 夜间行车： （1）夜间汽车起步前，先开亮灯光，看清道路。行车时适当降低车速并拉长与前车的跟随安全距离 （2）在路灯照明良好的道路上行驶时，开防炫目近光灯，示宽灯和尾灯，车速在30km/h以内 （3）通过有指挥的交叉口，在进入路口前30～40米处，关闭远光灯，改用近光灯，并按需要使用转向灯 （4）会车时，在与来车相距150米处，改用近光灯，当车头交会后，即可开远光灯，在窄路，窄桥与非机动车会车后，不准持续使用远光灯，当对面来车未及时关闭远光灯时，可连续明大灯示意，必要时靠路边，开亮小灯停让 （5）超车前，连续变换远近灯光，当确定前车已让超越时，从车左侧超越。倒车或调头时，从车左侧超越。倒车或调头时，应在有指挥条件下进行 8. 雨天行车用苫布护货物，以防受潮变质，开启刮水器，减速缓行，避免急剧转弯和紧急制动，在坝上堤路或沿河道行驶时，不要太靠路边，以防坍塌 9. 雾中行车，开亮防雾灯或近光灯，减速缓行，用喇叭开道，必要时开刮水器，会车时，使用喇叭并用亮灯示意，尽量避免超车。当遇浓密大雾，勿冒险行车，应先适当地点停车，并开小灯和尾灯，暂避 10. 在冰雪路面上行驶时，要在驱动轮上安装防滑链，起步后，用低中速行驶，有前辙印时，应循其行进，冰雪坡路上，不准加速冲坡，勿急转弯、猛回轮，转弯时尽量采用大的转弯半径，尽量避免超车、滑行、紧急制动，与前车保持一定距离 11. 高温季节，注意发动机温度，必要时选择阴凉处停车休息，并打开发动机罩通风散热。当冷却水沸腾时，应停车，怠速运转待温度下降后，再熄火加水。应及时检查轮胎气压，发现燃料系统有气阻现象时，应停车休息，待温度下降后，排除气阻尔后再行车，经常检查冷却水和电解液面高度，不足时及时补充
10	走合期保养规定及要求	司机	1. 走合期间行车，要正确实施走合期间的行车规则，对维护车辆的技术性能和延长使用寿命，具有十分重要的意义，在走合期间，应当遵守和注意下列规定及要求： （1）必须按额定载重量标准减载20%～25%不允许牵引挂车和拖别的汽车。尽量避免在不良的道路上行驶 （2）严格控制行驶速度，限制直接挡的时速不超过30km/h，不可猛踏油门，突然加速必须及时换挡，避免猛冲与硬拼 （3）行驶中特别注意发动机有无异响和水温过高，要经常注意和防止变速器、驱动桥、制动鼓和轮毂等温度过高，随时注意和紧固外部螺栓，并加强例行保养 （4）掌握更换发动机润滑油的规定里程，及时保养、清洗轴箱，清洗机油滤清器并更换滤芯，按规定容量加足新机油 （5）走合期满后，未经技术部门鉴定，不得擅自拆限速装置。拆除限速装置后，转入正常运行的初期，仍应避免发动机转速过高和车速过快，也不宜拖带挂车 （6）预热发动机。发动机的温度比较低时，就加负荷会缩短发动机寿命，因此，起动发动机后，水温表数未到60，油压表数未达到低息，0.09807～0.19614MPa以上时，禁止起步 （7）走合期要注意机油、冷却水温和油压的变化，注意观察、倾听总成部件的工作状况 （8）走合期禁止发动机长时间怠速运转，避免突然加速、突然制动和急转弯 （9）走合期为1000～1500km，即150～200小时，走合期满后应更换发动机机油，紧固各部螺栓，检查变速器及后桥油面

续表

操作序号	操作名称	操作人员	操作内容与方法
10	走合期保养规定及要求	司机	2. 走合期的保养。使用新车、大修车、换装车及发动机大修的汽车，在走合前、走合期、走合后，均应按规定做好保养工作。 走合期保养的注意事项： （1）走合前的保养。对汽车的外部进行清洁，检查紧固外露的螺栓、螺母及锁销，检查润滑油、制动液的数量和质量，必要时应予以添加，检查制动效能，不符合要求要进行调整 （2）走合期的保养。对汽车在完成走合里程一半时要进行清洗发动机的润滑系统，更换润滑油和滤芯，润滑全车各注油点，检查调整制动部分，紧固外露部分的螺栓、螺母 （3）走合后的保养。清洗发动机润滑系统，更换润滑油，按规定紧固汽缸盖螺栓和汽车外露的螺栓、螺母，检查调整制动效能，检查调整离合器踏板和制动踏板的自由行程，清洗变速器、差速器、轮毂、转向节，检查调整火花电极间隙及分电器断电触点间隙，调整化油器，拆除限速片，润滑全车各润滑点
11	拖拉车辆的规定	司机	1. 因故障需要拖拉车辆时，应采取符合标准的牵引装置拖拉，以保证拖拉车辆的安全 2. 拖拉车辆下坡时，严禁使用软牵引，拖拉车辆后面需有机动车拖挂，并必须先派有经验的驾驶人员，设专人指挥，车速不准超过规定 3. 同等吨位车辆可以互拖，大型车可拖拉小型车，禁止用小型车拖拉大型车辆
12	收车后的检查及保养	司机	1. 检查发动机运转情况，察听有无漏气之处 2. 检查补充燃油、冷却水，按规定对润滑点进行检查和加润滑油 3. 扭转机油滤清器手柄3～5转，检查自动毂是否发热 4. 冬季没有暖库或未使用防冻液的车辆应放净水 5. 关闭所有工具及附件 6. 清洁全车外部，打扫驾驶室和车厢卫生 7. 气压制动的车辆，检查制动总泵的液面是否符合要求 8. 重车停放过夜时，应将车架顶起，以解除钢板弹簧和轮胎的负重
13	进库停车	司机	1. 以速度5km/h入库，按指定位置停放，拉紧手制动，挂上空档，切断电源开关，锁好车门 2. 将行车单交给班长或调度

7.2　作业内容、方法、要求

操作序号	操作名称	操作人员	操作内容与方法
1	出车前的检查与保养	司机	1. 检查机油、燃油、冷却水和制动液是否足量，蓄电池的液面及比重是否标准，轮胎气压是否正常 2. 察看汽车各部有无漏水漏气、漏油、漏电现象 3. 各种证件是否带齐、有效 4. 汽车灯光、喇叭、刮水器、后视镜、门锁、门窗玻璃及升降器手柄是否齐全有效 5. 检查转向器，横、直拉杆等连接部位是否牢固可靠，手脚制动器、离合器的工作情况是否良好 6. 察看各部螺栓、螺帽是否齐全有效 7. 人员乘坐和货物装载是否符合规定，挂车、半挂车和引车连接装置是否牢固可靠，随车装备是否齐全 8. 起动发动机，察看发动机运转是否正常，有无异响，各仪表工作是否正常。检查中一旦发现故障的隐患，应立即排除，对行车安全有影响的不能出车

续表

操作序号	操作名称	操作人员	操作内容与方法
2	下达指令	调度员	根据生产和用户的需要，按路线、吨位下达行车指令单给行车长
3	上岗操作	司机	1. 正确的驾驶姿势能够减轻驾驶员劳动强度，便于运用各种驾驶操纵机件，瞭望车前周围情况和观察各种指示仪表，从而能够灵活、正确、持久而安全地操作 2. 上车时用左手开车门，随即扶住车门侧窗框下沿，左脚踏板，右脚跨进驾驶室并伸向油门踏板方向，身体自然坐下，收左脚，并随手关好车门 3. 驾驶时身体对转向器，两手分别稳握转向器左右两侧，头部端正，两眼向前平视，看前顾后注意两边。上身轻靠后背垫，胸部略挺，两膝分开，两脚分别放在离合器踏板左下方和油门踏板上，始终保持精力充沛、思想集中的操作姿态 4. 下车时，做完全停车动作后，应先注视车辆前后情况，无车辆逼近方可开车门，防止突然超越的车辆与车门相撞

8 换季、封存车的保养与司机维护的范围

8.1 换季保养

8.1.1 冬季转入夏季的保养

先检查百叶窗，拆除发动机附加的保温装置，以及驾驶室风挡装置，检查整修后，妥善保管；放出发动机、空气压缩机油盘及机油滤清器等处的冬季用油，清洗润滑系统，加注夏季用油；放出变速器、差速成器及分动器、转向器等处的冬季用的齿轮油，清洗后检查齿轮的轴承的磨损情况，校正主减速器齿轮和啮合间隙，然后加注夏季用齿轮油；清洗轮毂轴承，换用标号高的轴承滑脂；拆洗汽缸和散热器的放水开关，清通水道，测试节温器效能；缩短化油加速泵活塞行程，减小加速的喷油量；调换进排气歧管上的预热阀的位置，调整发电机调节器，适当降低充电电流和电压，调蓄电池电解液比重，将机油散热器开关打开，清理各通气道。

8.1.2 夏季转入冬季的保养

先检查百叶窗，安装发动机附加保温装置及驾驶室风挡装置；放出发动机、空气压缩机机油及机油滤清器等处的夏季机油，清洗润滑系统，加注冬季机油；放出变速器、分动器、差速器及转向器等处的夏季用齿轮油；清洗轮毂轴承，换用标号较低的轴承滑脂；拆检汽缸体的散热器的放水开关，清通水道，测试节温器效能；增大化油器加速泵活塞的行程，增加加速时的喷油量，调换排气歧管上的预热阀于冬季位置；调整发电机调节器，适当增加充电电流和电压，调整蓄电池电解液比重，将机油散热器开关关上。

8.2 封存车的保养

汽车封存时，应在封存前进行保养，其项目通常是：

（1）清洗车辆并除锈，然后补漆，涂油防锈。

（2）在怠速情况下，使发动机熄火，拆下火花塞，打开加机油口盖，以起动转动 2 ~ 3 次，每次 3 ~ 5 秒，或以手柄快速摇转曲轴 10 ~ 20 转，以使发动机油曲箱和汽缸中的废气和混合气排净。

（3）向各缸倒入 30 ~ 50 克的脱水机油，将火花塞螺纹处涂上一层薄薄润滑脂装回，

用手柄缓缓摇转5~10转。

（4）放净燃油，放净冷却水。

（5）用油纸和绳索将机油口、空气滤清器包扎严密，机油尺与口的连接处用滑脂封严，消声器管可用木器堵住，并在木器周围涂一层薄滑脂，将化油器固定螺帽松开，用纸板封在进气道上，再把固定螺帽扭紧。

（6）拆下蓄电池，放到适当地方保管。

（7）放松手制动器。

（8）放松风扇皮带和空气缩机皮带，密封前、中、后桥通气孔和分动器通气孔，密封时可用油脂封闭。

（9）为了防止汽油泵膜片裂，应使汽油泵内充满燃油，并将泵体底部的小孔用油脂堵死。

（10）滤清器如存油保管时，应清除内部的沉淀物，保管时，应将内部污物清除并擦净，涂一层脱水机油后装回原位。

（11）用压缩机吹净各油管内汽油，将油箱开关拧紧，将加油口用油脂和纸封口。

（12）润滑驾驶室门合页、门锁玻璃升降器、牵引钩、发动机盖钩等活动部位。

（13）用架车木分别把车架起，以解除钢板弹簧和轮胎的负荷。

（14）在外胎表面涂上一层白粉，使轮胎表面形成一层严密坚实的保护层，以防阳光照射和减少与空气接触，也可用帘、草袋、木板等将轮胎遮盖。

（15）将随车工具、附件清洁后包好，必要时应在工具箱上涂适当的滑脂或机油以防生锈，棉织品附件应晒干保管。

（16）用雨布将全车或车头盖严扎紧。

8.3　司机维护范围

8.3.1　车容卫生包括发动机、底盘、驾驶室、电瓶、各种油箱加油孔盖及通气孔、滤网、空气滤清器、机油滤清器、汽车滤清器及车身。

8.3.2　螺栓紧固包括传动轴，轮胎螺栓，电瓶固定架，车厢固定螺栓，各种照明灯固定等。

8.3.3　安全装置齐全可靠，包括横直拉杆、手脚制动、转向器、各种灯光、后视镜、雨刮器、喇叭和各种防尘罩等。

8.3.4　水箱盖，汽、柴油箱盖，机油加油盖，机油尺，液压油箱盖等，齐全且作用良好。

8.3.5　其他部位包括交接班记录，班前检点卡等，清洁完整，认真填写。

8.3.6　日常检查标准：

（1）在车辆四周，察看有无漏油，水痕迹。

（2）检查各部螺栓、螺母有无松动，特别是轮胎螺栓、传动轴、横直拉杆螺栓，要仔细检查。

（3）检查电气线路是否断线、短路，端部是否松动等。

（4）检查散热器冷却水量，打开散热器盖检查水位，如太低应补充水。

（5）检查油料，补充燃油要在每天工作完毕后进行。

（6）检查轮胎的气压和损伤。

（7）排放贮气筒内的污垢，在发动机起动后，打开贮气筒的排污阀，放出内部的污垢。在冬季为预防冻结，应每日收车后放一次污垢。

(8) 确认各种报警灯是否正常工作。

(9) 检查制动系统是否正常工作。

(10) 检查转向装置是否牢固灵活。

(11) 检查所有灯光是否明亮，喇叭鸣声是否正常。

(12) 检查后视镜位置、倒车镜位置是否良好。

(13) 检查发动机废气的颜色是否正常。

(14) 检查各种仪表是否正常工作。

(15) 检查风扇皮带、气泵皮带的张力是否正常，有无伤损。

9 故障处理和事故报告

9.1 故障处理

9.1.1 每日出车前检查发现故障，属于司机自检自修范围的，由司机主动承担处理，但要报告运输调度。征得同意，才能进行。属于回队修理的报修项目，要报告车队检查员，并同时报告当班班长。由检查员组织安排检修，下达检修作业票，司机随同车辆进厂，讲清故障现象、部位和回修的原因。此时没有检查员的同意，司机无权驾驶车辆。待故障处理后，由检查员、司机负责验收，达到满意方可出车，并同时到调度室安排当班作业。

9.1.2 运行中检查发现故障，白班报告车队检查员，程序同上，夜班时报告调度室，调度室组织安排检修。

9.1.3 行驶中转向系统失灵，应立即停车，使汽车安全停在道路的一侧，向班长和当班调度报告安排检修，故障处理后，方可继续作业。

9.1.4 行驶中制动失灵应采取以下措施：

(1) 立即松开油门板，使汽车自然减速，并使用刹车制动，或根据道路情况可利用路面的一切障碍减低车速。

(2) 将汽车驶向上坡路，靠上坡阻力使汽车减速。

(3) 可以变换低速挡位迫使汽车减速，并停车，及时报告安排检修，待故障处理后，方可继续作业。

9.1.5 行车紧急避险：

(1) 行车中突然遇险情，如车辆和行人突然出现或改变行进方向等，司机不要慌张，要镇静，灵活掌握行进方向避让。

(2) 牢记“三躲”不如“一停”，利用手脚制动采取可靠措施。

9.2 事故报告

9.2.1 如遇发生设备事故、行车事故，司机应立即停车向公安交通部门报告和本单位领导报告，并保护好现场。

9.2.2 在发生有人员伤亡时，立即采取有效措施，积极主动抢救伤员，避免事故扩大。

9.2.3 事故现场处理完后，用书面材料上报车队，事故有关人员写出事故经过，参加事故分析。

A 附录（略）

附录 2　岗位点检标准实例

鞍钢集团齐大山铁矿标准

QJ/AGXG 0210 05 206 2004

电动轮汽车点检标准

2004-12-20 发布　　　　　　　　　　2005-01-01 实施

鞍钢集团齐大山铁矿发布

前　言

本标准是根据 GB/T 1.1—2000 年标准化守则的编写格式和规则，参照 EUCLID 公司 R170 电动轮汽车操作指导手册，UNIT-RIG 公司 MT3600 电动轮汽车机械手册编写而成的。

R170 型和 MT3600 型 154 吨级电动轮汽车是 1993 年从美国和加拿大引进的进口电动轮汽车。1994 年陆续投入使用运行。运行使用单位为齐大山铁矿采矿分厂汽运车间。

本标准的计量单位全部采用法定计量单位，做到与 ISO 9000 系列质量保证的国际惯例相接轨。

本标准由鞍钢集团齐大山铁矿设备部提出。

本标准由鞍钢集团齐大山铁矿设备部归口。

本标准起草部门：鞍钢集团齐大山铁矿采矿分厂汽运车间

本标准起草人：汽运车间技术组

本标准于 2004 年 12 月 20 日首次发布。

电动轮汽车点检标准

1　范围

本标准适用于鞍钢集团齐大山铁矿采矿分厂汽运车间 R170 型和 Mt3600 型 154t 电动轮汽车的点检。

2　引用标准

下列文件所包含的条文，通过在本标准中引用而构成本标准的条文，在标准所示版本中均为有效。所有标准都会被修订，使用本标准的各方面应探讨适用下列标准的最新版本的可能性：

《R170 电动轮汽车操作者指导手册》相关图纸及说明书；

《MT3600 电动轮汽车操作者指导手册》相关图纸及说明书；

《采矿分厂汽运车间电动轮汽车维修作业标准》。

3　定义

3.1　林肯泵：给全车各部轴承自动供油润滑。

3.2　注油调压阀：调节润滑系统各支路供油压力和流量。

3.3　符号定义：Y-年；M-月；W-星期；D-天；S-班；GPS：全球卫星定位系统。

4　电动轮汽车点检标准

4.1　电动轮汽车点检路线示意图

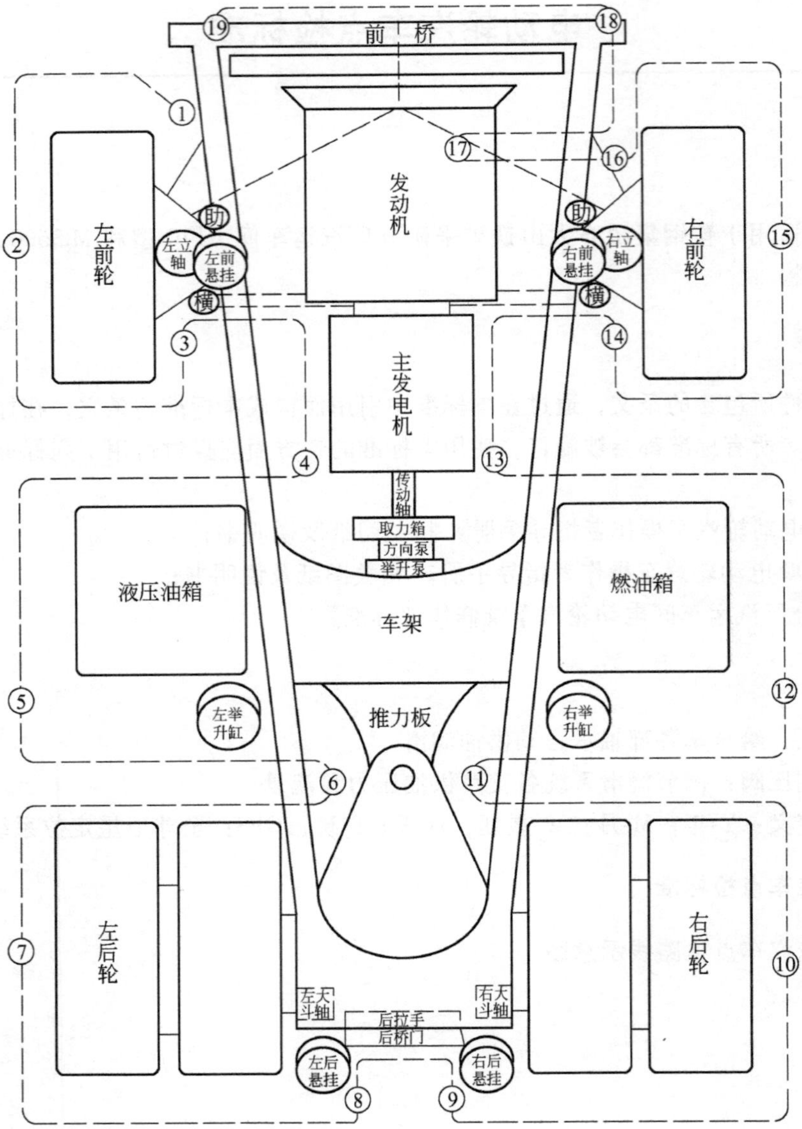

图 1　电动轮汽车点检路线示意图

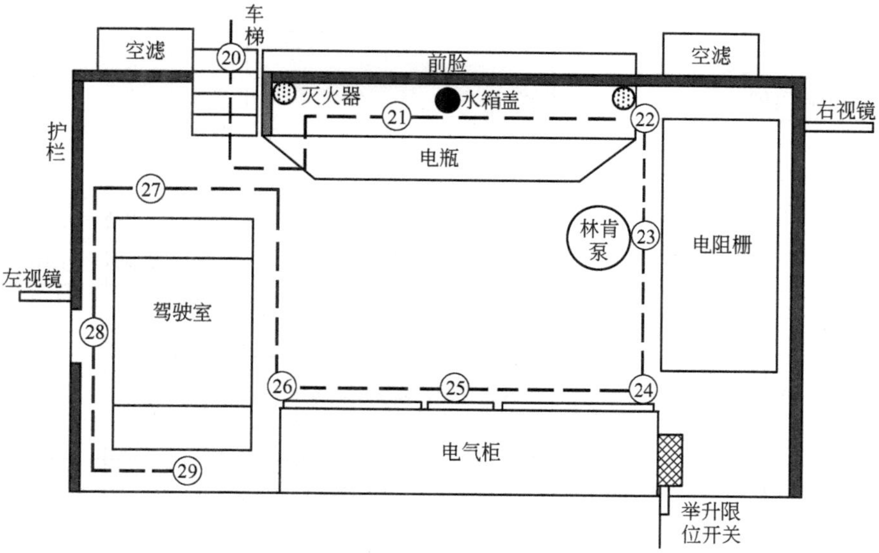

图2 驾驶室平台点检路线图

4.2 电动轮汽车岗位点检标准

日点检作业卡：			点检者：		点检日期	年 月 日				点检状态
设备型号：R170/MT3600										○—运动
设备编号：										×—停止
										♣—起升
序号	点检项目	点检内容	点检标准	周期	状态	点检方法				缺陷异常记录，正常画“√”
						视	听	触	工具	
1	左前轮胎	螺栓、压块及外表	螺栓、压块齐全，外表无划痕	1S	×	√				
2	左前刹车蹄架	外表、油管泄漏	螺栓齐全紧固，无泄漏，无摩擦	1S	×	√				
3	左前悬挂	轴承、轴销挡板、泄漏	紧固、润滑良好，无泄漏	1S	×	√				
4	左侧助力器、顺拉手	轴承、轴销泄漏	紧固、润滑良好，无泄漏	1S	×	√				
5	左前立轴	管路、润滑	紧固、润滑良好，无泄漏	1S	×	√				
6	左侧横拉杆	轴承、轴销	紧固、润滑良好，无泄漏	1S	×	√				
7	左侧车架、发动机、管路	螺栓、裂纹、管路泄漏	紧固，无裂纹，无泄漏，无干涉	1S	×	√				

续表

日点检作业卡：			点检者：		点检日期	年　月　日				点检状态
设备型号：R170/MT3600										○—运动
设备编号：										×—停止
										♣—起升
序号	点检项目	点检内容	点检标准	周期	状态	点检方法				缺陷异常记录，正常画“√”
						视	听	触	工具	
8	主发电机	螺栓	螺栓齐全，紧固	1S	×	√				
9	液压管路、阀体	紧固、干涉、泄漏	紧固良好，无干涉，无泄漏	1S	×	√				
10	左侧油箱	卫生、盖、油位	油位标准，孔盖清洁，无泄漏	1S	×	√		√		
11	左侧举升缸	轴承、轴销挡板、泄漏	紧固，润滑良好，无泄漏	1S	×	√				
12	推力板左侧	轴承、轴销、管线	紧固，润滑良好，无裂纹，无泄漏	1S	×	√				
13	左后轮胎	螺栓、压块及外表	螺栓、压块齐全，外表无划痕、无夹石	1S	×	√				
14	左后刹车蹄架	外表、油管泄漏	螺栓齐全紧固，无泄漏，无摩擦	1S	×	√				
15	车斗	轴承、轴销、管路	紧固，润滑良好，无泄漏，无裂纹	1S	×	√				
16	后拉手	轴承、轴销泄漏	紧固，润滑良好，无泄漏	1S	×	√				
17	后悬挂	轴承、轴销挡板、泄漏	紧固，润滑良好，无泄漏	1S	×	√				
18	后桥	灯光、管路、后桥壳	齐全紧固，无干涉，无泄漏，清洁无油泥	1S	×	√		√		
19	右后刹车蹄架	外表、油管泄漏	螺栓齐全紧固，无泄漏，无摩擦	1S	×	√				
20	右后轮胎	螺栓、压块及外表	螺栓、压块齐全，外表无划痕、无夹石	1S	×	√				

续表

日点检作业卡：			点检者：		点检日期	年　月　日				点检状态
设备型号：R170/MT3600										○—运动
设备编号：										×—停止
										♣—起升
序号	点检项目	点检内容	点检标准	周期	状态	点检方法				缺陷异常记录，正常画“√”
						视	听	触	工具	
21	右侧举升缸	轴承、轴销挡板、泄漏	紧固，润滑良好，无泄漏	1S	×	√				
22	推力板右侧	轴承、轴销、管线	紧固，润滑良好，无裂纹，无泄漏	1S	×	√				
23	右侧油箱	卫生、盖、油位	油位标准，孔盖清洁，无泄漏	1S	×	√		√		
24	举升泵、方向泵	固定、泄漏	螺栓齐全紧固，无泄漏	1S	×	√				
25	取力箱、传动轴	固定、润滑、泄漏	螺栓齐全紧固，润滑良好，无泄漏	1S	×	√				
26	车架大线	车架、大线	无裂纹，无裸漏，无烧痕	1S	×	√				
27	右侧横拉杆	轴承、轴销、泄漏	紧固，润滑良好，无泄漏	1S	×	√				
28	右前立轴	管路、润滑	紧固，润滑良好，无泄漏	1S	×	√				
29	右侧助力器、顺、横拉手	轴承、轴销泄漏	紧固，润滑良好，无泄漏	1S	×	√				
30	右前悬挂	轴承、轴销挡板、泄漏	紧固，润滑良好，无泄漏	1S	×	√				
31	右前刹车蹄架	外表、油管泄漏	螺栓齐全紧固，无泄漏，无摩擦	1S	×	√				
32	右前轮胎	螺栓、压块及外表	螺栓、压块齐全，外表无划痕	1S	×	√				
33	发动机右侧	机体及附属件、机油	无泄漏，附件齐全紧固，机油油面高于下限刻度	1S	×	√		√		

续表

<table>
<tr><td colspan="3">日点检作业卡：</td><td rowspan="3" colspan="2">点检者：</td><td rowspan="3">点检日期</td><td rowspan="3" colspan="4">年 月 日</td><td>点检状态</td></tr>
<tr><td colspan="3">设备型号：R170/MT3600</td><td>○—运动</td></tr>
<tr><td colspan="3">设备编号：</td><td>×—停止
♣—起升</td></tr>
<tr><td rowspan="2">序号</td><td rowspan="2">点检项目</td><td rowspan="2">点检内容</td><td rowspan="2">点检标准</td><td rowspan="2">周期</td><td rowspan="2">状态</td><td colspan="4">点检方法</td><td rowspan="2">缺陷异常记录，正常画“√”</td></tr>
<tr><td>视</td><td>听</td><td>触</td><td>工具</td></tr>
<tr><td>34</td><td>电瓶（M）</td><td>卫生、电解液、箱盖</td><td>干净完好，电解液高于锌片</td><td>1S</td><td>×</td><td>√</td><td></td><td>√</td><td></td><td></td></tr>
<tr><td>35</td><td>右侧空滤</td><td>密封及滤芯、灰盆</td><td>密封良好，无灰</td><td>1S</td><td>×</td><td>√</td><td></td><td>√</td><td></td><td></td></tr>
<tr><td>36</td><td>前桥</td><td>固定</td><td>螺栓齐全紧固</td><td>1S</td><td>×</td><td>√</td><td></td><td></td><td></td><td></td></tr>
<tr><td>37</td><td>左侧空滤</td><td>密封及滤芯、灰盆</td><td>密封良好，无灰</td><td>1S</td><td>×</td><td>√</td><td></td><td>√</td><td></td><td></td></tr>
<tr><td>38</td><td>车梯、护栏</td><td>固定</td><td>齐全紧固，无变形</td><td>1S</td><td>×</td><td>√</td><td></td><td></td><td></td><td></td></tr>
<tr><td>39</td><td>水箱</td><td>液面、水箱盖</td><td>液面高于上水槽50mm，完好</td><td>1S</td><td>×</td><td>√</td><td></td><td>√</td><td></td><td></td></tr>
<tr><td>40</td><td>灭火器</td><td>数量、性能</td><td>齐全，有效</td><td>1S</td><td>×</td><td>√</td><td></td><td></td><td></td><td></td></tr>
<tr><td>41</td><td>电阻栅、电气柜</td><td>固定、密封、卫生</td><td>螺栓齐全紧固，密封良好，无积尘</td><td></td><td></td><td></td><td></td><td></td><td></td><td></td></tr>
<tr><td>42</td><td>连锁装置</td><td>举升连锁开关、换向器</td><td>起斗时断牵引，换向器换向正确</td><td>1S</td><td>○-×</td><td>√</td><td>√</td><td></td><td></td><td></td></tr>
<tr><td>43</td><td>林肯泵</td><td>工况及泵体</td><td>工况稳定，泵体无泄漏，外表卫生清洁</td><td>1S</td><td>○-×</td><td>√</td><td>√</td><td></td><td></td><td></td></tr>
<tr><td>44</td><td>六大安全装置</td><td>刹车、转向、灯光、喇叭、反照镜、雨刷器</td><td>齐全，可靠</td><td>1S</td><td>○-×</td><td>√</td><td>√</td><td>√</td><td></td><td></td></tr>
<tr><td>45</td><td>驾驶室及平台</td><td>仪表盘仪表、GPS、报警器、空调平台卫生</td><td>完好，有效，清洁</td><td>1S</td><td>×</td><td>√</td><td>√</td><td>√</td><td></td><td></td></tr>
<tr><td>备注</td><td colspan="10"></td></tr>
</table>

4.3　电动轮汽车电气专业点检卡

日点检作业卡：	点检者：	点检日期	年　月　日	点检状态
设备型号：R170/MT3600				○—运动
设备编号：				×—停止
				♣—起升

序号	点检项目	点检内容	点检标准	周期	状态	点检方法				缺陷异常记录,正常画"√"
						视	听	触	工具	
1	主发电机	碳刷检查	长度不小于38.1 mm，无破裂松动，引线无磨损	2W	×	√			√	
2		刷架检查	刷架无磨损，下边缘无刮碰滑环	2W	×	√				
3		滑环检查	滑环滑道平整，无较大滑痕	2W	×	√				
4		外观检查	扣板封闭好，后部罩螺丝无松动	2W	×	√				
5	牵引电机	碳刷检查	长度不小于25.4mm，无破裂松动，引线无磨损	2W	×	√				
6		刷架检查	刷架无磨损，下边缘无刮碰滑环	2W	×	√				
7		刷架间连线	连线端头无烧损，螺丝紧固	2W	×	√				
8		整流子	表面平整，无环火痕迹，无失圆	2W	×	√				
9		转子轴承是否到限	用塞尺检查定、转子间隙为3mm	2W	×	√			√	
10		传感器检查	无油污，阻值为140～160Ω	2W	×				√	
11	充电发电机	外观检查	外观无损伤	1W	×	√				
12		接线情况	接线良好，无松动	1W	×	√				
13		运行情况	运行无异常	1W	○	√				
14		皮带情况	皮带无跑偏，松紧度正常	1W	○	√				
15	电阻栅部件	隔片检查	隔片无下沉，电阻片无断裂烧损，底板隔板无损坏	1W	×	√				

续表

日点检作业卡： 设备型号：R170/MT3600 设备编号：			点检者：		点检日期	年　月　日				点检状态 ○—运动 ×—停止 ♣—起升
序号	点检项目	点检内容	点检标准	周期	状态	点检方法				缺陷异常记录，正常画“√”
						视	听	触	工具	
16	鼓风电机	碳刷检查	长度不小于25.4mm无破裂松动，引线无磨损	1W	○	√				
17		刷架检查	刷架无磨损，下边缘无刮碰滑环	1W	○	√				
18		整流子检查	整流子表面平整，无较大滑痕	1W	○	√				
19	举斗限位开关	性　能	动作灵敏，工作正常	1W	○			√		
20	电器柜内部件	隔离放大器	元件正常，线路无损坏	1W	×	√		√		
21		静态励磁器	元件正常，线路无损坏	1W	×-○	√				
22		分压器、分流器	元件正常，线路无损坏	1W	×	√			√	
23		同步变压器	元件正常，线路无损坏	1W	×	√				
24		二极管故障检测板	元件显示正常，线路无损坏	1W	×-○	√				
25	电脑控制箱	插件板及固定、清洁	插件板工作正常，固定完好，无灰尘	1W	×-○	√		√	√	
26	高压滤液装置	各电阻电容元件	元件齐全，接线无松动	1W	×	√				
27	接地检测电阻	各电阻元件	元件齐全，接线无松动	1W	×	√				
28	驾驶室	各部仪表	工作正常，无缺损	1W	×-○	√				
29		故障检测盘	工作正常	1W	×-○	√				
30		报警灯	无缺损，性能稳定	1W	○	√				
31		控制开关	完好无缺损	1W	○	√				
32		控制盘	接线完好，无灰尘	1W	×-○	√				
33	电缆线路	电线绝缘及插头	绝缘皮无破损，端头无变色	1W	×	√				
备注										

4.4　电动轮汽车机械专业点检标准

日点检作业卡：	点检者：	点检日期	年　月　日	点检状态
设备型号：R170/MT3600				○—运动
设备编号：				×—停止
				♣—起升

序号	点检项目	点检内容	点检标准	周期	状态	点检方法				缺陷异常记录,正常画"√"
						视	听	触	工具	
1	前桥	前桥裂纹	无裂纹	1W	×	√				
2	发动机	泄漏情况	无漏油、漏水	1D	×	√		√		
		进气管路	无短路,无阻塞现象	1D	×	√				
		运转情况	运转正常，低怠速750转/分，高怠速1500转/分，额定转速2100转/分	1D	○	√	√			
		燃烧情况	燃烧正常,无烧机油,无严重下排气,排油现象	1D	○	√				
		固定	螺丝齐全，无松动	1W	×	√				
3	前立轴，拐背	立轴间隙	不大于3mm	1W	×	√			√	
		拐背螺丝	螺栓齐全紧固	1W	×	√				
		润滑状况	润滑良好	1W	×	√				
4	前悬挂	轴承、轴销、漏油、高度	轴承无破碎,轴销无窜动,无严重磨损,无漏油,润滑良好，MT355mm,R170330mm	1D	×	√				
5	转向助力器，横拉杆	轴承、轴销、漏油、润滑	轴承无破碎，轴销无窜动，无严重磨损，无漏油，润滑良好	1D	×	√				
6	液压油箱	油箱盖、孔外部卫生、泄漏、固定	油箱盖清洁无缺失，固定可靠，无裂纹	1D	×	√				
7	各部阀体	漏油、工作状态	无漏油，工作良好，无堵塞	1D	×	√				
8	各部液压管路	泄漏、磨损、干涉、紧固	无泄漏，严重磨损，堵塞	1D	×	√				
9	举升缸	轴承、轴销、润滑泄漏、举升降落时间	轴承无破碎，轴销无窜动，无严重磨损，润滑良好，无泄漏，举升21秒，下降18秒	1W	○-♣	√				

续表

日点检作业卡：	点检者：	点检日期	年　月　日	点检状态
设备型号：R170/MT3600				○—运动
设备编号：				×—停止
				♣—起升

序号	点检项目	点检内容	点检标准	周期	状态	点检方法：视	听	触	工具	缺陷异常记录，正常画“√”
10	方向泵，举升泵，传动轴，推力板	泄漏、松动、磨损、润滑	无漏油，松动，无异响，无严重磨损裂纹，润滑良好。MT：垂直间隙≤2.5mm，水平间隙≤6.35mm。R170：挡块无松动	1D	×-○♣	√			√	
11	后轮轴头	固定螺丝	紧固	1W	×			√		
		刹车油管	油管无磨损，无漏油	1D	×	√		√		
		刹车片、蹄架	刹车片磨损程度（小于3.1mm），蹄架无松动	1D	×	√			√	
		太阳轮、行星轮	太阳轮不松旷，不退出，无异响	1W	×	√			√	
		轴头端板齿轮油	是否漏油，满注	1W	○-×	√				
12	后悬挂，后桥	高度、泄漏、轴承轴销润滑裂纹、桥内裂纹卫生、轴承座孔	MT：440mm；R：114mm，无泄漏，轴承无裂纹，轴销无窜出，润滑良好，后桥门密封良好，桥内卫生清洁，无裂纹，座孔无严重变形	1D	×-○	√				
13	大斗轴，轴套，R170烟道	磨损、润滑、轴间间隙、胶垫	无严重磨损，轴销无窜动，间隙不大于2mm，润滑良好，胶垫齐全平整，烟道固定良好，无泄漏	1D	○-♣	√				
14	车架大斗	大斗胶垫、瓦座、防摆座	车架无裂纹，横顺梁，斗板无严重变形磨损，胶垫齐全	1W	×	√				
15	电瓶	固定、卫生、接线柱	紧固清洁，接线柱无松动	1D	×	√				
16	林肯泵	泄漏、工作情况	无泄漏，定时器工作正常，系统供油正常	1D	○-×	√				
17	驾驶室，平台	车梯护栏、仪器仪表、开关	紧固良好，无严重裂纹变形，工作良好	1D	×	√				
18	交接班日记	填写点检状况	详细填写点检状况，并做信息反馈	1D	×	√				
备注										

附录3　岗位维修标准实例

鞍钢集团齐大山铁矿标准

QJ/AGXG 0210 05 405 2004

电动轮汽车维修作业标准

2004-12-20 发布　　　　2005-01-01 实施

鞍钢集团齐大山铁矿发布

前　言

本标准是根据 GB/T 1. 1—2000 年标准化守则的编写格式和规则，参照 EUCLID 公司 R170 电动轮汽车操作指导手册，UNIT-RIG 公司 MT3600 电动轮汽车机械手册编写而成的。

R170 型和 MT3600 型 154 吨级电动轮汽车是 1993 年从美国和加拿大引进的进口电动轮汽车。1994 年陆续投入使用运行。运行使用单位为鞍钢集团齐大山铁矿采矿分厂汽运车间。

本标准的计量单位全部采用法定计量单位，做到与 ISO 9000 系列质量保证的国际惯例相接轨。

本标准由鞍钢集团齐大山铁矿设备部提出。

本标准由鞍钢集团齐大山铁矿设备部归口。

本标准起草部门：鞍钢集团齐大山铁矿采矿分厂汽运车间

本标准起草人：汽运车间技术组

本标准于 2004 年 12 月 20 日首次发布。

电动轮汽车维修作业标准

1　范围

本标准规定了设备检修协力中心汽运工程设备修理厂承修的154电动轮汽车主要工作内容、程序、方法、要求，辅助工作内容、方法、要求等各项内容，以保证本标准满足岗位要求，适应于本企业认证的ISO 9001—2000、GB/T 28001—2001、ISO 14001—1996贯标需要。

本标准适用于鞍钢集团齐大山铁矿汽运车间电动轮汽车检修岗位的要求。

2　引用标准

下列标准包含的条文，通过本标准中引用而构成为本标准的有效条文。在本标准出版时（下发实施），所示版本均为有效，所有标准都会被修订保持，持续改进使用本标准的各方在探讨的基础上有新意、有发展地使用下列最新标准版本的可能性：

GB/T15495—1995《企业标准体系，管理标准工作标准体系的构成和要求》；

QG/AG0101—2000《企业标准印刷、编排格式的规定》；

GB/T1.1—1993《标准化工作守则系列标准》；

ISO9001—2000《质量管理体系标准》；

GB/T28001—2001《职工安全健康管理体系规范》；

ISO14001—1996《环境管理体系标准》；

《MT3600及R170机械检修手册》；

《MT3600及R170电气检修手册》；

《康明斯发动机检修手册》。

3　定义符号和缩略语

3.1　定义

作业标准中基本采用如下定义。

3.1.1　标准：对重复性事物和概念所做的统一规定由主管机构批准，以特定形式发布，以共同遵守的准则和依据。

3.1.2　标准化：对重复性事物和概念，通过制定发布和实施标准，以达到统一，使其获得最佳秩序和社会效益。

3.1.3　工作标准：对业务管理工作领域内需要协调和解决的工作事项，统一规定。

3.1.4　持续改进：在原基础上逐步发展，组织强化的过程致力于提高有效性和效率。

3.1.5　质量：一组固有特性，满足要求的能力。

3.1.6　过程：使用资源将输入转化为输出的活动的系统。

3.1.7　程序：为进行某项活动所规定的途径。

3.1.8　产品：过程的结果。(4 类：硬件、软件、服务、流程性材料)

3.1.9　合格：满足要求。

3.1.10　质量管理体系：建立质量方针和质量目标并实现这些目标的体系。

3.1.11　事故：造成死亡、疾病、伤害、损坏和其他损失的意外情况。

3.1.12　危险源：可能导致伤害或疾病、财产损失、工作环境破坏或这些情况组合的根源或状态。

4　设备作业标准

4.1　154 电动轮汽车 250 小时保养

4.1.1　检修作业标准

要素 \ 名称	154 电动轮汽车 250 小时保养		
作业前准备	人员配备、安全技术、作业时间、标准交底		
作业人员	18（机修工 8 人，电工 6 人，铆焊工 4 人）		
作业时间	12 小时	总工时	216 小时
使用工器具	吊车、组合工具、组合仪表及专用工具		
安全要素	防坠落、吊装要确认、防火防车辆伤害		
协助单位	生产操作人员、架工、天车工		

施工流程图：单位/小时

①—0.5→②—0.5→③—1→④—2→⑤—6→⑥—1.5→⑦—0.5→

联系确认　作业准备　整车清洁　检查　更换或检修　测试　清扫验收

4.1.2　维修步骤及操作方法

序号	作业步骤	作业内容、方法与要求	工　时
1	联系确认	1. 主修人员认真填写作业票，与司机联系停止发动机执行换牌、挂牌制度并掩车 2. 熟悉现场环境做好安全预测和防范措施 3. 准备好防火用具	9
2	作业准备	1. 准备好拆卸工具及检测仪表 2. 对电气主回路进行充分放电 3. 准备好更换的部件	9
3	整车清洁	1. 对整车外部洗刷 2. 电气设施进行除尘 3. 对发动机及后桥进行卫生保洁	18
4	检　查	1. 对电气设施全面检查 2. 检查发动机运行工况 3. 检查车辆制动系统 4. 检查车辆液压系统 5. 检查车辆其他系统 6. 以上检查执行车辆 250 小时保养项目作业单	36

续表

序号	作业步骤	作业内容、方法与要求	工　时
5	更换或检修	1. 用吊车吊装各部件时，注意要轻拿轻放，防止各部件损伤 2. 紧固电阻栅两侧压块螺丝，检查护罩紧固螺丝不应有缺损现象 3. 更换空气滤清器、柴油滤清器、水滤器及各种液压滤器 4. 更换到限刹车片、电机碳刷及接触器触点 5. 处理各部漏油点更换胶圈及胶管 6. 发现车辆有开焊、断裂、变形等问题应及时给予处理或更换	108
6	测　试	1. 鼓风机及电阻栅绝缘电阻不能小于1.6MΩ 2. 用电桥测量电阻栅阻值分别为0.378Ω和0.324Ω，与标准不符的予以更换 3. 测试灯光及各部报警装置是否完好 4. 用笔记本电脑测试卡车静态数据是否正常，数字和模拟输入输出是否无误，各部器件动作是否可靠，如发现问题及时纠正处理（以上技术数据参照GE电气检修手册） 5. 发动机转速：低怠速750转/分，高怠速1650转/分，额定转速2100转/分 6. 方向压力必须满足在14480～17927kPa范围内 7. 举升压力在14480～17927kPa范围内 8. 启动车辆动态测试	27
7	清扫验收	保养后清理现场，检点验收签字，与司机换回检修操作牌	9

4.2　154电动轮汽车500小时保养

4.2.1　检修作业标准

名称 / 要素	154电动轮汽车500小时保养		
作业前准备	人员配备、安全技术、作业时间、标准交底		
作业人员	18（机修工8人，电工6人，铆焊工4人）		
作业时间	16小时	总工时	288小时
使用工器具	吊车、组合工具、组合仪表及专用工具		
安全要素	防坠落、吊装要确认、防火防车辆伤害		
协助单位	生产操作人员、架工、天车工		

施工流程图：单位/小时

①联系确认 —0.5→ ②作业准备 —0.5→ ③整车清洁 —1→ ④检查 —3→ ⑤更换或检修 —8→ ⑥测试 —2.5→ ⑦清扫验收 —0.5→

4.2.2　维修步骤及操作方法

序号	作业步骤	作业内容、方法与要求	工　时
1	联系确认	1. 主修人员认真填写作业票，与司机联系停止发动机执行换牌、挂牌制度并掩车 2. 熟悉现场环境做好安全预测和防范措施 3. 准备好防火用具	9

续表

序号	作业步骤	作业内容、方法与要求	工 时
2	作业准备	1. 准备好拆卸工具及检测仪表 2. 对电气主回路进行充分放电 3. 准备好更换的部件	9
3	整车清洁	1. 对整车外部洗刷 2. 电气设施进行除尘 3. 对发动机及后桥进行卫生保洁	18
4	检 查	1. 对电气设施全面检查 2. 检查发动机运行工况 3. 检查车辆制动系统 4. 检查车辆液压系统 5. 检查车辆其他系统 6. 检查同步发电机 7. 检查电脑箱及电脑插件板 8. 检查主整流箱及二极管 9. 检查行驶系统及太阳轮和行星轮 以上检查执行车辆500小时保养项目作业单	54
5	更换或检修	1. 用吊车吊装各部件时，注意要轻拿轻放，防止各部件损伤 2. 紧固电阻栅两侧压块螺丝，检查护罩紧固螺丝不应有缺损现象 3. 更换空气滤清器、柴油滤清器、水滤器及各种液压滤器 4. 更换到限刹车片、电机碳刷及接触器触点 5. 处理各部漏油点更换胶圈及胶管 6. 发现车辆有开焊、断裂、变形等问题应及时给予处理或更换 7. 更换油箱呼吸滤芯 8. 检查推力板磨损情况及螺栓紧固情况	144
6	测 试	1. 鼓风机及电阻栅绝缘电阻不能小于1.6MΩ 2. 用电桥测量电阻栅阻值分别为0.378Ω和0.324Ω，与标准不符的予以更换 3. 测试灯光及各部报警装置是否完好 4. 用笔记本电脑测试卡车静态数据是否正常，数字和模拟输入输出是否无误，各部器件动作是否可靠，如发现问题及时纠正处理(以上技术数据参照GE电气检修手册) 5. 发动机转速：低怠速750转/分，高怠速1650转/分，额定转速2100转/分 6. 方向压力必须满足在14480～17927kPa范围内 7. 举升压力在14480～17927kPa范围内 8. 进行负载试验 9. 启动车辆动态测试	45
7	清扫验收	保养后清理现场，检点验收签字，与司机换回检修操作牌	9

4.3　154 电动轮汽车 1000 小时保养

4.3.1　检修作业标准

要素＼名称	154 电动轮汽车 1000 小时保养		
作业前准备	人员配备、安全技术、作业时间、标准交底		
作业人员	18（机修工 8 人，电工 6 人，铆焊工 4 人）		
作业时间	18 小时	总工时	324 小时
使用工器具	吊车、组合工具、组合仪表及专用工具		
安全要素	防坠落、吊装要确认、防火防车辆伤害		
协助单位	生产操作人员、架工、天车工		

施工流程图：单位/小时

①联系确认 —0.5→ ②作业准备 —0.5→ ③整车清洁 —1→ ④检查 —3→ ⑤更换或检修 —10→ ⑥测试 —2.5→ ⑦清扫验收 —0.5→

4.3.2　维修步骤及操作方法

序号	作业步骤	作业内容、方法与要求	工　时
1	联系确认	1. 主修人员认真填写作业票，与司机联系停止发动机执行换牌、挂牌制度并掩车 2. 熟悉现场环境做好安全预测和防范措施 3. 准备好防火用具	9
2	作业准备	1. 准备好拆卸工具及检测仪表 2. 对电气主回路进行充分放电 3. 准备好更换的部件	9
3	整车清洁	1. 对整车外部洗刷 2. 电气设施进行除尘 3. 对发动机及后桥进行卫生保洁	18
4	检　查	1. 对电气设施全面检查 2. 检查发动机运行工况 3. 检查车辆制动系统 4. 检查车辆液压系统 5. 检查车辆其他系统 6. 检查同步发电机 7. 检查电脑箱及电脑插件板 8. 检查主整流箱及二极管 9. 检查行驶系统及太阳轮和行星轮 以上检查执行车辆 1000 小时保养项目作业单	54

续表

序号	作业步骤	作业内容、方法与要求	工　时
5	更换或检修	1. 用吊车吊装各部件时，注意要轻拿轻放，防止各部件损伤 2. 紧固电阻栅两侧压块螺丝，检查护罩紧固螺丝不应有缺损现象 3. 更换空气滤清器、柴油滤清器、水滤器及各种液压滤器 4. 更换到限刹车片、电机碳刷及接触器触点 5. 处理各部漏油点更换胶圈及胶管 6. 发现车辆有开焊、断裂、变形等问题应及时给予处理或更换 7. 更换油箱呼吸滤芯 8. 检查推力板磨损情况及螺栓紧固情况 9. 更换发动机机油及机油滤芯 10. 更换轮电机及曲力箱齿轮油 11. 进行液压油过滤及清洗油箱	180
6	测　试	1. 鼓风机及电阻栅绝缘电阻不能小于 1.6MΩ 2. 用电桥测量电阻栅阻值分别为 0.378Ω 和 0.324Ω，与标准不符的予以更换 3. 测试灯光及各部报警装置是否完好 4. 用笔记本电脑测试卡车静态数据是否正常，数字和模拟输入输出是否无误，各部器件动作是否可靠，如发现问题及时纠正处理（以上技术数据参照 GE 电气检修手册） 5. 发动机转速：低怠速 750 转/分，高怠速 1650 转/分，额定转速 2100 转/分 6. 方向压力必须满足在 14480～17927kPa 范围内 7. 举升压力在 14480～17927kPa 范围内 8. 进行负载试验 9. 启动车辆动态测试	45
7	清扫验收	保养后清理现场，检点验收签字，与司机换回检修操作牌	9

4.4 更换发动机皮带轮油封（MT3600/R170）

4.4.1 检修作业标准

名　称 / 要　素	更换发动机皮带轮油封（MT3600/R170）		
作业前准备	人员配备、安全技术、作业时间、标准交底		
作业人员	4		
作业时间	6 小时	总工时	32 小时
使用工器具	吊车、套管、手动滑子、呆扳手		
安全要素	重物砸伤、压力伤害、专人指挥		
协助人员	生产操作人员		

施工流程图：单位/小时

①—0.5→②—0.5→③—2→④—0.5→⑤—2→⑥—0.5→
联系确认　作业准备　分解拆卸　检查　组装　清扫验收

4.4.2 维修步骤及操作方法

序号	作业步骤	作业内容、方法与要求	工　时
1	联系确认	1. 持作业票与司机联系检修场地 2. 与检点人员联系好停修时间	2
2	作业准备	1. 执行交换牌制度，掩好车辆 2. 准备所用工具及更换的备件 3. 将车辆熄火后停放	2
3	分解拆卸	1. 把车辆停放平坦位置释放系统压力 2. 拆卸皮带轮皮带和挡板螺丝 3. 用专用爪具拆卸皮带轮 4. 拆卸皮带轮油封 5. 处理皮带轮油封底座拆卸皮带轮油封垫圈	8
4	检　查	1. 检查皮带轮油封底座是否有裂纹 2. 检查皮带轮油封底座是否清洁 3. 检查皮带轮油封底座齿轮工作情况 4. 检查皮带轮花键及键槽是否磨损	2
5	组　装	1. 安装皮带轮油封垫圈和皮带轮油封安装时注意油封位置 2. 用专用爪具安装皮带轮 3. 安装皮带轮皮带注意皮带松紧度 4. 安装皮带轮挡板螺丝	8
6	清扫验收	1. 检查皮带轮油封是否有泄漏 2. 清理好作业现场 3. 请示检点员验收签字 4. 执行换牌制，收回车掩	2

4.5 更换发动机水道胶管（MT3600/R170）

4.5.1 检修作业标准

要素＼名称	更换发动机水道胶管（MT3600/R170）		
作业前准备	人员配备、安全技术、作业时间、标准交底		
作业人员	4		
作业时间	8小时	总工时	32小时
使用工器具	吊车、套管、手动滑子、呆扳手		
安全要素	重物砸伤、压力伤害、专人指挥		
协助人员	生产操作人员		

施工流程图：单位/小时

①—0.5 联系确认→②—0.5 作业准备→③—3 分解拆卸→④—0.5 检查→⑤—3 组装→⑥—0.5 清扫验收→

4.5.2　维修步骤及操作方法

序号	作业步骤	作业内容、方法与要求	工　时
1	联系确认	1. 持作业票与司机联系检修场地 2. 与检点人员联系好停修时间	2
2	作业准备	1. 执行交换牌制度，掩好车辆 2. 准备所用工具及更换的备件 3. 将车辆熄火后停放	2
3	分解拆卸	1. 把车辆停放平坦位置释放发动机冷却水 2. 拆卸水管支架固定螺丝 3. 拆卸水道胶管卡子 4. 拆卸水道胶管及水管	12
4	检　查	1. 检查水道胶管底座及水管是否有裂纹 2. 检查水管是否清洁 3. 检查水泵工作情况 4. 检查更换胶管是否合格	2
5	组　装	1. 安装水道胶管及水管安装时胶管内要涂抹干净的甘油 2. 安装水道胶管卡子 3. 安装水管支架固定螺丝	12
6	清扫验收	1. 检查水管胶管是否有泄漏 2. 清理好作业现场 3. 请示检点员验收签字 4. 执行换牌制，收回车掩	2

4.6　更换轮电机转子轴承

4.6.1　检修作业标准

名　称 / 要　素	更换轮电机转子轴承		
作业前准备	人员配备、安全技术、作业时间、标准交底		
作业人员	16（机修工 6 人，电工 8 人，铆焊工 2 人）		
作业时间	34.5 小时	总工时	552 小时
使用工器具	吊车、风动扳手、滑子、呆扳手、组合工具		
安全要素	防坠落、吊装要确认、专人指挥		
协助人员	生产操作人员、架工		

施工流程图：单位/小时

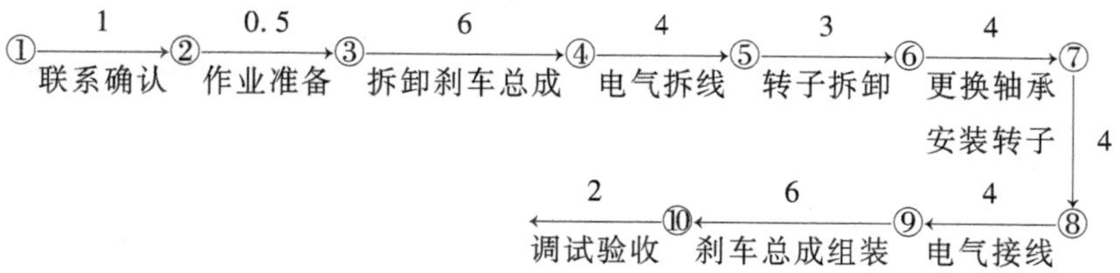

4.6.2　维修步骤及操作方法

序号	作业步骤	作业内容、方法与要求	工　时
1	联系确认	1. 持作业票与司机联系检修场地 2. 与检点人员联系好停修时间 3. 进行作业前安全交底	16
2	作业准备	1. 执行交换牌制度，掩好车辆 2. 准备所用工具及更换的备件	8
3	拆卸刹车总成	1. 拆卸刹车油管，并把油管包扎好 2. 用风动扳手拆卸蹄架螺丝 3. 拆卸刹车盘及蹄片 4. 用气焊加热拆卸转子连接盘 5. 检查所有刹车分泵是否有磨损及漏油现象	96
4	电气拆线	1. 拆转子碳刷 2. 拆卸刷盒及换向极连线 3. 拆卸传感器连线	64
5	转子拆卸	1. 拆卸端盖螺丝，上法兰盘 2. 用吊车配合抽转子 3. 检查整流子表面是否光滑，如有毛刺用细纱布打平 4. 转子清沟 5. 用摇表检查转子绝缘 6. 检查传感器阻值及安装间隙	48
6	更换轴承	1. 对转子连接盘、花键套、转子蹄架、进行加热后用专用抓具进行拆卸 2. 拆卸转子轴承及轴承套 3. 检查轴承座是否磨损安装新轴承 4. 加热轴承套、转子连接盘、花键套、转子蹄架并进行安装	64
7	安装转子	1. 用吊车配合将转子送入轮毂 2. 上端盖螺丝，拆下法兰盘	64
8	电气接线	1. 上刷盒及换向极连线 2. 安装刷盒，其与整流子表面间距为1.5~3mm 3. 连接传感器 4. 上碳刷，压紧压簧	64
9	刹车总成组装	1. 安装刹车连接盘及刹车盘 2. 安装刹车蹄架并进行间隙调整 3. 安装刹车蹄架螺丝并校核螺栓扭矩为640N·m 4. 安装刹车管	96
10	调试验收	1. 发动车辆检查刹车是否漏油 2. 检查主电机工作状态 3. 请示检点员验收 4. 执行交换牌制度，撤去车掩 5. 清理现场卫生	32

4.7　方向泵修理

4.7.1　检修作业标准

要素＼名称	方向泵修理		
作业前准备	人员配备、安全技术、作业时间、标准交底		
作业人员	机修工 4 人		
作业时间	8 小时	总工时	32 小时
使用工器具	呆扳手、组合工具		
安全要素	机械伤害、挤压伤害、气体伤害、专人指挥		
协助人员	电工、生产操作人员、架工		

施工流程图：单位/小时

①—1→②—0.5→③—1→④—4→⑤—4.5→⑥—1→⑦→

联系确认　作业准备　清洗　分解　检修更换　组装　清扫验收

4.7.2　维修步骤及操作方法

序号	作业步骤	作业内容、方法与要求	工　时
1	联系确认	1. 持作业票与司机联系检修场地 2. 与检点人员联系维修项目 3. 进行作业前安全交底	6
2	作业准备	1. 执行交换牌制度 2. 准备所用工具及更换的备件	3
3	清　洗	1. 对方向泵进行油孔清洁并堵塞 2. 对方向泵壳体进行清洗 3. 用压缩空气将泵体吹干清除杂物	6
4	分　解	1. 拆掉方向泵端盖螺丝 2. 用铜棒轻轻敲击壳体 3. 对分解物件必须有序摆放 4. 清洗壳体及内部零件，保证备件高度清洁	24
5	检查更换	1. 检查泵体有无裂纹及磨损 2. 检查轴承座孔有无磨损及更换轴承 3. 检查主齿轮及从动齿轮啮合情况，保证齿隙在 0.051mm 范围内 4. 对齿轮泵模板检查及研磨 5. 检查齿轮主轴是否有磨损	27
6	组　装	1. 对泵体内部清洗 2. 有序安装模板及轴承 3. 安装好密封后安装好端盖并校紧螺丝，扭矩为 60N · m	6
7	清扫验收	1. 测试方向泵工作压力为 15858.5 ~ 17927kPa 2. 清理好作业现场 3. 请示检点员验收签字 4. 执行换牌制	6

4.8 更换举升缸

4.8.1 检修作业标准

名称 要素	更换举升缸		
作业前准备	人员配备、安全技术、作业时间、标准交底		
作业人员	5		
作业时间	11小时	总工时	55小时
使用工器具	吊车、套管、手动滑子、呆扳手		
安全要素	防坠落、吊装要确认、专人指挥		
协助人员	生产操作人员、架工		

施工流程图：单位/小时

①—1→②—0.5→③—3→④—1.5→⑤—4→⑥—1→

联系确认（1）　作业准备（0.5）　分解拆卸（3）　检查（1.5）　组装（4）　清扫验收（1）

4.8.2 维修步骤及操作方法

序号	作业步骤	作业内容、方法与要求	工　时
1	联系确认	1. 持作业票与司机联系检修场地 2. 与检点人员联系好停修时间	5
2	作业准备	1. 执行交换牌制度，掩好车辆 2. 准备所用工具及更换的备件	2.5
3	分解拆卸	1. 将车辆停放平坦位置将大斗举起30mm用木墩支护好 2. 拆卸举升油管并把油接好 3. 用手动滑子把举升缸固定好 4. 用皮锤把举升缸上轴打出 5. 用手动滑子把举升缸吊起后，拆卸下轴挡板螺丝，拆卸举升缸 6. 用吊车把举升缸吊出后放到放置区	15
4	检　查	1. 检查后举升缸上下轴承及轴的磨损情况，除去表面的油污，并用甘油涂在轴承表面 2. 检查举升缸密封是否良好 3. 检查举升缸轴承套磨损情况	7.5
5	组　装	1. 查后举升缸上下轴承及轴的磨损情况，除去表面的油污，并用甘油涂在轴承表面 2. 用吊车把举升缸吊进作业区 3. 用手动滑子吊起举升缸，调整好高度，对准下轴孔 4. 用皮锤把举升缸镶入轴承孔内 5. 起落滑子对准上轴孔镶入上轴 6. 安装挡板螺丝及注管 7. 连接举升缸油管并更换密封圈	20
6	清扫验收	1. 检查举升缸是否有泄漏 2. 清理好作业现场 3. 请示检点员验收签字 4. 执行换牌制，收回车掩	5

附录 4　岗位给油脂标准实例

鞍钢集团齐大山铁矿标准

QJ/AGXG 0210 05 306 2004

电动轮汽车给油脂标准

2004-12-20 发布　　**2005-01-01 实施**

鞍钢集团齐大山铁矿发布

前　言

本标准是根据 GB/T 1. 1—2000 年标准化守则的编写格式和规则，参照 EUCLID 公司 R170 电动轮汽车操作指导手册，UNIT-RIG 公司 MT3600 电动轮汽车机械手册编写而成的。

R170 型和 MT3600 型 154 吨级电动轮汽车是 1993 年从美国和加拿大引进的进口电动轮汽车。1994 年陆续投入使用运行。运行使用单位为齐大山铁矿采矿分厂汽运车间。

本标准的计量单位全部采用法定计量单位，做到与 ISO 9000 系列质量保证的国际惯例相接轨。

本标准由鞍钢集团齐大山铁矿设备部提出。

本标准由鞍钢集团齐大山铁矿设备部归口。

本标准起草部门：鞍钢集团齐大山铁矿采矿分厂汽运车间

本标准起草人：汽运车间技术组

本标准于 2004 年 12 月 20 日首次发布。

R170 电动轮汽车给油脂标准

1　范围

本标准适用于鞍钢集团齐大山铁矿采矿分厂汽运车间 R170 型 154 电动轮汽车的维护检修。

2　引用标准

下列文件所包含的条文，通过在本标准中引用而构成本标准的条文，在标准所示版本中均为有效。所有标准都会被修订，使用本标准的各方面应探讨适用下列标准的最新版本的可能性：

《R170 电动轮汽车操作者指导手册》相关图纸及说明书；

《采矿分厂汽运车间电动轮汽车维修作业标准》。

3　定义

3.1　林肯泵：给全车各部轴承自动供油润滑。

3.2　注油调压阀：调节润滑系统各支路供油压力和流量。

4　内容

4.1　R170 电动轮润滑油脂标准

4.1.1　R170 型电动轮汽车给油脂示意图（图 1）

4.1.2　R170 型电动轮汽车给油脂表

设备名称		电动轮汽车	设备型号	R170	标记	Y-年　M-月　W-周　D-天 S-班　h-小时　min-分钟						
序号	部位名称	给油脂部位	润滑方式	润滑油牌号	润滑点数	补充油标准		更换油标准		分　工		备　注
						量	周期	量	周期	点检	运行	
1	前置定位臂	前　桥	泵	MoS_2-锂基脂 3 号	6		20min		250h		○	采用林肯泵自动润滑，系统定时器周期为20min；补充标准为各点至溢出为止
2	转向柱驱动轴	轴　承	手动	MoS_2-锂基脂 3 号	1		250h		250h	○		
3	转向助力器	轴　承	泵	MoS_2-锂基脂 3 号	4		20min		250h		○	
4	前轮立轴	轴　承	泵	MoS_2-锂基脂 3 号	2		20min		250h		○	
5	横拉杆	轴　承	泵	MoS_2-锂基脂 3 号	2		20min		250h		○	
6	前悬挂	轴　承	泵	MoS_2-锂基脂 3 号	4		20min		250h		○	
7	传动轴	轴　承	泵	MoS_2-锂基脂 3 号	1		20min		250h		○	
8	举升缸轴承	轴　承	泵	MoS_2-锂基脂 3 号	4		20min		250h		○	
9	推力板	轴　承	泵	MoS_2-锂基脂 3 号	1		20min		250h		○	

续表

设备名称		电动轮汽车	设备型号	R170	标记	Y-年　M-月　W-周　D-天 S-班　h-小时　min-分钟						
序号	部位名称	给油脂部位	润滑方式	润滑油牌号	润滑点数	补充油标准		更换油标准		分　工		备　注
						量	周期	量	周期	点检	运行	
10	大斗轴	轴　承	泵	MoS_2-锂基脂3号	2		20min		250h		○	采用林肯泵自动润滑，系统定时器周期为20min；补充标准为各点至溢出为止
11	后拉手	轴　承	泵	MoS_2-锂基脂3号	2		20min		250h		○	
12	后悬挂	轴　承	泵	MoS_2-锂基脂3号	4		20min		250h		○	
13	转子轴承	轴　承	手动添加	MoS_2-锂基脂3号	2			1.8kg	8000h	○		
14	主电机轴承	轴　承	手动添加	MoS_2-锂基脂3号	2			0.7kg	12000h	○		
15	驱动轮齿轮箱	齿轮箱	手动添加	G25/85W-140	2			19L	500h	○		
16	驱动轮轴承	轴　承	手动添加	MoS_2-锂基脂3号	2			1.4kg	18000h	○		

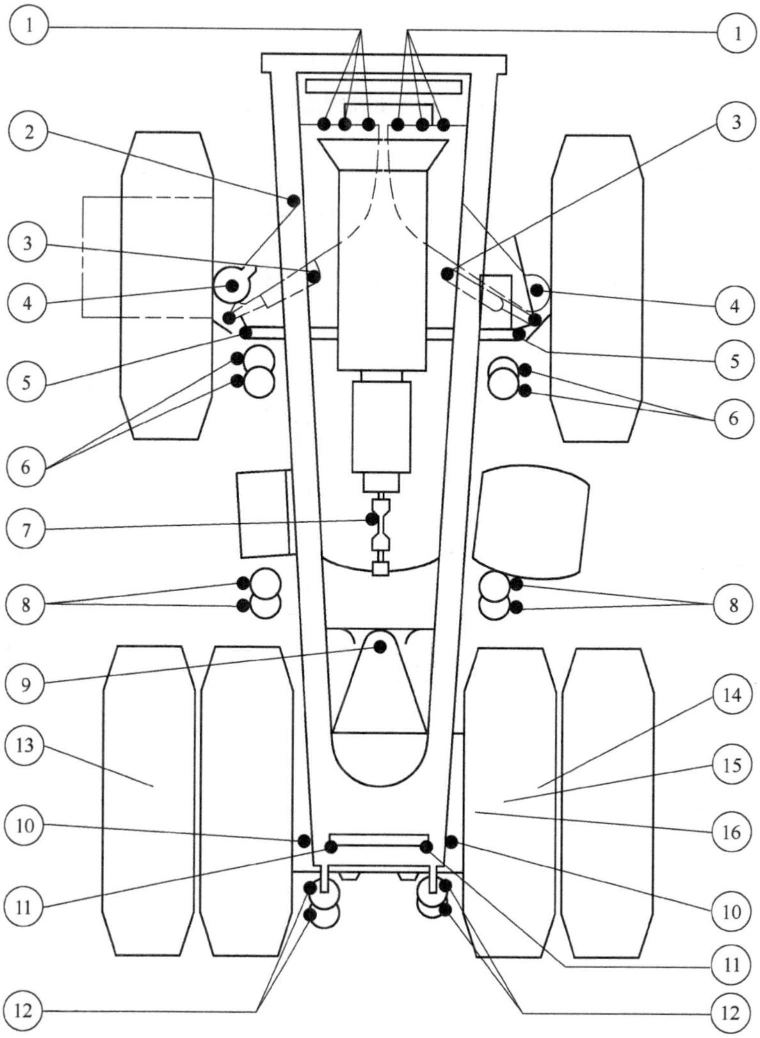

图1　R170型电动轮汽车给油脂示意图

4.2 康明斯发动机给油脂标准

4.2.1 康明斯发动机给油脂示意图（图 2）

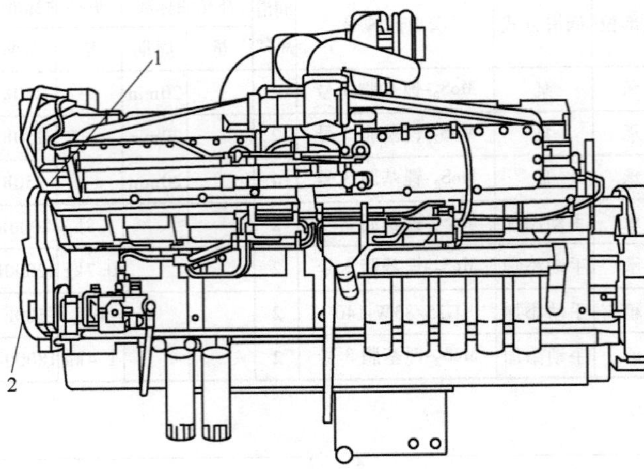

图 2　康明斯发动机给油脂示意图

4.2.2 康明斯发动机给油脂表

设备名称		电动轮汽车	设备型号	MT3600	标记	Y-年　M-月　W-周　D-天 S-班　h-小时　min-分钟						
序号	部位名称	给油脂部位	润滑方式	润滑油牌号	润滑点数	补充油标准		更换油标准		分　工		备注
						量	周期	量	周期	点检	运行	
1	发动机涨紧轮	轴承	油枪注油	MoS_2-锂基脂 2 号	1		250h		6000h	○		
2	发动机风扇轮	轴承	油枪注油	MoS_2-锂基脂 2 号	1		250h		6000h	○		

附录5　设备管理常用表格实例

附表5.1　设备分级表（A4）
附表5.2　设备点检标准（A4）
附表5.3　设备倾向管理图（A4）
附表5.4　生产岗位点检卡（A4）
附表5.5　（　　）专业点检卡（B4）
附表5.6　生产岗位点检记录（A4）
附表5.7　（　　）专业点检记录（A4）
附表5.8　给油脂标准（A4）
附表5.9　主体设备定修周期定额时间表（A4）
附表5.10　（　　）年主要设备检修计划表（B4）
附表5.11　（　　）年定修模型设定表（A4）
附表5.12　（　　）月定修时间计划表（B4）
附表5.13　定修项目计划实施表
附表5.14　设备检修工作票（A4）
附表5.15　事故卡片（A4）
附表5.16　月事故时间汇总表（A4）
附表5.17　设备事故报告书（A4）

附表 5.1

设 备 分 级 表

单位:　　　　　　　　　　　　　　　　　　　　年　月　日

序号	设备名称	规格型号	设计能力	制造厂	固定资产原值或总投资	设备分级			备注
						A	B	C	

说明：在对应分级栏中用符号"√"。

附表5.2

设 备 点 检 标 准

区域：　　　　　　　编码：　　　　　　　　　　年　　月

序号	部件编码	部件名称	点检部位	点检内容	点检标准	固定资产原值或总投资		设备状态		点检方法	
						生产	专职	运转	停止	五感	仪器

说明：年—Y；月—M；日—D；班—S；时—H；○—表示选定的设备状态；△—表示选定的点检方法。

附表 5.3

设 备 倾 向 管 理 图

区域：　　　　　　　　　　　　　　　　　　　　　　　　　　　　　　年

设备编码		设备名称		型　　号	
仪表名称		仪器编号		测试部位	
标准值		测试人		点检作业长	

测试指标 日 月																									

附表 5.4

生 产 岗 位 点 检 卡

区域： 编码： 年 月 日

设备(系统)名称	岗位人员								点检作业记录											
									符号规定： 正常“√” 异常“×”											
									夜班点检记录						白班点检记录					
序号	点检部位	点检内容	点检标准	点检周期	设备状态		点检方法		一次	二次	三次	四次	五次	六次	一次	二次	三次	四次	五次	六次
					运转	停止	五感	仪器												
重要情况说明									专职点检员											

说明：年—Y；月—M；日—D；班—S；时—H；○—表示选定的设备状态；△—表示选定的点检方法。

附表 5.5

(　　　　) 专业点检卡

区域：　　　　　　　　　　　　　　　　　　　　　　　　编码：

<table>
<tr><td colspan="2">设备(系统)名称</td><td colspan="2">专业点检员</td><td colspan="5">点检作业长</td><td colspan="31">点检作业记录</td><td rowspan="4">情况说明</td></tr>
<tr><td colspan="2"></td><td colspan="2"></td><td colspan="5"></td><td colspan="12">符号规定</td><td colspan="19">正常“√”　　异常“×”</td></tr>
<tr><td rowspan="2">序号</td><td rowspan="2">点检部位</td><td rowspan="2">点检内容</td><td rowspan="2">点检标准</td><td rowspan="2">点检周期</td><td colspan="2">设备状态</td><td colspan="2">点检方法</td><td colspan="31">日　期</td></tr>
<tr><td>运转</td><td>停止</td><td>五感</td><td>仪器</td><td>1</td><td>2</td><td>3</td><td>4</td><td>5</td><td>6</td><td>7</td><td>8</td><td>9</td><td>10</td><td>11</td><td>12</td><td>13</td><td>14</td><td>15</td><td>16</td><td>17</td><td>18</td><td>19</td><td>20</td><td>21</td><td>22</td><td>23</td><td>24</td><td>25</td><td>26</td><td>27</td><td>28</td><td>29</td><td>30</td><td>31</td></tr>
</table>

说明：年—Y；月—M；日—D；班—S；时—H；○—表示选定的设备状态；△—表示选定的点检方法。

附表 5.6

生产岗位点检记录

年　　月　　日

<table>
<tr><td colspan="8">设备（系统）名称：</td></tr>
<tr><td colspan="2">部　　位</td><td colspan="6">内　　容</td></tr>
<tr><td colspan="2"></td><td colspan="6"></td></tr>
<tr><td colspan="2"></td><td colspan="6"></td></tr>
<tr><td colspan="2"></td><td colspan="6"></td></tr>
<tr><td colspan="2"></td><td colspan="6"></td></tr>
<tr><td colspan="2"></td><td colspan="6"></td></tr>
<tr><td colspan="2"></td><td colspan="6"></td></tr>
<tr><td colspan="8">设备点检情况：

缺陷处理情况：

交班意见：</td></tr>
<tr><td>班次</td><td></td><td>班长</td><td></td><td>交班人</td><td></td><td>接班人</td><td></td></tr>
<tr><td>专职点检员意见</td><td colspan="7"></td></tr>
</table>

附表 5.7

(　　　　) 专业点检记录

区域：　　　　　　　　　　　　　　　　　　　　　　　　年　　月

日期	设备名称	点检部位	存在问题	解决对策及处理安排	计划处理时间	计划工时	处理单位	处理结果及日期	点 检 员

点检作业长：

附表5.8

给 油 脂 标 准

区域: 年 月

序号	设备名称	给油脂部位	润滑方式	油脂牌号	润滑点数	补充油脂标准		更换油脂标准		分 工			备注
						油量	周期	油量	周期	生产	检修	专职	

说明：年—Y；月—M；日—D；班—S；时—H。

附表 5.9

主体设备定修周期定额时间表

设备名称	定修周期	定修时间	备 注

附表 5.10

(　　　　　) 年主要设备检修计划表

单位：

项目	起止时间	工期	1月份	2月份	3月份	4月份	5月份	6月份	7月份	8月份	9月份	10月份	11月份	12月份

批准人：　　　　　　　　　　　　　　　　　　　　　　　　制表人：

附表 5.11

(　　　) 年定修模型设定表

单位：

序号	模型代号	作业线(设备)名称	定修性质	定修周期	定修时间	实施时间（日/月）												施工人数							
						一	二	三	四	五	六	七	八	九	十	十一	十二	机	电	动	土	自	炉	其他	合计

批准人：　　　　　　　　　　制表：

附表 5.12

（　　　　）月定修时间计划表

单位：

单位	机组名称	1	2	3	4	5	6	7	8	9	10	11	12	13	14	15	16	17	18	19	20	21	22	23	24	25	26	27	28	29	30	31

批准人：　　　　　　　　　　　　制表人：

附表 5.13

定修项目计划实施表

单位： 年 月 日

<table>
<tr><td colspan="2">区 域</td><td>定修平衡会工期</td><td>计划定修工期： 月 日</td><td>计划定修时间： 小时</td><td colspan="2">设备部主管人员</td><td rowspan="3">工时定额</td><td rowspan="3">验收情况</td><td colspan="3">验收责任人</td></tr>
<tr><td colspan="2"></td><td>月 日</td><td>实际定修工期： 月 日</td><td>实际定修时间： 小时</td><td colspan="2"></td><td rowspan="2">点检方</td><td rowspan="2">检修方</td><td rowspan="2">使用方</td></tr>
<tr><td>设备名称</td><td>序号</td><td colspan="3">检 修 内 容</td><td>施工单位</td><td>备注</td></tr>
<tr><td></td><td></td><td colspan="3"></td><td></td><td></td><td></td><td></td><td></td><td></td><td></td></tr>
<tr><td></td><td></td><td colspan="3"></td><td></td><td></td><td></td><td></td><td></td><td></td><td></td></tr>
<tr><td></td><td></td><td colspan="3"></td><td></td><td></td><td></td><td></td><td></td><td></td><td></td></tr>
<tr><td></td><td></td><td colspan="3"></td><td></td><td></td><td></td><td></td><td></td><td></td><td></td></tr>
<tr><td></td><td></td><td colspan="3"></td><td></td><td></td><td></td><td></td><td></td><td></td><td></td></tr>
<tr><td></td><td></td><td colspan="3"></td><td></td><td></td><td></td><td></td><td></td><td></td><td></td></tr>
<tr><td></td><td></td><td colspan="3"></td><td></td><td></td><td></td><td></td><td></td><td></td><td></td></tr>
<tr><td></td><td></td><td colspan="3"></td><td></td><td></td><td></td><td></td><td></td><td></td><td></td></tr>
<tr><td></td><td></td><td colspan="3"></td><td></td><td></td><td></td><td></td><td></td><td></td><td></td></tr>
<tr><td></td><td></td><td colspan="3"></td><td></td><td></td><td></td><td></td><td></td><td></td><td></td></tr>
<tr><td></td><td></td><td colspan="3"></td><td></td><td></td><td></td><td></td><td></td><td></td><td></td></tr>
<tr><td></td><td></td><td colspan="3"></td><td></td><td></td><td></td><td></td><td></td><td></td><td></td></tr>
<tr><td></td><td></td><td colspan="3"></td><td></td><td></td><td></td><td></td><td></td><td></td><td></td></tr>
<tr><td></td><td></td><td colspan="3"></td><td></td><td></td><td></td><td></td><td></td><td></td><td></td></tr>
<tr><td></td><td></td><td colspan="3"></td><td></td><td></td><td></td><td></td><td></td><td></td><td></td></tr>
<tr><td></td><td></td><td colspan="3"></td><td></td><td></td><td></td><td></td><td></td><td></td><td></td></tr>
<tr><td></td><td></td><td colspan="3"></td><td></td><td></td><td></td><td></td><td></td><td></td><td></td></tr>
</table>

批准人： 制表人：

附表5.14

设备检修工作票

单位: 年 月 日

序号	设备名称	检修项目及要求	检修时间	计划工期		实际人工		增减人工时	套用定额编号	安全质量评定	验收人
				人数	时间	人数	时间				

批准人: 制表人: 检修方主管人员:

附表 5.15

事　故　卡　片

编号：

<table>
<tr><td>单　　位</td><td colspan="2"></td><td>事故名称</td><td colspan="3"></td></tr>
<tr><td>发生时间</td><td colspan="2"></td><td>抢（检）修时间</td><td colspan="3"></td></tr>
<tr><td>事故级别</td><td></td><td>损失（万元）</td><td colspan="2"></td><td>事故责任单位</td><td></td></tr>
<tr><td colspan="7">事故简要经过及原因：

处理意见：</td></tr>
<tr><td colspan="7">设备厂长意见：

年　月　日</td></tr>
<tr><td colspan="3">设备部区域工程师意见：

年　月　日</td><td colspan="4">矿主管领导意见：

年　月　日</td></tr>
</table>

注意：此卡片要求在事故发生 24 小时之内上报矿设备部。

附表 5.16

月事故时间汇总表

单位：　　　　　　　　　　　　　　　　　　　　　　　　　　填表时间：　　年　　月　　日

月计划指标（小时）		本月事故时间统计（小时）		累计（小时）		事故降低率（%）	
四小时以上设备事故简述：							

分厂设备厂长：　　　　　　　　　　　　机动室主任：　　　　　　填表人：

注意：此表要求准确填写，在每月2日前上报矿设备部。

附表 5.17

设备事故报告书

编号：　　　　　　　　　　　　　　　　　　　　　　　　　年　　月　　日

单　位			事故名称		
发生时间			检修时间		
分析时间		分析地点		分析主持人	
分析参加人					
事故责任人姓名			事故责任人职务		
事故级别		损失（万元）		事故责任单位	

一、事故经过：

二、事故处理过程（含测量、化验、计算结果）：

三、事故部位简图（及设备损坏部位照片）：

<table>
<tr><td colspan="2">四、事故原因分析（含工艺参数分析）：

五、事故原因结论：

六、吸取教训及今后改进措施：
1. 技术方面：

2. 管理方面：

七、责任及考核意见：</td></tr>
<tr><td>设备厂长意见：

年　月　日</td><td>区域工程师意见：

年　月　日</td></tr>
</table>

附：打印《设备事故报告书》时应将第二页打印在第一面背面。

参 考 文 献

1 姜旭平. 信息系统开发方法. 北京：清华大学出版社，1997
2 罗鸿，编著. ERP原理·设计·实施，第3版. 北京：电子工业出版社，2005
3 陈志祥. ERP问题的理性思考. 计算机应用，2001，(7)：7～10
4 陈启申. 管理新视野——ERP与供需链管理. 北京：中国电子音像出版社，1999
5 朱贤. ERP环境下的设备管理信息系统设计. 计算机系统应用，2001，(3)
6 薛华成. 管理系统开发方法，第三版. 北京：清华大学出版社，1999
7 胡邦喜. 设备润滑基础. 北京：冶金工业出版社，2002
8 王汉功，等编著. 装备全系统全寿命管理. 北京：国防工业出版社，2003
9 李葆文，等著. 全面规范化生产维护——从理念至实践. 北京：冶金工业出版社，2005
10 傅伟，等著. 鞍钢新轧设备点检培训（基础篇）. 鞍山鞍钢职工大学，2003（内部资料）
11 王汝杰，等著. 鞍钢齐大山铁矿设备管理四大标准. 鞍钢齐大山铁矿，2002（内部资料）
12 张晨辉，著. 设备润滑与润滑作用. 北京：机械工业出版社，1994
13 汪凤泉，郑万泔，等编著. 试验振动分析. 南京：江苏科学技术出版社，1988
14 张建宁，著. 企业现场管理——基层管理者的成功法宝. 深圳：海天出版社，2000
15 喻西崇，赵金洲，等. 人工神经网络预测注水腐蚀管道的剩余寿命. 油气储运，2002，21（6）：11～14
16 金志江，蒋家羚. 基于神经网络的带缺陷压力管道疲劳寿命计算方法. 浙江大学化工机械研究所，2002（内部资料）
17 蒋晓斌，高惠临. 油气管道腐蚀剩余寿命的预测方法. 石油工业技术监督，2005，21（4）：18～20
18 李俊，金家善，郁军. 考虑维修影响的机械设备剩余寿命模型. 中国修船，2004，(2)：37～39
19 梁圣杰. 设备寿命周期的系统管理、维护和故障诊断. 辽宁警专学报，2005，(4)
20 成明利. 基于状态监测的机械设备剩余寿命预测系统. 水利电力机械，2004，26（4）：54～55
21 刘国俊，陈景鹏. 威布尔分布在寿命分析中的应用. 装备指挥技术学院学报，2003，14（6）：65～67
22 张民悦，郑平. 剩余寿命分布类与剩余寿命函数特征的研究. 兰州理工大学学报，2004，30（6）：121～123
23 张青哲. 工程机械设备更新的经济性分析. 建筑机械，2006，(1)：82～85
24 朱集峰. 掌握机械设备寿命周期费用，提高经济效益. 呼伦贝尔学院学报，2004，12（4）：63～65
25 石博强，申焱华，著. 机械故障诊断的分形方法——理论与实践. 北京：冶金工业出版社，2001
26 Humphreys P K. An inter-organizational information systems based on enterprise resource planning. Integrated Manufacturing Systems，2000，11：105～111
27 David Kroenke. Management Information Systems (second edition). McGraw-Hill Inc.，1992
28 Adams David R，Michael J Powers，Owles V Arthur. Computer Information System Development，Design and Implementation. Ohio，USA：South-Western Publishing Co.，1985
29 Senn James A. Analysis and Design of Information Systems (second edition). McGraw-Hill Publishing Co.，1989
30 Ann L W，Samnel D E，David R K. Object-Oriented Software. Addison-Wesley，1990
31 Wrifs-Brock R，Wilkerson B，Wtener L. Designing Object-Oriented Software. Prentice-Hall，1990
32 Davis G B，Olsan M H. Management Information Systems：Conception，Foundations，Structure and Development. New York，USA：McGraw-Hill，1985
33 Orr Kenneth T. Structured Systems Development. New York，USA：Yourdon Press，1977
34 Kuniyoshi Sugiura. Role played by TPM in European companies. In：Conference Proceedings Euro-maintenance '96，1996

35 Sueo Yamaguchi. TPM in Japan—its status and issues. In: The Proceeding of the International Conference on Engineering, Guangzhou, Beijing China: China Machine Press, 1997

36 Bahman Samimy, Giorgio Rizzoni. Mechinacal signature analysis using time-frequency signal processing: application to internal combustion engine knock detection. In: Proceedings of the IEEE, 1996, 84 (9): 1330 ~ 1343

37 David Logan, Joseph Mathew. Using the correlation dimension for vibration fault diagnosis of rolling element bearing. Mechanical System and Signal Processing, 1996, 10 (3): 241 ~ 264

38 Ivakhnenko A G. The review of problems solvable by algorithms of the group method of data handling (GMDH), Pattern Recognition and Image Analysis, 1995, 5 (4): 527 ~ 535

39 Brian Walker. The Computer as a Maintenance Management Aid. In: National Conference on Maintenance Management by Computer, London, 1980

40 Humphreys P K. An inter-organizational information systems based on enterprise resource planning. Integrated Manufacturing Systems, 2000, 11: 105 ~ 111

41 Robest Radley. Life cycle cost and process selection. In: LCC Conference, Stavange Norway, 1998

42 Collacott R A. Mechanical Fault Diagnosis. London: Chapman and Hall, 1977

43 Pronikov A S. Dependability and Durability of Engineering Products, 1973

44 [美] Larry Bossidy, 等著. 执行——如何完成任务的学问. 北京: 机械工业出版社, 2003

45 [德] 阿道夫·吕策尔, 著. 设备维修. 张友城, 译. 北京: 中国宇航出版社, 2004

46 [苏] 波烈索夫, 著. 设备修理和技术维护的组织. 李敏, 姚家瑞, 等译. 北京: 设备维修学会情报出版部, 1982

47 [日] 南川利雄, 著. 库存管理. 李丕菊, 等译. 北京: 机械工业出版社, 1985

48 [日] 中井重行, 著. 设备工程学. 潘力本, 窦英伟, 译. 长春: 第一机械工业部生产调度局, 1981

冶金工业出版社部分图书推荐

书　名	定价(元)
全面规范化生产维护——从理念到实践(第2版)	38.00
矿山事故分析及系统安全管理	28.00
冶金矿山地质技术管理手册	58.00
煤矿安全技术与管理	29.00
冶金企业管理信息化技术	56.00
设备系统技术	49.00
矿山工程设备技术	79.00
机械基础知识	26.00
工程机械概论	39.00
机械振动学	25.00
现代机械设计方法	22.00
机械优化设计方法(第3版)	29.00
机械制造装备设计	35.00
钢铁生产工艺装备新技术	39.00
机械设备安装工程手册	178.00
重型设备吊装手册(第2版)	126.00
冶金机械安装与维护	22.00
冶炼设备维护与检修	49.00
通用机械设备	25.00
起重运输机械	32.00
地下采掘与工程机械设备丛书——地下铲运机	68.00
地下采掘与工程机械设备丛书——地下辅助车辆	59.00
地下采掘与工程机械设备丛书——地下凿岩设备	48.00
地下采掘与工程机械设备丛书——地下装载机	55.00
炼铁机械(第2版)	38.00
炼钢机械(第2版)	32.00
矫直原理与矫直机械(第2版)	42.00
轧钢机械(第3版)	49.00
冶金通用机械与冶炼设备	45.00
冶炼机械	39.00
电气设备故障检测与维护	28.00
工厂电气控制设备	20.00
冶金液压设备及其维护	35.00
冶金设备液压润滑实用技术	68.00
设备润滑基础(第2版)	109.00
冶金设备润滑知识问答(通用及冶炼部分)	19.00
设备故障诊断工程	165.00
机械故障诊断的分形方法——理论与实践	25.00
机械工程测试与数据处理技术	20.00
X射线衍射技术及设备	45.00
冶金工程设计·第1册·设计基础	145.00
冶金工程设计·第2册·工艺设计	198.00
冶金工程设计·第3册·机电设备与工业炉窑设计	195.00
2006年~2020年中国钢铁工业科学与技术发展指南	50.00